中文社会科学引文索引（CSSCI）来源集刊
中国人文社会科学（AMI）核心学术集刊
国家哲学社会科学学术期刊数据库收录集刊
国家哲学社会科学文献中心收录集刊

产 业 经 济 评 论

REVIEW OF INDUSTRIAL ECONOMICS

第 22 卷　第 3 辑　（总第 75 辑）

主编　臧旭恒

中国财经出版传媒集团

经济科学出版社
Economic Science Press

·北　京·

图书在版编目（CIP）数据

产业经济评论 . 第 22 卷 . 第 3 辑/臧旭恒主编 . --
北京：经济科学出版社，2023.9
ISBN 978 - 7 - 5218 - 5244 - 8

Ⅰ . ①产…　Ⅱ . ①臧…　Ⅲ . ①产业经济学 – 文集
Ⅳ . ①F062. 9 – 53

中国国家版本馆 CIP 数据核字（2023）第 192531 号

责任编辑：于　源　陈　晨
责任校对：王肖楠
责任印制：范　艳

产业经济评论

第 22 卷　第 3 辑　（总第 75 辑）

主编　臧旭恒

经济科学出版社出版、发行　新华书店经销

社址：北京市海淀区阜成路甲 28 号　邮编：100142

总编部电话：010 – 88191217　发行部电话：010 – 88191522

网址：www. esp. com. cn

电子邮箱：esp@ esp. com. cn

天猫网店：经济科学出版社旗舰店

网址：http：//jjkxcbs. tmall. com

北京密兴印刷有限公司印装

787×1092　16 开　11.25 印张　220000 字

2023 年 9 月第 1 版　2023 年 9 月第 1 次印刷

ISBN 978 – 7 – 5218 – 5244 – 8　定价：46.00 元

（图书出现印装问题，本社负责调换。电话：010 – 88191545）

（版权所有　侵权必究　打击盗版　举报热线：010 – 88191661

QQ：2242791300　营销中心电话：010 – 88191537

电子邮箱：dbts@ esp. com. cn）

目　　录

CONTENTS

第 22 卷第 3 辑　　　　　　　产业经济评论（山东大学）　　　　　　Vol. 22　No. 3
2023 年 9 月　　　　　　Review of Industrial Economics　　　　September 2023

基于双循环视角的我国产业链演化
特征与关键中间品企业成长

陈　柳　孙瑞东[*]

摘　要：提升我国产业基础能力的一个重要方面是要实现关键中间品企业的成长，这是突破"卡脖子"技术的关键。我国产业链演化的重要特征是在外循环阶段形成大规模下游加工集成制造产能，并且下游企业正在由简单组装向复杂集成和制造工艺一体化的方向升级，产业政策应当充分重视发挥此类产业的优势，在我国经济内循环为主的阶段将其作为提升我国产业基础能力的重要支撑。对光伏产业链较长时间跨度的跟踪研究表明，在外向型阶段形成了具有国际竞争力的"硅料—硅片—电池—组件"产品加工链条，加工制造型链主企业对关键中间投入品的国产化起到关键作用。本文的政策含义是，在加工集成型产业链中，国产化的顺序是先下游产品、后关键中间品投入品，现阶段要围绕进一步发挥下游龙头企业链主功能，减少上下游企业协调成本，促进产业链关键技术和关键环节的突破。

关键词：双循环　产业链演化　中间品　企业成长

一、引　　言

党的二十大把构建现代化产业体系放在推进中国式现代化的重要位置，提出"实施产业基础再造工程和重大技术装备攻关工程"，产业基础高级化与解决"卡脖子"技术密切相关。在中美贸易摩擦比较激烈的阶段，《科技日报》梳理了 35 项我国产业的"卡脖子"关键技术，除了光刻机、芯片、航空发动机短舱等耳熟能详的产品外，大部分是存在于更为细分领域的单项技术和产品：触觉传感器、高端电容电阻、铣刀、高端轴承钢、高压柱塞

* 本文受国家社科基金重大项目"内需主导型全球价值链视角下构建双循环新发展格局研究"（21ZDA007）、教育部人文社会科学重点研究基地重大项目"统一大市场建设与长三角区域高质量一体化发展研究"（22JJD790033）、国家自然科学基金青年项目"虚拟集聚对城市创新的影响研究：基于认知邻近视角"（72103080）资助。
感谢匿名审稿人的专业修改意见！
陈柳：南京大学长江产业经济研究院；地址：江苏省南京市鼓楼区汉口路 22 号，邮编210093；E-mail：chenliu@ nju. edu. cn。
孙瑞东（通讯作者）：南京大学长江产业经济研究院；地址：江苏省南京市鼓楼区汉口路 22 号，邮编210093；E-mail：sunrd@ nju. edu. cn。

泵、高压共轨系统、透射式电镜等。这些产品和技术不为大众所熟知，主要原因是它们是不直接面对普通消费者的中间投入品，而非终端产品领域，尤其是基础零部件、基础材料、基础工艺、基础技术、基础软件工业"五基"。

产业组织理论的中间品厂商与"隐形冠军""专精特新"企业的定义存在交叉之处，因为相对于"链主企业"，专精特新企业通常处于产业链上中游的中间品领域。西蒙（2015）揭示隐形冠军企业成功的秘诀时，认为企业目标、市场战略、客户关系、企业创新、核心竞争力、团队、人力资源和领导力等因素是隐形冠军企业创业成功的关键因素。大部分隐形冠军主动监控自己行业的技术发展，通过与客户的持续互动，成功地实现了增量式甚至激进式的创新，从而巩固自身市场地位（Voudouris et al.，2000）。在当前逆全球化情境下，长期在细分市场领域深耕的隐形冠军企业对国家制造强国战略的实施具有重要推动作用（Audretsch et al.，2018），隐形冠军采取国际化战略、产品差异化战略、精一创业战略，对于国家突破卡脖子技术瓶颈同样具有决定性作用（葛宝山、王治国，2020）。

理论界已经充分认识到研发生产关键中间投入品与创新的关系。基于投入产出积累的数据基础和关于中间品、最终产品产业链位置的确定以及技术复杂度的指标和方法（Hidalgo and Hausmann，2009；姚洋、张晔，2008；杜传忠、张丽，2013；倪红福，2017）为实证研究提供了基础，现有文献主要从进口中间品规模（Halpern et al.，2015；王雅琦等，2018）、进口中间品质量（Liu and Qiu，2016；诸竹君等，2018）、进中间品种类（Edwards et al.，2020；杨继军等，2020）等角度探讨中间品贸易对创新的影响，主要关注一国的中间品贸易对本国创新的影响。国内研究表明，进口中间品对我国创新能力的影响总体为正但需要考虑异质性的因素。比如，杨继军（2020）等研究发现进口中间品与国内中间品中嵌入的技术和知识存在不完全替代，进口中间品种类的增加将增强技术扩散效应，进而提升企业的出口质量。诸竹君等（2018）研究发现进口中间品质量的提升导致加工贸易企业出口国内增加值率下降，中间投入品带来的创新效应并不明显。薛军等（2021）对南北模型的模拟表明，关键中间品出口质量限制不利于北方国家的技术创新及其生产的跨国转移，增加南方国家的技术模仿强度，提高知识产权保护强度会强化关键中间品出口质量限制的创新效应、弱化模仿效应。此类文献从产品内分工和全球价值链的传统理论出发，其主要机制在于进口中间品的技术外溢作用。但是，当前我国产业链现代化的重要任务突破西方对我国封锁的"卡脖子"环节，基于"进口中间品"促进创新的视角，已经难以回答和应对近年来我国产业主要是被国外关键中间品环节"卡脖子"的现实。

支持产业链中间品厂商创新的一个普遍性因素是生产性服务业。生产性服务资源镶嵌于制造业的整个产业链环节（Markusen et al.，2005），有助于中间投入品生产能力、技术内涵提升（张少军、刘志彪，2017）。同时，生产性服务资源嵌入制造业的不同生产环节对制造业产品技术内涵的促进效应存在较大差异（陈晓华等，2019），生产性服务资源嵌入制造业中过于上游的环节或过于下游的环节，都会对中间投入品的出口技术复杂度升级产生不利影响，而嵌入制造业的中游生产环节则为最优选择，其对中间投入品出口技术复杂度升级的促进效果是最大（刘慧等，2020）。不过，相对于其他国家，当前我国培育关键中间品投入品企业、实现产业链关键技术环节可依赖的异质性基础和资源是什么？与核心技术能力相适应的制度安排，既具有发达国家制度安排的一般性，更具有路径依赖和一国独特能力所决定的异质性，而只有制度安排中的那些异质性成分才能构成工业强国的组织能力（黄群慧、贺俊，2015）。目前宏观层面讨论较多的还包括以下两点：第一，新型举国体制是我国产业创新的异质性资源。在中国产业赶超从跟跑、并跑到领跑的历程中，产业链中的关键竞争力的形成来源是基于知识的技术能力建设。路风（2020）对核电、液晶面板、数控机床、高铁等行业追赶历程的研究表明，它们固然受益于国际合作，但实现关键技术环节的突破并商业化，自主开发形成的能力是真正的基础，而不是依靠"引进—消化—吸收—再创新"的路径，因为世界上不存在不进行自主开发就可以"消化、吸收"的可能，更谈不上"再创新"。中国和美国的历史经验都证明，举国体制是一种任务体制，所以它既可以与计划体制兼容，也可以与市场体制兼容，但具有自己的独特性质和作用。中国当前提出采取"新型举国体制"的设想，它的内涵和外延都将由新的实践来定义，即"新型"的含义将由中国在新的历史时期所完成的重大任务及其采用的方式来定义（路风、何鹏宇，2021）。第二，超大规模市场是我国创新的独特优势。全国统一大市场是一个与大国经济循环密切联系的经济范畴。作为国土辽阔、人口众多的发展中大国，我国具有从市场范围到分工深化、从规模效应到竞争优势、从二元结构到经济转型的禀赋优势，把这一比较优势充分转化为超大规模国家和超大规模市场的竞争优势，是在劳动力等要素比较优势逐步消失条件下，支撑中国经济崛起的重要的战略选择（刘志彪，2022）。

工业和信息化部等政府部门提出①，要加强上中下游、大中小企业的融通创新发展，通过促进大中小企业创新链、产业链、供应链、数据链、资金链、服务链、人才链全面融通，着力构建大中小企业相互依存、相互促进的企业发展生态，增强产业链供应链韧性和竞争力，提升产业链现代化水平。

---

① 党的二十大报告等重要文件强调"推动创新链产业链资金链人才链深度融合"，在部委层面，工业和信息化部、国家发展和改革委员会、科学技术部等十一部门发布《关于开展"携手行动"促进大中小企业融通创新（2022—2025年）的通知》部署到 2025 年，引导大企业通过生态构建、基地培育、内部孵化、赋能带动、数据联通等方式打造一批大中小企业融通典型模式；激发涌现一批协同配套能力突出的专精特新中小企业；通过政策引领、机制建设、平台打造，推动形成协同、高效、融合、顺畅的大中小企业融通创新生态，有力支撑产业链供应链补链固链强链。

那么实践中，我国现阶段产业链上中下游不同于他国的特征是什么？大中小企业相互协作的内在机制有哪些？不同于现有研究，本文的边际贡献在于：第一，我国产业发展总体经历了外循环为主、内外循环并重的两个阶段，本文立足于双循环呈现出的产业链特征并以此作为基点，研究突破关键中间品"卡脖子"的路径问题，这对研究我国产业链如何适应和服务新发展格局具有探索意义。第二，过去普遍认为加工制造环节属于产业链中低端，甚至属于"腾笼换鸟"的对象。本文则建立理论框架描述下游加工制造型链主企业与关键中间品企业之间的协同关系，并且对光伏产业链展开长时间跨度的跟踪研究，认为不能将我国大规模下游加工制造业作为转型升级的包袱，而要将此作为关键中间品突破依借的重要力量。

二、我国产业链演化的特征与机制分析

（一）外循环形成规模巨大的下游集成加工制造业

我国产业链下游各类加工制造、组装、集成的规模庞大，但掌握核心技术的上中游高端中间投入品厂商匮乏，这一产业链特征还可以从我国全球价值链的贸易特征中观察到。我国加工贸易占出口比重最高一度超过 50%，虽然逐步下降，现在仍然超过 1/4。典型的案例就是机电产品，机电产品是中美两国出口到对方国家的第一大贸易品。这主要是与手机、电脑等产业链中我国是主要加工制造地有关，贸易方式主要是进料加工、来料加工、来件装配等加工贸易形式，比如在苹果产业链中，最终产品和多个模块都是外资企业在华加工组装。2018 年，按照 HS 分类口径，中美之间主要贸易顺差来源前两名分别是：类别 1 "电机、电气、音像设备及其零附件"、类别 2 "核反应堆、锅炉、机械器具及零件"，占据了中国对美出口的 48.84%、中国对美顺差的 56.65%。这体现了我国在全球价值链分工中的位置：主要从美、欧、日、韩进口中间品在中国集成制造组装为最终产品，然后在国内外销售。所以说，我国改革开放和加入世界贸易组织（WTO）的时候，正值全球产品内分工的兴起，在外向型经济发展阶段的下游大规模的集成制造组装产能，主要是由全球产品内分工格局推动形成的。

先发展下游制造业，再突破关键基础环节，符合产业链发展的一般性规律。从全球化过程中的跨国公司布局来看，一般是将关键核心环节留在母国，组装加工环节放到中国，基本遵循发达国家将处于比较劣势地位的边际产业依次对外投资的规律（董小君，2019），这些边际产业也是东道国具有潜在比较优势的产业。从后发工业化国家的产业发展历程来看，以韩国为例，在工业化过程中依托大型企业集团扶持培育支柱产业，促进了钢铁、汽车、船舶、石化、电子等产业的发展。到 20 世纪 90 年代以后，逐渐从做大

优势产业的政策转向强化尖端技术产业竞争力的政策，以核心材料、尖端零部件、装备制造业为基础实现产业升级，在存储芯片、电子元器件、高端船舶海工等领域形成了很强的国际竞争力。

（二）中国企业升级方向：基于产业链位置和价值链分布的视角

一般认为，企业集中于加工环节是产业处于中低端的表现，但黄群慧、贺俊（2015）指出，需要从模块化和一体化的不同产品架构出发考虑中国制造业核心竞争力的突破点，这是考虑一国独特能力所决定的异质性，从而构建与后发国家核心技术能力相适应的制度安排的关键。这样的区分提示我们，最终品与中间品之间技术含量和附加值的分布也不仅仅是处于上下游或者加工环节的问题。产品架构是以中间品构件之间的界面的清晰程度界定的，一般来说，模块化架构的中间品是模块形式，产品构件之间的界面是清晰稳定的，在涉及结构上产品构件与功能之间具有明确的对应关系，这类产品的下游以加工组装为主，典型的是笔记本电脑、手机等信息电子产品。一体化架构通常指的是制造工艺是一体化的，作为投入品的构建之间的界面未被清晰界定，大部分工序需要一家企业的内部完成，产品的壁垒和核心竞争力更多地体现在生产工艺要求上，这类产品的中下游环节是以纵向一体化形式制造的，典型的是芯片制程，还包括众多高端材料类产品。当然，模块化和一体化架构的区分并不是绝对的两分法，大量工业品的生产模式既需要相对完整界面的投入中间品，又对各个投入品之间的协同工艺要求比较高，这些产品的下游可以看作复杂组装集成类产品，主要是装备性质的资本品，比如通信设备、工程机械、机床等，也包括汽车等大宗消费品。

从产品架构视角的思路出发，本文构建一个根据产品架构分类的"中间投入品—最终产品"价值链分析框架（见图 1），横轴代表产品构架的一体化程度从低到高，纵轴代表产品环节在价值链上的分配由低到高。

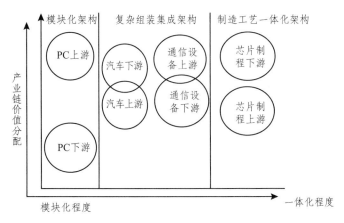

图 1　产品架构与产业链价值分配

我们分成三类产品架构进行分析。在左侧以电脑（包括笔记本电脑）为代表的产业链中，下游的整机企业主要处于组装环节，附加值较低，而主要配件中央处理器（CPU）、显卡芯片、存储芯片等中间品则具有较高的技术含量和进入壁垒。因此，此类产业链形成的价值增值主要分布于上游中间品，下游整机企业则需要依靠规模和品牌才能获取一定市场势力。一个典型的案例是近年来中国公众对联想集团的评价，中美贸易摩擦以来，国内主要的电脑企业联想集团屡次被舆论诟病没有勇气进入产业创新的前沿领域，从而错失了中国发展芯片产品产业的机遇。其实这与电脑产业链的特点以及联想长期所处的产业链环节有关，联想虽然在收购 IBM 电脑业务之后实现了国际化发展并成为国际上主要的个人计算机（PC）企业之一，但电脑业务附加值和技术含量较低，联想集团净利润率长期在 1.5% ~2%，研发费用占销售比重 2.5% 左右[1]。图 1 中间部分是以汽车、通信设备产业链为例的较为复杂的集成组装产业链，汽车产业链的下游即是整车企业，通信设备产业链下游主要指的是华为、中兴等服务电信运营商的企业。乘用车领域历经数百年形成了大众、丰田、宝马、特斯拉等国际著名跨国公司，其核心竞争力在于整车设计和先进制造工艺，同时汽车关键零部件具有较高壁垒和附加值，比如，燃油汽车的发动机、新能源车的电控和动力电池作为关键中间品，在价值链分配中也处于相对有利的位置。华为、中兴等中国通信设备企业的产品具有较强的国际竞争力，对于构建我国自主产业生态起到重要作用，但很显然，通信设备的重要元器件和芯片仍掌握在国外企业手中，近年来美国对华为、中兴的制裁和禁运早就证明了这一点。从价值链分配看，作为中间品的手机芯片、基带芯片、射频芯片的毛利率往往高于下游厂商，但下游厂商则往往具有规模优势。所以，总体上看，在汽车、通信设备等复杂组装架构的产业链中，上游关键零部件和下游集成制造企业的市场势力形成上各有特点，形成较为均衡的分配格局。图 1 最右侧的是制造工艺一体化的产品架构，本文列举了台积电为代表性企业的芯片制程产业链，芯片制程工艺包括湿洗、光刻、离子注入、刻蚀、沉积等多项复杂一体化工艺过程[2]，在全球产业链存在脱钩断链风险的背景下，台积电的先进芯片产能已经成为重要的战略性资源。芯片制程的光刻机、专用化学气体、光刻胶等上游环节同样存在诸多"卡脖子"技术。应该说，芯片制程产业链上下游均具有较高附加值，如果暂且撇开芯片设计部分不考虑[3]，仅从制程部分价值链分配来说，

① 笔者根据 Wind 数据库联想集团在香港联交所 2015 ~2021 年年报数据整理所得。

② 湿洗、光刻、离子注入、干刻蚀、湿刻蚀、等离子冲洗、热处理、快速热退火、退火、热氧化、化学气相沉积、物理气相沉积、分子束外延、电镀处理、化学机械处理、晶圆测试和晶圆打磨等几十项工艺过程。

③ 从集成电路芯片整体产业链看，欧美芯片设计环节的高通、英伟达、博通等企业仍处于产业链高端位置。

下游的制程厂商主导了上下游的工艺适配,在价值链分配格局上相对处于"链主"位置。

利用投入产出表是测度一国企业在全球价值链中的位置的重要方法,倪红福(2022)综合前期研究测度了我国自加入WTO之后2000~2014年企业在全球价值链的位置变化。总体上,中国整体上游度和生产复杂度显著提高,产业链向上游延伸。中国整体出口上游度、进口下游度都出现了一定程度的上升,这表明中国企业在出口产品和进口产品方面的复杂程度都在提高。出口产品离最终需求的距离越远,越意味着中国的出口产品更多作为中间投入品使用。而企业进口产品下游度的值越大,进口产品离初始价值生产端的距离越远,进口产品的复杂度越高,表明中国进口产品的生产复杂程度在提高。但从另一个侧面,由于进口产品的下游度值很大,可能产品离最终需求较近,说明中国这些进口企业更多地从事简单加工组装制造环节。也就是说,在加入WTO之后的较长一段时间,我国制造业下游是以图1中最左侧的模块化组装方式为主。

随着中国企业的技术学习和不断进步,中国企业产业链总体上在横向升级和纵向升级两个方向攀升,横向升级主要表现是从简单装配(比如电脑、手机)转向复杂集成(比如通信设备、汽车乃至商用飞机),纵向升级的主要表现是从组装集成的下游环节、简单中间品投入品环节逐步转向复杂中间品投入品环节。这两条产业链升级的路径是相互联系的,产业链横向升级将客观上为纵向升级提供支撑,上文也意在说明,与模块化的简易组装相比,复杂集成和制造工艺一体化的产业下游"链主"企业更具有主导能力。

(三)产业链内外循环并重下"集成加工龙头企业—关键投入品企业"协作模式

形成加工集成制造为主的产业结构是我国工业化过程中不可逾越的阶段,在这个阶段我们获得了跨国公司外溢,积累了工业基础,培育了部分龙头企业,为提高产业基础能力和培育专精特性企业提供难得的应用场景,应该说,世界上不是所有的工业化国家都可以有这种应用场景的。同时,处于上游的专精特新企业首先应该服务国内的下游加工集成制造企业,可以想象,如果下游企业主要在国外,国内作为关键中间品环节的企业根本没有机会参与产业链,中国在外向型经济阶段形成的下游产能逐渐成为内循环阶段培育上游专精特新企业、实现"卡脖子"技术突破的重要基础和土壤。

"链主"企业一般指的是在整个产业链中占据优势地位,对产业链大部分企业的资源配置和应用具有较强的直接或间接影响力,并且对产业链的价值实现予以最强烈关注,肩负着提升产业链绩效重任的核心企业。链主企业存在于产业链的上中下游的什么环节?这就存在一个链主企业识别的问题,并且不同产业的链主位置并不一样,比如,芯片产业链的链主往往是国际主流的设计企业，而生物医药产业链的链主所处的环节则更为复杂。但是，就当前我国产业所处的发展阶段而言，产业链下游的企业在规模和国际竞争力上处于相对优势，更具备"链主企业"的特征。第一，下游加工制造企业一定程度上也可以成为"链主"企业。虽然下游加工制造行业总体技术壁垒相对低、产品附加值相对不高，但在不少细分行业中，中国企业已经占据国际市场相当的份额，对上游中间品的采购量相当大，这种规模效应决定下游的中国企业在产业链中具备一定实力和地位。第二，中国下游加工制造企业进行横向升级时，正从简单代工逐渐转向工艺复杂产品的生产。当前我国产业链所处的阶段，下游企业进入复杂集成阶段。当更多中国企业从事下游复杂工序时，由于中间品与最终品之间的产品界面将不再如完全的模块化产品那样清晰，此时，产业链的上下游企业之间的技术、工艺联系和协作将增强，事实上的产业链协同创新成为可能。也就是说，当我国企业在外向型经济阶段积累部分技术能力之后，一条路径固然可以是直接向上中游的高壁垒、复杂投入品环节攀升，但在实践中更多事实表明，往往先从简单组装转向复杂集成或复杂工艺，处于复杂工艺或集成阶段的下游企业，更容易形成上下游、大中小企业的融通创新。

从产业链的角度看，以加工、集成制造为主的下游企业属于我国具有规模优势和比较优势相结合的部分，可以在部分产业链中发挥优势、承担链主功能，为产业链关键基础环节突破提供支撑。面对这一产业发展的现实特征，在我国产业链逐步向中高端攀升的过程中，不宜将大规模加工制造业作为转型升级的包袱，而是应该将其作为提升我国产业基础能力的重要支撑。

三、模　　型

本部分的模型试图从产业链的视角，描述我国企业在不同开放阶段的升级过程（见图 2）：第一阶段主要是外向型经济阶段，由于国际产品内分工的存在，后发国家从事下游组装集成的企业不断做大做强成为最终品环节的"链主"企业，但产业链上的中间关键品往往被发达国家垄断，因而普遍面临较高的价格；第二阶段，下游链主企业在获得较大市场份额后，基于供应链安全、减少可能的制裁以及工艺和资本合作的权衡，会考虑逐步摆脱中间投入"卡脖子"境遇，探索通过投资等方式扶植培育本国中上游关键中间品企业、并与之达成长期产业链战略合作的路径。对于本国上游关键中间品企业而言，下游企业资本的进入将减轻其成本压力，同时下游企业的需求也为其创造了巨大的市场规模，这两方面将促进本国上游关键品企业的自主创新，从而形成发展中国家关键中间投入品企业的独特成长路径。

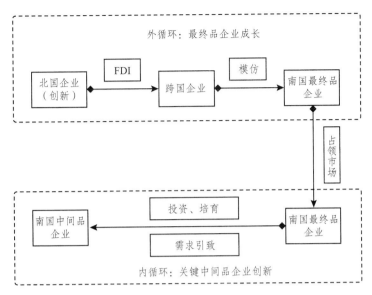

图2　后发国家关键中间品企业成长路径示意

（一）外循环：下游最终品制造业的成长

在 GH 南北模型（Grossman and Helpman，1991a；Grossman and Help-man，1991b）的基础上，构建有关键中间品部门的动态一般均衡模型。假定世界仅由北国（N）和南国（S）两个国家构成，北国有三类市场主体，消费者、关键中间品生产者和最终品生产者；南国有两类市场主体，消费者和最终品生产者。最终品的生产需要关键中间品和劳动力两种要素投入，关键中间品只需要劳动力一种要素投入。只有北国企业具备创新能力，南国企业通过北国在南国的跨国公司贸易进行模仿，北国最终品企业展开自主创新研发，创新完成后，由于南国具备显著的劳动力成本优势，北国企业通过 FDI 将生产活动全部转移至跨国公司，并逐渐退出生产市场开展下一代研发创新。南国本土企业在与跨国企业的贸易中开始进行模仿创新，最终也由于劳动力成本优势迅速占据全球最终品市场。

1. 消费者

假定代表性消费者效用函数为：

$$U_t = \int_t^\infty e^{-\delta(\tau-t)} \log[u(\tau)]d\tau$$

其中，δ 为效用贴现因子，$u(\tau)$ 为代表性消费者的瞬时效用函数：

$$u(\tau) = \left[\int_0^n x(w)^\alpha dw\right]^{\frac{1}{\alpha}}, 0 < \alpha < 1$$

在每期消费不变的稳态均衡下，利率水平 $r(t)$ 等于效用贴现因子 δ。所有的家庭为同质的，且每个家庭提供 1 单位劳动力，北国和南国能够提供的总劳动力数分别为 L_N 和 L_S，每人对最终产品的消费额分别为 C_N 和 C_S，那么全球的总消费额为 $C_N L_N + C_S L_S$。

2. 生产者

在外向型阶段，假定只有北国具备关键中间品的生产能力，且为了限制南国企业，北国中间品企业仅会向其提供较低质量的中间品。南国工资水平为 1，北国工资水平为 $\omega(\omega > 1)$。若生产 1 单位高质量关键中间品需要 β_1 单位劳动力，生产 1 单位低质量关键中间品需要 β_2 单位劳动力，且 $\beta_1 > \beta_2$，那么在北国，高质量关键中间品的价格为 $\beta_1 \omega$，由于南国企业面临北国的质量限制，只能获得低质量中间品，且在国际贸易时存在税率为 τ 的关税，故而其使用关键中间品价的价格为 $(1 + \tau)\beta_2\omega$，跨国企业可以使用高质量关键中间品，面临的价格为 $(1 + \tau)\beta_1\omega$。

最终品在北国企业、北国在南国投资的跨国企业和南国企业均有生产。企业模仿生产的过程。而技术创新只能发生在北国企业，创新成功后生产并销售高质量产品并获得该产品的垄断利润，参考 Iwaisako and Tanaka（2017）、Chen（2018）、薛军等（2021）的设定，北国企业研发出最新一代产品后，其他企业（跨国公司及南国企业）将能获得上一代产品技术，随后，北国跨国企业雇佣南国劳动力进行适应性研发使该产品得以在南国生产。南国企业在与跨国企业的贸易中模仿获得生产最高质量产品的技术，并借由自身成本优势获得全球市场。

最终品生产须要劳动和关键中间品要素的投入，生产技术符合里昂惕夫生产函数，北国企业生产函数为：

$$Y_N = \min\{L_N, Z_N\}$$

其中，Y_N 为北国最终品企业产量，L_N 为劳动投入量，Z_N 为关键中间品投入量，边际成本为其所需支付的关键中间品的价格 $\omega(1 + \beta_1)$。

跨国企业生产函数为：

$$Y_F = \frac{1}{\eta}\min\{L_F, Z_F\}$$

同样地，Y_F、L_F 和 Z_F 分别为跨国公司产量、劳动投入以及资本投入，由于存在跨国管理成本和制度成本，生产率存在一定程度折损，η 表示折损率，且 $\eta > 1$。

南国企业生产函数为：

$$Y_S = \frac{1}{\gamma}\min\{L_S, Z_S\}$$

由于受到中间品质量的限制，南国企业生产率也存在折损率 γ，且 $\gamma > 1$。

北国企业最终产品创新成功后，其他所有企业将获得上一代产品的生产技术。在 Bertrand 竞争模式下，北国企业最终会将价格调整为南国的本土企业边际成本，即 $\gamma[1 + (1 + \tau)\beta_2\omega]$。

跨国企业适应性研发成功后，北国高质量产品的生产转移到具有成本优势的跨国企业，北国企业退出生产并进行下一轮研发；南国本土企业在与跨国企业的贸易中成功模仿跨国企业的产品后，利用其劳动力成本优势，将其产品定价为跨国企业的边际成本，即 $p_s = \eta[1 + (1+\tau)\beta_1\omega]$，从而迫使跨国企业退出市场，最终南国最终品制造业企业独占全球市场，此时全球市场对最终产品的消费总额为 $(C_N L_N + C_S L_S)$，那么南国最终品制造业的总利润可写为：

$$\pi_S = (C_N L_N + C_S L_S)\left(1 - \frac{\gamma[1 + (1+\tau)\beta_2\omega]}{\eta[1 + (1+\tau)\beta_1\omega]}\right)$$

当垄断利润为 π_S 不大于 0 时，南国企业会考虑放弃使用北国的关键中间品，即：

$$\frac{\gamma[1 + (1+\tau)\beta_2\omega]}{\eta[1 + (1+\tau)\beta_1\omega]} \geq 1$$

上述模型描述了南国下游企业取代北国企业的过程，同时，当南国的下游企业边际成本 $\gamma[1 + (1+\tau)\beta_2\omega]$ 大于等于跨国公司的边际成本 $\eta[1 + (1+\tau)\beta_1\omega]$ 时，南国企业将开始考虑不使用北国关键中间品企业生产的产品，转而考虑培育国内中间品企业。进一步来看，即若南国企业迫于限制使用低质量关键中间品带来的生产率折损程度 γ 较大、而跨国企业由于制度环境等因素带来的生产率折损程度 η 相对不大时，南国企业在生产中会考虑放弃使用北国中间关键品。

结论1：即使只能获得低质量的关键中间品时，南国最终品制造企业的盈利依然要受到上游关键中间品的制约，进口中间品的相对质量和价格影响南国下游企业与北国中间品企业的合作。

(二) 内循环：上游关键中间品制造业的创新

南国最终品制造业垄断全球市场后，开始考虑其生产所需的关键中间品来源问题。为了摆脱发达国家关键中间品企业的较高价格和质量的"卡脖子"限制，并基于产品利润、供应链安全的考虑，南国下游龙头企业考虑选择放弃使用北国生产的中间品，转而扶植培育本国关键中间品企业开展创新，生产下游企业所需的关键中间品。对于本国关键中间品制造企业而言，一方面，下游最终品制造业是其直接面临的市场，最终品制造业生产规模越大，对其上游关键中间品的需求越大，而"需求引致"是企业创新的重要外在激励（Scherer，1982），企业创新的目的是通过创新提升市场竞争力，增加市场份额，获取更多利润。另一方面，下游龙头企业通过注资或参股等方式对上游中间品企业进行扶植，可能直接增加中间品企业的创新投入；同时，也可能为上游中间品企业提供创新的技术支持，从而提高中间品企业的创新质量，资金和技术支持均能够有效激励上游关键中间品企业开展创新活动。基于此，参考 Melitz（2003）、Acemoglu and Linn（2004）、卿陶、黄先海（2021）的研究，构建内循环下最终品制造业产业对本国上游中间品制造业企业创新影响的理论模型。

1. 本国关键中间品企业

根据上文得到最终品制造业的垄断利润为：

$$\pi_S = (C_N L_N + C_S L_S) \left(1 - \frac{\gamma [1 + (1 + \tau) \beta_2 \omega]}{\eta [1 + (1 + \tau) \beta_1 \omega]} \right)$$

若其在利润最大化下的最终产量为 Q，假定本国有多家不同生产率的中间品企业具有潜在的创新生产关键中间品的能力，不同企业生产的关键中间品之间的替代弹性为 ρ，企业的产出 $q(\varphi)$ 为生产率水平 φ 的函数，参照 Melitz（2003）的设定，对于本国关键中间品企业，在工资水平为 1 的情景下，生产中间品的总成本函数为：

$$TC(\varphi) = f + \frac{q(\varphi)}{\varphi}$$

其中，f 是固定成本，φ 为企业生产率，$q(\varphi)$ 为产量，上游关键中间品企业的利润为：

$$\pi = p(\varphi) q(\varphi) - f - \frac{q(\varphi)}{\varphi}$$

利润最大化条件下企业的最优定价为：

$$p(\varphi) = \frac{1}{\varphi}$$

则总利润可以写为：

$$\pi = \frac{Q}{\rho \varphi} \left(\frac{1}{\rho} - f - 1 \right)$$

由此可见，

结论 2：在本国最终品与本国中间品建立的产业链协作中，本国关键中间品的利润随着其面临的市场规模即下游制造业需求总量的增加而增大。

2. 关键中间品企业创新

根据 Melitz（2003）、Atkeson and Burstein（2010）的思路，企业异质性在于生产率的差异，而企业可以通过创新产出提升生产率，企业的创新产出与其生产率的提升程度呈正相关。若 $I(t)$ 代表企业的创新投入程度，$\lambda(t)$ 为创新产出系数，则企业创新产出为 $\lambda(t) I(t)$，创新产出系数 $\lambda(t)$ 反映了企业之间创新能力的差异。假定企业的初始生产率为 φ_0，那么企业在第 t 期的生产率可以写为：

$$\varphi(t) = \varphi_0 e^{\lambda(t) I(t)}$$

现考虑下游终端制造业企业给予其上游中间品企业的创新支持，根据现实情况，这种支持一般可能来自两个方面：一是资金支持，假定每一期都给予固定的创新资金投入以支持上游关键中间品企业的创新 I_f，那么最终企业自身实际的创新投入 $I(t) = I_v(t) + I_f$，即企业实际用于创新活动的投入资金增加。二是技术支持，这种创新技术支持可能使得中间品企业创新质量得到提升，即表示企业创新投入产出转化水平的创新产出系数 $\lambda(t)$ 得以提高，假定初期的创新产出系数为 λ_0 的企业，在第 t 期创新产出系数会提高为 $\lambda(t)$，$\lambda(t) = t\lambda_0$。

对于基期生产率为 φ_0、创新产出系数为 λ_0 的关键中间品企业，其在第 t 期的生产率可写为：

$$\varphi(t) = \varphi_0 e^{\lambda(t)I(t)} = \varphi_0 e^{t\lambda_0[I_v(t) + I_f]}$$

企业创新成功后，其技术水平实现永久性提升，那么其创新收益是未来所有期利润之和，同时，由于面临创新会越来越难的特质，假定每单位创新投入带来的成本是 $\frac{1}{2}[I_v(t) + I_f]^2$，那么扣除创新成本后，企业的利润为：

$$\pi = \int \frac{Q}{\rho\varphi}\left(\frac{1}{\rho} - f - 1\right)dt - \frac{1}{2}[I_v(t) + I_f]^2$$

考察企业是否开展创新的选择决策，当企业开展创新活动的收益小于或等于不开展创新活动的收益（即 $\pi(\varphi(t)) \leq \pi(\varphi_0)$）时，企业将不会选择创新，即：

$$\int \frac{Q}{\rho\varphi_0 e^{t\lambda_0[I_v(t)+I_f]}}\left(\frac{1}{\rho} - f - 1\right)dt - \frac{1}{2}[I_v(t) + I_f]^2 \leq \int \frac{Q}{\rho\varphi_0}\left(\frac{1}{\rho} - f - 1\right)dt$$

可获得企业不选择开展创新活动的条件为：

$$I_v(t) \geq 2t\lambda_0\left(\frac{Q}{\rho\varphi_0}\right)^{\frac{1}{\rho}} - I_f$$

即如果上游企业需要用于创新的投资额总量大于某一临界值水平，则企业不会选择创新；而来自上游企业的技术支持则降低了企业选择开展创新活动的投入门槛，即在同样预算的前提下，企业选择创新的动机会更强。

结论 3：国内中间品企业的创新决策，既与自身的创新效率和生产率相关，也与下游企业在产业链协作中提供的研发投入、技术协作等因素相关，下游企业因素将促进中间品企业的研发动机。

四、光伏产业链的案例研究

习近平总书记在论述优化和稳定产业链供应链时指出，"要拉长长板，巩固提升优势产业的国际领先地位，锻造一些'杀手锏'技术，持续增强高铁、电力装备、新能源、通信设备等领域的全产业链优势，提升产业质量，拉紧国际产业链对我国的依存关系，形成对外方人为断供的强有力反制和威慑能力"①，应该说，光伏新能源是我国产业链的代表性长板领域。光伏新能

---

① 习近平：《国家中长期经济社会发展战略若干重大问题》，载《求是》2020 年第 21 期。

源产业链较为复杂、细分行业较多、市场化程度较高，我国光伏产业从无到有、从弱到强，在其产业链演化过程中呈现的国产化经验值得重视。

光伏产业链基本可以分为设备链、主产品加工链、辅材链三个子产业链（见图 3）①。从产业链上游到终端用户的纵向关系看，表现为"硅料—硅片—电池—组件"的产业链，这些环节属于"集成加工制造"的特征。另外，从硅料、硅片、电池、组件的每个环节生产加工看，又形成包括专用设备、辅材等多个环节企业在内的生产网络，从而形成细分的产业链。在这一视角中，硅料、硅片、电池、组件的生产则可以视为产业链下游。

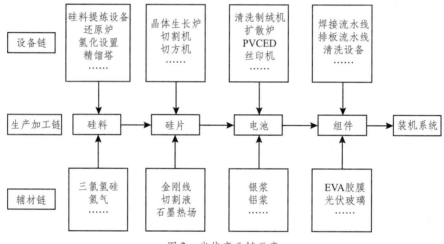

图 3　光伏产业链示意

在全球光伏产业发展之初，产业链的大多数环节在国内均是空白。经过十多年的发展，据中国光伏行业协会统计数据，从生产端看，我国硅料、硅片、电池片、组件的产业链各环节生产规模全球占比均超过 70%，持续保持全球首位；全球产量前十大硅片、电池片和组件制造企业中，我国企业数量占比均达到或超过 7 成。从光伏市场应用端看，也体现了国内和国外市场的协同，我国光伏发电新增装机容量、累计装机容量连续多年全球第一，约占全球市场的 1/3。与此同时，当前我国企业在异质结、钙钛矿等光伏最新技术上正在实现与国际同步。应该说，我国光伏产业从无到有、

① 课题组在较长时间跨度上对光伏产业链上代表性上市公司进行跟踪调研，对各个环节代表性企业的前任、现任高管和从业者进行访谈，同时，本文第一作者现任光伏上市公司独立董事，2009～2013 年担任光伏设备上市公司高管。2021 年 4 月以来，课题组对 10 余家光伏产业链上代表性上市公司进行调研，对各个环节的高管和熟悉光伏历史的前任、现任高管和从业者进行访谈，力图从产业链国产化的历程分析其对产业链生态建设的启示，本案例的统计信息来自作者的工作经历以及行业内资深人士访谈。

从弱到强，光伏产业供应链现代化的过程总体上也是产业链国产化的过程。从产业链看，光伏产品链加工链的代表性企业规模大、知名度高、主导技术创新的总体方向，比如根据部分上市公司 2022 年年报，通威股份、隆基股份、天合光能等销售规模均达到千亿级别，可以认为这些企业是光伏产业链的"链主企业"，与此同时，光伏设备链、辅材链形成众多细分行业龙头。

（一）产品加工链（硅料、硅片、电池和组件）的率先国产化

光伏产业在我国的发展首先是外源性导入。2000 年初，以德国《可再生能源法》修订为标志，真正市场化的光伏应用在全球兴起。光伏技术部分源于半导体行业，但彼时中国光伏尚没有形成产业雏形。中国光伏产业的导入是外源性的，无锡尚德的创始人施正荣将其在新南威尔斯学习的电池组件技术较早带回到国内，他于 2001 年创办的无锡尚德太阳能电力有限公司是我国光伏产业发展的开端。应该说，无锡尚德投建了国内第一条兆瓦级规模电池和组件生产线，开启了我国光伏产业链各环节真正发展的过程。在此之前，我国仅仅因为工业布局齐全的要求，有云南半导体器件厂、开封太阳能电池厂等 4 个单晶电池和组件厂商，这些公司的生产线和关键设备全部依赖进口，基本采用 20 世纪 80 年代从国外引进的技术。当时国际商用多晶组件的转换效率已达 15% 以上，单晶的在 17% 以上，而国内的仅有 10% 和 12%，在这样的差距下，国产光伏产品完全不具备参与国际竞争的能力。2002 年 9 月，无锡尚德第一条年产 10 兆瓦的太阳能电池生产线正式投入生产，产能相当于此前 4 年中国光伏电池产量的总和，将中国与国际光伏产业的差距缩短了整整 15 年。在 2004 年以后，中国企业开始在光伏硅片、电池和组件这些加工环节迅速建立国际竞争力，2006 年 12 月，无锡尚德年产能力达到 300 兆瓦，成为全球光伏电池制造企业前三强。到 2010 年，全球前 5 大晶体硅太阳能电池片厂商中有 4 家是中国企业。2016 年全球前十大电池片厂商中，中国大陆占 8 家，至此，虽然光伏行业仍有波动，但中国光伏企业在全球的地位已经无法动摇。

我国早期的光伏产业是"三头在外"——原料在外、市场在外、技术在外，在光伏产品加工链中，硅料（原料）的国产化相对较晚。2005 年我国多晶硅料国内供应占总需求比率为 5% 左右，绝大部分的多晶硅料需求要依靠进口。在国外厂商垄断的阶段，下游企业必须签订长期采购合同，不仅要提前支付上亿美元预付款，一旦违约，还要赔付巨额违约金。2008 年金融危机导致硅料价格暴跌，签订长单的企业损失巨大，这也是无锡尚德等我国第一批光伏领头企业由盛转衰的重要原因。从 2006 年前后开始，江苏中能（保利协鑫的子公司）、亚洲硅业等企业开始进入光伏产业上游，建造多晶硅厂。到 2009 年，国内硅料产业初步崛起，技术进步不断提速。2010 年多晶

硅进口需求比率降低到 60% 左右，之后主流技术较快在国内扩散①，逐步实现国产化替代，到 2020 年，国内企业通威股份、保利协鑫、特变电工等国内企业的多晶硅的国产比率达到 80% 左右。

在 2010 年之前，我国 95% 以上的光伏产品出口海外，其中欧洲市场占到 80%。随着国内应用政策的推广，我国国内光伏装机量在全球的地位逐渐上升，但相对于我国光伏占据全世界绝大多数份额的供给量来说，海外市场仍然是重要的。外部市场尤其是早期阶段的外部市场，对中国光伏产业加工链起到关键的市场培育功能。与此同时，作为外源性导入的产业，我国光伏硅料、硅片、电池、组件等产品从无到有，迅速占据国际市场，这与国内要素禀赋的支撑密切相关。

（二）光伏加工环节"链主"助力关键中间投入品国产化

在率先国产化的加工制造环节，形成了硅料（江苏中能、通威股份）、硅片（隆基股份、中环股份）、电池组件（晶澳科技、天合光能、晶科股份）等龙头上市公司，这些企业对支撑辅材、设备环节的国产化起到重要作用，本部分以电镀金刚线（用于硅棒切割成硅片）和银浆（制造光伏电池的辅材）两个产业链的环节为例进行说明。

1. 电镀金刚线切割

硅棒或硅锭需要利用钢线切割成硅片，2014 年之前砂浆切割技术处于主流。主流硅片厂商隆基股份、中环股份等在国内企业中较早认识到金刚线切割对于单晶硅片生产的重大意义：由于金刚线切割具有切速快、线径小、切割过程无须砂浆、表面金属杂质含量较低等特点，生产成本将大幅降低，更重要的是，金刚线切片的厚度可以从 190 微米（μm）缩小为 110μm，在设备不增加的情况下，产能将大幅提高，单片成本将下降 26%。相较于传统的砂浆切割技术，金刚线切割效率为其 3 倍以上。国内主要硅片企业较早开始转向金刚线工艺，并有意识培育国内金刚线厂商。但彼时金刚线技术掌握在日本等国家企业手中，进口金刚线价格高昂，日本旭金刚石工业株式会社、日本中村超硬株式会社、日本爱德株式会社、日本联合材料株式会社等日本企业占据了金刚石线市场的大部分市场份额。在此背景下，以岱勒新材、东尼电子、三超新材和美畅新材为代表的国内金刚石线企业或技术团队自 2010 年前后开始陆续投入钻研相关技术。经过持续研发投入，国内厂商在 2014 ~ 2015 年相继实现 80μm 以下用于精密切割的电镀金刚石线领域的技术突破，部分产品打破了日本厂商的技术垄断，但此时国内金刚线主要用于蓝宝石切

---

① 硅料生产主流的改良西门子法传统工艺中会产生大量的副产品四氯化硅，这是多晶硅一度被定性为高耗能、高污染行业的原因之一。冷氢化将多晶硅生产中的主要副产物四氯化硅转化为三氯氢硅，从而实现物料的闭路循环，国外先进企业一直对我国严密封锁相关技术。江苏中能在 2010 年左右在国内率先掌握冷氢化技术并产业化，之后国内其他主要厂商也开始掌握该项技术。

割，太阳能硅片切割的市场仍然为日本企业垄断。要降低成本，只有培育国内厂商并建立上下游的战略合作关系一条路径。隆基股份扶植的代表性厂商是美畅新材，2016年，隆基股份及其关联方为美畅新材贡献92.86%的业务量。美畅新材仅历时三年，就迅速从一家名不见经传的小公司，成为细分领域的领头羊，该公司已经实现年产2400万公里电镀金刚线的产能布局，占据全球一半以上的市场。

2. 银浆

银浆是制造光伏电池的重要辅材，占电池成本的8%～10%，市场长期被贺利氏、美国杜邦、三星SDI以及硕禾电子等海外厂商垄断，我国光伏银浆产业在2011年之前技术一直未有突破，因此早期主要以进口为主。国产银浆市场份额从2017年开始加速提升，从2017年的20%，提升至2018年的35%～40%，到2020年的50%左右，2021年底则达到60%，形成聚和股份、帝科股份、苏州晶银为代表的三大国内浆料龙头企业。其中，聚和股份已于2020年成功收购三星SDI在中国的浆料业务，帝科股份也于2021年7月完成对杜邦在国内浆料业务的收购，银浆国产化的趋势进一步明确。2020年，全球市场正面银浆总消耗量为2138吨，聚和股份银浆销量500.73吨，占23.4%，成为行业领跑者，并且优势正在扩大。

产业链上下游企业资本联合迅速开拓了市场。聚和股份创立初期的控股股东是天合星元投资发展有限公司，该公司由聚合的下游企业天合光能的董事长高纪凡家族控制。聚和股份自设立起至2017年，一直为天合光能的银浆供应商。2018年11月，天合光能筹备在上交所科创板上市，为减少关联交易，高纪凡家族将其持有的聚和股份的全部股份转让，但天合光能在企业初创期提供的订单非常重要。可见，对一个行业新进入者来说，除了技术和质量应迅速达到行业主流水平，如果上下游企业相互投资形成资本纽带、成为利益共同体，则将为新进入者开拓市场创造有利环境。

（三）案例总结与进一步讨论

从光伏产业的案例来看，在外循环阶段，我国光伏的产品加工链由最初依靠欧盟为代表的外部市场获得了发展，随着光伏整体市场的不断扩大，这类企业发展壮大为"链主"企业。在我国经济转向内循环阶段时，除了国内市场的重要性开始提升，在光伏产业更表现为产业循环部分的国产率提升，链主企业与国内重要中间品企业的互动加深。可以说，一家成功的中间投入品企业，在创业初期往往有数家下游企业鼎力相助；没有下游国内加工制造企业的支持和培育，或者说如果下游企业主要在国外，就没有国产设备和材料的国产化。与此同时，当率先国产化的下游环节进一步巩固市场地位，国产中间品环节方能进一步获得市场机会。总体上看，本文第二、第三部分的理论和模型得到了验证。

　　第一，光伏集成制造环节首先形成国内链主企业，这是投入品厂商国产化的前提。本文第二部分模型描述了南国下游企业取代北国下游企业的过程。对光伏产业来说，一方面，半导体行业历史上的发展提供了部分生态基础。光伏硅片的技术源于半导体技术，虽然我国半导体硅片较长时间落后于世界主流产品，但是其为光伏产品硅片的国产化提供了技术和人才基础。全球光伏市场启动之初，存在多晶和单晶硅片这两条分庭抗礼的技术路线，多晶硅片的生产技术全部由国外企业控制，但国内因为半导体行业的基础而较快形成部分单晶硅片产能。西安理工大学（前身陕西机械学院）早在 20 世纪 60 年代与中国科学院半导体研究所合作，研制成功中国第一台晶体生长设备——TDK‑36 型单晶炉。在此之后晶体硅拉晶设备和工艺不断升级，2000 年初适应光伏市场发展，连续研发出较大直径的硅棒长晶炉，常州亿晶、锦州阳光集团等企业采取此类设备和工艺生产单晶硅棒、硅片，形成规模产能。徐州中能的工艺人才一部分来自国外相关厂商的退休工程师，还有一部分来自峨眉半导体研究所（1964 年成立的我国第一家半导体材料研究和生产企业）。另一方面，光伏产品加工链体现的技术特点与我国制造业的优势禀赋较为匹配。首先，总体上行业技术创新呈现出渐进性的特点，而不是颠覆性创新。虽然在行业迭代的过程中存在多晶硅片和单晶硅片技术之争，2016 年之前多晶硅片路线在较长时间内占据市场主流，在此之后，单晶硅片逐渐占据上风，到 2021 年单晶硅片已经占光伏电池的 90% 以上，但是，多晶、单晶两项技术路线本身是在稳定基础上的创新，均有利于发挥中国企业创新的特点，因此，在不同时期都涌现出不同的代表性中国厂商。其次，光伏加工环节总体需要依靠先进设备，同时对生产工艺有一定要求，适合在拥有熟练技术工人和资本相对密集的地区进行产业布局。比如，江苏中能在硅料国产化的一期项目建设中，按照国际主流厂商的标准，还原、精馏、尾气分离等关键设备全部从德国、日本和美国引进，而我国早期光伏电池设备几乎全部都是由美国应材、日本京瓷等生产的，加工环节的产能则由欧洲、日本向亚洲转移，在中国的企业占据主导地位之前，光伏企业还在韩国、马来西亚等地有较多布局。这符合发达国家和新兴经济体的产业链分工特点。最后，国内产业链协作提升竞争力，降低综合成本。硅料的电费成本通常占 20%～30%，因此硅料生产企业从内地转向西部火电、水电较为丰富、电费较低地区，如新疆、云南、内蒙古等地区，继续保持成本和竞争优势。江苏中能早期产能主要布局在徐州，后期项目主要布局在新疆、内蒙古等地。硅片等同属耗电的环节，也逐步转移到发电资源丰富的地区，东部地区则继续发挥出口便利、技术工人资源丰富等优势，主要布局电池、组件、辅材等环节，形成产业区域布局的协同发展。

　　第二，下游链主企业为保持市场地位，需要将创新的范围扩大到整个产业链合作，此时下游企业与中间投入品企业存在双方合作的强烈动机，这也成为产业链升级的方向。正如模型结论1指出的，下游企业面对国外企业垄断上游关键环节的时候，普遍索取高价，产业链降低成本只有培育国内企业并建立上下游的战略合作关系这一条路径。光伏产业链中，2013年左右金刚线作为新技术掌握在日本企业手中时，最初进口市场价高达3元/米。在隆基股份与美畅新材合作后，随着整体技术进步和国产化的推进，到2022年金刚线价格下降到约0.05元/米。新能源行业的发展逻辑是通过不断降本增效扩大下游应用市场，光伏下游企业无法通过与上游高价投入品厂商合作提升竞争力，其实日本金刚线企业也认识到这一点。在产业链迭代的过程中，促进美畅新材工艺进一步成熟的另一个重要节点是与日本金刚线企业爱德株式会社合作。在前期研发的基础上，美畅新材与日本爱德签约，2016年1月接收日本爱德相关技术资料，2016年2月实现批量生产①。美畅新材表示，在与爱德合作之前，由于国内外技术保密及国内技术的不成熟，公司研发团队一直处于自主独立研发过程中，与外界同行的技术交流较少。爱德技术的引进，使得公司金刚石线的生产工艺、技术有了借鉴、对比和参照的对象，也使得公司对于自身技术的改进有了更清晰地认识。例如，在金刚石颗粒的选择、电镀液的配方及维护等方面，学习爱德的技术工艺，对公司坚定自身技术路线以及优化配方等方面均有借鉴意义。在吸收和消化日本技术的同时，美畅新材改进设计自己的电镀金刚石线生产装备，不仅降低了生产成本，还提升了产品性能。

第三，光伏应用市场容量的持续扩大，为我国国内中间品投入品后发赶超提供了市场机遇。这就印证了模型的结论2，光伏全产业链的国产化与光伏企业经受市场考验密切相关。其实，在相当长的一段时间内，我国光伏产业面临海外市场的"双反"（反倾销、反补贴），这也是光伏产业过去呈现出较强周期性的重要原因，但总体而言，政策部门在行业演进中不断改善政策的有效性，以稳健的国内市场扩展支持了行业的创新。从最初的光伏应用市场几乎完全在外，2013年开始国内市场份额逐步增长，到2022年，国内光伏市场占全球的1/3，稳居世界第一。关于高铁产业链国产化的研究表明，国家铁路总局作为高铁车辆的唯一用户，同时"具有专业能力且责任明确的政府机构"，在高铁技术方向引导、促进上游企业竞争方面起到关键作用，这是我国高铁行业成功的重要因素（吕铁、贺俊，2019）。政府相关部门作为光伏新能源应用实际上的协调者，对光伏产业链发展方向也起到类似的作用。首先，通过制定技术标准促进产业良性发展。2015年起，国家能源局开始制定光伏领跑者计划，主要是通过技术标准确定"应用领跑基地"和"技

---

① 综合来看，日本爱德选择转让技术主要出于两方面的考虑，一方面，虽然爱德的技术与中村超硬等全球领先厂商技术水平相近，但在市场上仍属于二线市场；另一方面，爱德认为从产业发展的态势来看，出于成本和接近下游生产厂商、光伏产业发展趋势、制造业发展环境等多方面考虑，金刚线的生产一定会转移中国，否则金刚线大规模的应用无法推开。

术领跑基地"两个项目，应用领跑基地是国家每期安排一定规模的电站指标支持市场前 10% ~ 20% 的先进产能，技术领跑基地则是对已具备规模化量产能力但尚未释放的先进技术进行重点扶持。其次，科学补贴机制的设置对于产业可持续发展至关重要。在实施补贴的过程中设计出合理的机制，既能够扶持产业规模发展，又能形成竞争机制促进企业创新，这是判断补贴科学性的重要标准。光伏行业的补贴也经历不断探索的过程，先是从建设端补贴转向用户侧补贴，再由用户侧制定标杆电价补贴转向竞价补贴，在产业成熟阶段推出竞争性电价上网的机制，促进光伏发电成本超预期下降，大幅度地拓展了光伏发电的应用①。最后，国有和民营企业各自发挥优势，制造环节主要是民营企业，央企则在我国光伏电站建设中起到特殊作用。理论上说，光伏电站收益稳定但回收期长，而且早期电价补贴存在比较严重的拖欠问题。在行业演变的过程中，资金成本低、抗风险能力强的央企成为光伏发电端的主导力量，在发电环节形成"五大四小"为主的市场格局（"五大"：国家能源集团、中国华电、中国华能、国家电投和大唐集团；"四小"：华润电力、国投电力、中广核、三峡集团）。总体来说，央企国企投资长期性的特点比较符合光伏发电建设的要求和特点，也发挥了它们相对于民营企业的优势。

第四，金刚线、银浆等光伏产业链的中间投入品企业能够国产化成功，除了自身研发努力之外，与下游光伏硅片、组件等加工制造企业的支撑作用也是分不开的，这就验证模型的结论 3。首先，中间投入品企业需要进行高效率的研发，为下游企业试用产品创造条件。国内产业链与国际产业链融合是一条有效路径。银浆产品的生产制造关键是配方和工艺，关键技术人员的经验尤为重要，聚合股份招股说明书披露，公司在 2016 年引进关键技术专家冈本珍范，国外领军人物与本土技术团队合作，快速实现了技术突破。其次，光伏下游企业除了坚定给予扶持的上游企业订单，关键是对上游企业进行高密度的知识传输甚至是研发补偿。隆基股份在与美畅新材合作之前，2012 年就基本完成"金刚石线切割工艺研究"实验，在国内率先完成了 130μm 薄片切割工艺的研究，并在 2013 年规模化推广应用金刚线切割技术。关键中间品国产化过程中，产品和工艺都有一个磨合期，隆基股份在 2013 年开始推广金刚线技术时，半年间就持续亏损了数千万元，当时企业管理层

---

① 投资端补贴阶段、应用端补贴阶段、竞争性补贴阶段三个阶段，2016 年国家发展改革委国家能源局出台了《关于完善光伏发电规模管理和实行竞争方式配置项目的指导意见》，在这个指导意见框架下，通过竞争机制激活光伏行业的发展潜力。2019 年实施的《国家发展改革委关于完善光伏发电上网电价机制有关问题的通知》规定，将光伏电站标杆上网电价改为指导价。对于新增项目，其实际电价原则上通过市场竞争方式确定，终端企业在以竞争方式取得电站项目之后，必然将市场竞争向上游传导。光伏行业在竞争性补贴阶段真正实现了产业链降本增效的内在动力。

下定决心，允许硅片切割按照每年亏损不超过 4000 万元的标准来推动技术成熟。那么，作为下游企业来说，扶持上游企业的动力在哪里？除了上文强调的促进产业链降本增效之外，另一个重要动机是向具有国产替代潜质的供应商投资参股，然后登陆资本市场上市实现利益最大化①。同时，上游创业企业也往往会吸引下游企业参股形成利益共同体。比如，天合光能最初对聚合股份的投资，也是希望通过扶持这样一家自身供应链上的企业上市。资本市场对光伏行业的影响是巨大的。2005 年 12 月，无锡尚德成功登陆纽交所，开创了中国民营企业赴美 IPO 直接登陆纽交所的先河，并创下中国民营企业在美国证券市场首次融资的最高纪录，这一标志性事件对国内其他光伏企业形成了巨大的示范效应。从此以后，几乎每一个有志在光伏行业内做出一番事业的创业者，无不以登陆资本市场为目标。据统计，近十多年，中国共有100 余家处于光伏产业链中的企业成功在海内外上市，不仅为行业提供了大量资金，而且在引导产业链整合、形成企业联盟、促进行业规范发展等方面起到了非常深远的作用。

五、政 策 建 议

　　我国众多产业链面临国外"卡脖子"技术的威胁，在构建新发展格局中走自立自强之路、加大自主创新力度、培育我国自己的关键中间品厂商已经成为共识，关键是在经济内外循环中探寻符合实际的路径。我国制造业下游产品正在从模块化组装向复杂集成、产品工艺一体化架构升级，下游企业支撑中间投入品厂商成长的能力正在提升，光伏产业链国产化的演化过程在很多方面说明这一点。

　　第一，下游加工制造业宜进一步提高市场集中度，增强国际竞争力和话语权，提升龙头企业培育支撑关键中间投入品厂商的能力。下游最终工业品环节相对容易形成大型龙头企业，中间投入品厂商往往是隐形冠军但规模不一定大。上下游企业的合作往往受制于整体产业链贯通的约束，产业链合作的核心是要协调，并且要尽量降低协调成本，这种角色需要龙头企业承担。要推动我国下游企业努力从低附加值的组装加工逐步转向结构和工艺更复杂、技术壁垒更高的加工制造环节，同时仍然要发挥规模效应和比较优势的潜力，要推动下游存量企业做强做大，提高先进产能的市场占有率，提升我国下游制造业在全球采购中的话语权，从而提升我国下游制造龙头企业担当"链主"的能力，促进大中小企业贯通发展。

　　第二，减少上下游企业之间的协作成本。上中下游、大中小企业融通发

---

① 这种下游企业参股扶持供应商的模式在动力电池等行业中普遍存在，下游龙头企业宁德时代参股了多个中间投入品企业并实现上市。

展的关键是形成微观机制，比如，在前期支持设备首台套相关政策的基础上，可以将培育上游关键中间品作为考核和评估下游国有链主企业的指标。在复杂装备等领域，不少大型央企国企处于产业链的下游，可以对上游企业形成更好的支撑。比如，在工程液压件领域打破日企长期垄断的企业恒立液压，就是较早与下游的徐工、三一、柳工等国有企业合作，后来逐步进入卡特彼勒等跨国公司供应链。相对来说，大型国有企业在试用、磨合国内供应链新产品时，具有更强的实力和能力，应当表现出更大的耐性。又比如，支持下游加工制造龙头企业成立产业基金，形成下游龙头企业协调产业链的抓手。可以让下游龙头企业参与牵头部分重点产业链的"大基金"运作，重视下游龙头企业对产业链关键环节的投资选择，这样既可以实现市场化投资的可持续性，又把握住了产业链协作的抓手。

第三，进一步发挥资本市场在联结产业链合作中的重要纽带作用。中央提出要促进产业、科技、金融的良性循环，重要产业链企业相互参股登陆资本市场是这一循环的典型实践和体现。产业链上下游企业若超越简单的供求关系，以资本为纽带形成利益共享的联盟，合作企业才真正有动力进行产业链协同创新，真正依靠市场化力量实现抱团升级。中国吸引日韩等地的优秀科技人才，要注重发挥我国资本市场的相对优势，比如，日本企业对员工持股就比较保守，新一代的中国企业家则愿意让研发团队多持股。因此，要继续发挥我国资本市场对创新的支持功能，努力保持资本市场稳定，深化资本市场改革，进一步在制度设计上强化吸引产业链合作、海外科技人员激励的功能。

参 考 文 献

[1] 陈晓华、黄先海、刘慧：《生产性服务资源环节错配对高技术产品出口的影响分析》，载《统计研究》2019 年第 1 期。

[2] 董小君：《金融危机博弈中的政治经济学》，人民出版社 2019 年版。

[3] 杜传忠、张丽：《中国工业制成品出口的国内技术复杂度测算及其动态变迁——基于国际垂直专业化分工的视角》，载《中国工业经济》2013 年第 12 期。

[4] 葛宝山、王治国：《隐形冠军企业创业研究述评及展望》，载《外国经济与管理》2020 年第 11 期。

[5] 赫尔曼·西蒙：《隐形冠军：未来全球化的先锋》，机械工业出版社 2015 年版。

[6] 黄群慧、贺俊：《中国制造业的核心能力、功能定位与发展战略》，载《中国工业经济》2015 年第 6 期。

[7] 刘慧、陈晓华、蒋墨冰：《生产性服务资源嵌入制造业生产环节的最优选择——基于中间投入品出口技术复杂度升级视角》，载《财经研究》2020 年第 7 期。

[8] 刘志彪：《全国统一大市场》，载《经济研究》2022 年第 5 期。

[9] 路风、何鹏宇：《举国体制与重大突破——以特殊机构执行和完成重大任务的历史

经验及启示》，载《管理世界》2021 年第 7 期。

［10］路风：《新火》，中国人民大学出版社 2020 年版。

［11］吕铁、贺俊：《政府干预何以有效：对中国高铁技术赶超的调查研究》，载《管理世界》2019 年第 9 期。

［12］倪红福：《中国出口技术含量动态变迁及国际比较》，载《经济研究》2017 第 1 期。

［13］卿陶、黄先海：《国内市场分割、双重市场激励与企业创新》，载《中国工业经济》2021 年第 12 期。

［14］王雅琦、张文魁、洪圣杰：《出口产品质量与中间品供给》，载《管理世界》2018 年第 9 期。

［15］薛军、陈晓林、王自锋、陈培如：《关键中间品出口质量限制对模仿与创新的影响——基于南北产品质量阶梯模型的分析》，载《中国工业经济》2021 年第 12 期。

［16］杨继军、刘依凡、李宏亮：《贸易便利化、中间品进口与企业出口增加值》，载《财贸经济》2020 年第 4 期。

［17］姚洋、张晔：《中国出口品国内技术含量升级的动态研究——来自全国及江苏省、广东省的证据》，载《中国社会科学》2008 年第 2 期。

［18］张少军、刘志彪：《全球价值链与全球城市网络的交融——发展中国家的视角》，载《经济学家》2017 年第 6 期。

［19］诸竹君、黄先海、余骁：《进口中间品质量、自主创新与企业出口国内增加值率》，载《中国工业经济》2018 年第 8 期。

［20］Acemoglu, D. and Linn, J., 2004: Market Size in Innovation: Theory and Evidence from the Pharmaceutical Industry, *The Quarterly Journal of Economics*, Vol. 119, No. 3.

［21］Atkeson, A. and Burstein, A. T., 2010: Innovation, Firm Dynamics, and International Trade, *Journal of Political Economy*, Vol. 118, No. 3.

［22］Audretsch, D. B., Lehmann, E. E. and Schenkenhofer, J., 2018: Internationalization Strategies of Hidden Champions: Lessons from Germany, *Multinational Business Review*, Vol. 26.

［23］Chen, H. J., 2018: Innovation and Imitation in A Product-cycle Model with FDI and Cash-in-advance Constraints, *Journal of Macroeconomics*, Vol. 58, No. 3.

［24］Edwards, L., Sanfilippo, M. and Sundaram, A., 2020: Importing and Productivity: An Analysis of South African Manufacturing Firms, *Review of Industrial Organization*, Vol. 57.

［25］Grossman, G. M. and Helpman, E., 1991a: Endogenous Product Cycles, *The Economic Journal*, Vol. 101, No. 408.

［26］Grossman, G. M. and Helpman E., 1991b: Quality Ladders and Product Cycles, *The Quarterly Journal of Economics*, Vol. 106, No. 2.

［27］Halpern, L., Miklós K., and Adam S., 2015: Imported Inputs and Productivity, *American Economic Review*, Vol. 105, No. 12.

［28］Hidalgo, C. A. and Hausmann, R., 2009: The Building Blocks of Economic Complexity, *Proceedings of the National Academy of Sciences*, Vol. 106, No. 26.

［29］Iwaisako, T. and Tanaka, H., 2017: Product Cycles and Growth Cycles, *Journal of International Economics*, Vol. 105, No. 3.

[30] Liu, Q. and Qiu, L. D., 2016: Intermediate Input Imports and Innovations: Evidence from Chinese Firms' Patent Filings, *Journal of International Economics*, Vol. 103, No. 11.

[31] Markusen, J., Rutherford, T. F., and Tarr, D., 2005: Trade and Direct Investment in Producer Services and the Domestic Market for Expertise, *Canadian Journal of Economics*, Vol. 38, No. 3.

[32] Melitz, M. J., 2003: The Impact of Trade on Intra-Industry Reallocations and Aggregate Industry Productivity, *Econometrica*, Vol. 71, No. 6.

[33] Scherer, F. M., 1982: Inter-Industry Technology Flows and Productivity Growth, *Review of Economics and Statistics*, Vol. 12, No. 64.

[34] Voudouris, I., Lioukas, S., Makridakis, S. and Spanos, Y., 2000: Greek Hidden Champions: Lessons from Small, Little-known Firms in Greece, *European Management Journal*, Vol. 18, No. 6.

Evolutionary Characteristics of China's Industrial Chain and Growth of Key Intermediate Goods Enterprises Based on A "Dual Circulation" Development Pattern

Liu Chen   Ruidong Sun

Abstract: An important aspect of improving China's industrial basic capacity is to achieve the growth of key intermediate goods enterprises, which is crucial for breaking through "key areas and stranglehold problems". An important feature of the evolution of China's industrial chain is the formation of large-scale downstream processing and integrated manufacturing capacity in the external circulation. Nowadaysdownstream enterprises are upgrading from simple assembly to complex integration and manufacturing process integration. Industrial policy should give full play to the advantages of such industries in the internal circulation and take advantage of them as an important support to enhance China's basic industrial capacity. According to the long-term tracking research of the photovoltaic industry chain, at the outward-oriented stage, an internationally competitive "silicon-wafer-cell-module" product processing chain has been formed, and the main enterprises of the processing and manufacturing chain play a key role in the localization of key intermediate inputs. The policy implication of this paper is that in the processing integrated industry chain, the order of localization the first is downstream products, then followed by key intermediate inputs. At this stage, we should focus on further giving full play the function of the chain master of the leading downstream enterprises, reducing the coordination cost of upstream and downstream enterprises, and promoting the breakthrough of key technologies and key sectors of the industry chain.

Keywords：Dual Circulation　Industrial Chain Evolution　Intermediate Goods　Enterprise Growth

JEL Classification：L11　L16　L60

单轴双层轴辐协议的形成机制与竞争政策

于　左　王　乐　张煜唯*

摘　要：通过研究轴辐协议有关案例，发现轴心经营者不仅可以组织、帮助单层辐条经营者达成垄断协议，还可以同时组织、帮助双层辐条经营者达成垄断协议。进而通过构建供应商、经销商与零售商之间博弈模型，分析发现企业更有动机发起相较于单层轴辐协议更稳定性的单轴双层轴辐协议。通过典型案例研究，发现在集中采购制度下，同一经销商与原料药生产企业和成品药企业更有动机达成单轴双层轴辐协议。在此基础上，从轴辐协议角度提出了完善相关反垄断立法和加强反垄断执法的建议。

关键词：单轴双层轴辐协议　合谋动机　合谋稳定性　药品集中采购　竞争政策

一、问 题 提 出

轴辐协议为具有纵向关系的经营者或第三方组织、帮助具有竞争关系的经营者达成的具有横向垄断协议目的或效果的协议[①]。一般的轴辐协议由一个轴心经营者与具有竞争关系的辐条经营者组成，轴心经营者组织、帮助辐条经营者达成垄断协议，通常为单层轴辐协议（见图1）。在单层轴辐协议中，轴心经营者或辐条经营者有动机发起轴辐协议。轴心经营者促进辐条经营者达成横向垄断协议动机在于可以由此排除轴心经营者所在市场的竞争对手及潜在竞争对手；辐条经营者也有动机利用轴心经营者沟通、协调或提供

*　感谢匿名审稿人的专业修改意见！

于左：东北财经大学产业组织与企业组织研究中心；地址：辽宁省大连市沙河口区东北财经大学尖山街217号，邮编116012；E-mail：yuzuoyz@163.com。

王乐（通讯作者）：东北财经大学产业组织与企业组织研究中心；地址：辽宁省大连市沙河口区东北财经大学尖山街217号，邮编116012；E-mail：15046684290@163.com。

张煜唯：东北财经大学产业组织与企业组织研究中心；地址：辽宁省大连市沙河口区东北财经大学尖山街217号，邮编116012；E-mail：18766952388@163.com。

[①]　以上是我们对轴辐协议的定义。学者关于轴辐协议定义的差异主要在于轴心与辐条之间是否存在纵向关系，刘继峰（2016）、郭传凯（2016）、张晨颖（2018）认为既包含横向经济关系，也包含纵向经济关系，认为其建立在上游主体和下游主体之间交易关系的基础上。王先林（2020）、焦海涛（2020）认为以特定主体为中心，多个具有竞争关系的主体之间达成的限制产品价格、数量、销售地域等条件的垄断协议，轴心可以是经营者也可以是非代理人，但轴心可以是帮助实现信息交换的第三人，甚至是定价算法。

达成合谋的关键信息，在没有直接联络情况下也可以达成横向垄断协议，这种横向垄断协议隐蔽，即使发现后，因辐条经营者没有直接沟通、联系和签订横向垄断协议，可逃脱反垄断处罚。由于轴辐协议中轴心经营者与辐条经营者不处于同一相关市场，辐条经营者通过轴心经营者交换有助于合谋的关键信息如价格、产量、决策等，轴心经营者可以监督辐条经营者是否实施垄断协议、是否背叛合谋，由此导致在轴心经营者参与下，辐条经营者间的横向垄断协议更具稳定性，即使在辐条经营者数量较多情况下亦是如此。

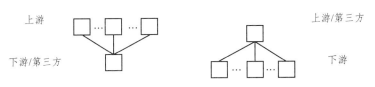

图 1　单层轴辐协议示意

　　轴辐协议作为一种新型垄断协议近年来在我国频发。2021 年，国务院反垄断委员会发布《关于平台经济领域的反垄断指南》和《关于原料药领域的反垄断指南》。2022 年修订后的《中华人民共和国反垄断法》（以下简称《反垄断法》）第十九条规定："经营者不得组织其他经营者达成垄断协议或者为其他经营者达成垄断协议提供实质性帮助"，首次提出对轴辐协议中组织经营者进行制约。现有的立法针对的是单层轴辐协议，即处于轴心位置的经营者仅组织单个相关市场内的经营者达成垄断协议，但现实中出现了轴心经营者不仅组织、帮助单个相关市场的竞争者达成垄断协议，还同时组织、帮助两个相关市场的竞争者达成垄断协议，对此，缺少反垄断立法及执法约束。

　　本文将轴心经营者同时组织、帮助两个相关市场的竞争者分别达成的横向垄断协议称为单轴双层轴辐协议，其中"层"表示相互竞争的经营者（轴辐协议中的辐条经营者）之间的横向垄断协议。经营者若达成了单层轴辐协议，表面上看似乎没有动机与处于产业链另一层经营者再达成轴辐协议，因为若与另一层经营者再达成轴辐协议，则另一层经营者似乎将参与利润分配。但现实中确实出现了单轴双层轴辐协议。由此引出的问题是，经营者为何有动机达成单轴双层轴辐协议？单轴双层轴辐协议的稳定性如何？

二、文献综述

　　已有的关于轴辐协议的研究主要针对的是单层轴辐协议，即轴心经营者组织单层相互竞争的经营者达成横向垄断协议。学者主要通过案例研究对涉及单层轴辐协议的动机及影响进行分析。Granitz and Klein（1996）、Klein（2011）研究了标准石油公司与多家铁路公司之间达成的轴辐协议。Klein

（2017）研究了五大出版商与苹果电子书平台之间达成的轴辐协议，在苹果电子书平台的帮助下，不仅五大出版商合谋实现了垄断价格，苹果公司也实现了在电子书平台市场份额的大幅提升。Clark et al.（2021）通过研究加拿大面包垄断案发现零售商与供应商之间达成了轴辐协议。一些学者研究了轴心为供应商，辐条为零售商（见图 1 右图）时形成的轴辐协议动机及福利损失。Bolecki（2011）认为零售商同意参与轴辐协议的动机在于利用供应商（轴心）从其他零售商（辐条）处获得并交换价格等关键信息。Li（2002），Odudu（2011）也将交换信息作为轴辐协议达成的首要因素。van Cayseele and Miegielsen（2013）认为作为轴心的供应商与多个零售商形成轴辐协议后，零售商拒绝与其他供应商交易，轴心供应商可以因此获得市场势力，提高价格。Sahuguet and Walckiers（2014、2017）认为轴辐协议带来的福利损失取决于市场需求水平和供应商（轴心）、零售商（辐条）的议价能力，Amore（2016）认为零售商的议价能力是与供应商达成轴辐协议的关键。Gilo and Yehezkel（2020）认为通过供应商（轴心）达成合谋避免竞争则更有利。叶光亮等（2023）刻画了上游平台供应商作为轴心和下游双寡头零售商达成轴辐协议的模型，认为轴辐协议的稳定性随市场低需求概率的增加而增加，随零售商议价能力的提高而降低。部分学者既研究了轴心为供应商、辐条为零售商（见图 1 右图）时形成的轴辐协议，也研究了轴心为零售商，辐条为供应商（见图 1 左图）时的轴辐协议动机。Joseph and Patrick（2018）、Rodrigo and Caroline（2019）认为零售商（轴心）通过协调供应商（辐条）的方式排斥零售市场的竞争对手，当供应商作为轴心时，供应商通过零售商（辐条）实施建议零售价以减少零售市场的竞争以获利。

一些学者研究了轴辐协议的法律性质及法律适用，一些观点认为轴辐协议本质上是横向协议。刘继峰（2016）、郭传凯（2016）认为轴辐协议适用于本身违法原则。江山（2021）认为轴辐协议虽应本身违法，但根据轴心在形成横向垄断协议过程中起的作用不同处罚应适当减轻。侯利阳（2019）、焦海涛（2020）认为应依据主导作用是轴心还是辐条实施合理原则。还有观点认为轴辐协议是游离于横向协议和纵向协议之外的第三类垄断协议。丁国民、马芝钦（2019）认为根据轴心对辐条经营者横向限制的主观意愿，区分轴辐协议适用本身违法原则或合理原则。叶明、石晗晗（2021）认为轴辐协议适用合理原则但应涵盖全部主体。戴龙（2021）认为应结合轴心经营者所在领域的竞争状况区别适用本身违法或合理原则。

Clark et al.（2021）在单层轴辐协议基础上提出一种新型的轴辐协议，供应链两端的企业（零售商和供应商）均形成合谋，称其为双边轴辐协议（two-sided hub-and-spoke collusion）。只有供应商的合谋无法维持，次要供应商有动机成为主要供应商；只有零售商的合谋也无法维持，供应商必须向零售商提供较低的批发价格激励零售价格降低，这样会将消费者从次要供应商的零售商手中转移至主要供应商的零售商。不对称的供应关系和内生批发价格的设定使需要供应链两端的竞争者同时合谋，不仅可以协调不对称的供应关系和批发价格，也可以对偏离合谋的供应商和零售商实施惩罚。

一些学者对轴辐协议的形成动机进行了研究。而另一些学者从法学角度对轴辐协议的法律性质及法律适用进行探讨。以上研究基本都围绕单层轴辐协议，相比于单层轴辐协议，轴心经营者组织两层相互竞争的经营者达成垄断协议彻底消除了两层市场的竞争，很有可能排除了两层市场的潜在竞争者进入的可能性，若缺少对单轴双层轴辐协议动机和稳定性的深入研究，则难以对轴辐协议案件进行科学判定。Clark et al.（2021）虽提出了双边轴辐协议，但不对称的供应关系和内生批发价格的设定才可实现双边合谋的假设过于严苛，仅停留在理论层面，现实中不易发生，且假设前提是两个市场不存在排除、限制竞争行为，即供应链两端所有经营者均参与了合谋，其所提出的双边轴辐协议实际是零售商和供应商互为轴辐，已经偏离轴辐协议中轴心经营者排除市场其他竞争对手的动机，也没有体现轴辐协议中轴心的真正作用。基于此，本文依据现实案例提出单轴双层轴辐协议的概念，拟通过更具针对性且符合现实的市场条件假设，研究单轴双层轴辐协议的形成动机和稳定性及竞争政策。

本文可能的边际进展在于：率先提出单轴双层轴辐协议的概念，扩充了垄断协议的形式，研究其动机和稳定性问题，并对其合谋机制做出解释，得出具有重要政策含义的研究结论。本文剩余部分安排如下：第三部分是理论模型；第四部分是原料药行业典型案例分析；第五部分是结论与建议。

三、理　论　模　型

（一）特征事实

现实中虽无单轴双层轴辐协议的判例，但一些企业的行为事实上已经构成了单轴双层轴辐协议的形式。例如，湖北联兴民爆器材经营股份有限公司（以下简称"湖北联兴"）主营业务为经销民爆器材，其要求生产企业不得向其他企业销售，形成了湖北省所有民爆器材生产企业的产品只能由作为轴心的湖北联兴经销，湖北联兴也只将民爆器材销售给部分民爆器材销售企业的流通体系[①]，导致用户无法自由选择与生产或销售企业直接交易，将其他销售企业排除在外，其他经销商也无法进入湖北民爆器材经销市场，达成单轴双层轴辐协议的湖北所有民爆器材生产企业、部分销售企业及湖北联兴共同瓜分民爆器材市场的垄断利润。湖北联兴民爆器材案单轴双层轴辐协议示意如图 2 所示。

---

① 《湖北省市场监督管理局终止调查决定书》，鄂市监终止字〔2018〕1 号。

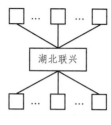

图 2 湖北联兴民爆器材案单轴双层轴辐协议示意

结合符合单轴双层轴辐协议的案件，我们研究发现达成单轴双层轴辐协议的目的在于封锁上下游市场，排除涉及产业链中相关市场的潜在竞争者进入。Joseph and Patrick（2018）、Rodrigo and Caroline（2019）、Gilo and Ye-hezkel（2020）等在研究单层轴辐协议时也认为轴心经营者与辐条经营者达成轴辐协议可以排除轴心与辐条经营者相关市场竞争者的进入。据此，本文通过研究某种投入品的多家供应商和经销商达成轴辐协议后潜在竞争者的决策行为，并比较不同情况下单层轴辐协议垄断体（即供应商和经销商通过达成单层轴辐协议形成的垄断体[1]，以下同）是否与零售商签订单轴双层轴辐协议的期望利润，分别为：若潜在竞争者进入，单层轴辐协议垄断体不考虑与零售商签订单轴双层轴辐协议时的期望利润；单层轴辐协议垄断体为阻止潜在进入者进入，与零售商签订单轴双层轴辐协议时的期望利润。比较潜在竞争者进入和签订单轴双层轴辐协议两种情况下单层轴辐协议垄断体的期望利润，研究其［见图 3（1）］是否有动机通过经销商与零售商达成单轴双层轴辐协议［见图 3（2）］，讨论其稳定性，并分析可能形成的原因。

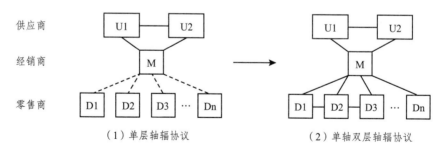

（1）单层轴辐协议　　　　　　　　　（2）单轴双层轴辐协议

图 3 单层轴辐协议及单轴双层轴辐协议

注：上下游的直线连接表示形成轴辐协议，虚线连接表示未参与轴辐协议，其中零售商有 n 家。

---

① 由于达成轴辐协议的企业不在同一相关市场，本文将其统称"垄断体"，在实际签订单轴双层轴辐协议过程中只需要轴心经营者或辐条经营者其中一方与另一层辐条经营者签订即可。"垄断体"期望利润表示达成轴辐协议双方或三方期望垄断利润的和。

（二）基本模型

假设某种投入品的零售市场有 N（N > 4）家零售商，市场需求曲线为 $p = a - b \cdot q (a > 0, \ b > 0)$，进行伯川德竞争；两家供应商供应投入品，边际成本为0，市场进入障碍较大[①]；经销市场共有 m 家经销商；执法力度为 α，α 服从（0，1）的均匀分布，因此合谋被发现的概率为 $\alpha (0 < \alpha < 1)$，合谋被发现后惩罚额占销售额的比例 $i (0 < i < 1)$；经销市场进退无障碍，存在潜在进入者，有利可图时潜在进入者进入。某一经销商与两家供应商已经达成轴辐协议垄断投入品，一旦经销市场潜在进入者进入，因无法从供应商处获得投入品，将通过笼络零售商的方式，与全部零售商达成轴辐协议（以下简称"潜在轴辐协议垄断体"），形成供应商与经销商垄断投入品、潜在进入企业垄断零售市场的竞争局面。

1. 单层轴辐协议垄断体未与零售商签订单轴双层轴辐协议，潜在进入者进入

零售市场需求曲线为 $p = a - b \cdot q$，潜在轴辐协议垄断体垄断零售市场，根据利润最大化 MR = MC，经销市场面临的需求曲线为 $p = a - 2 \cdot b \cdot q$。由于经销商与投入品供应商达成单层轴辐协议形成垄断体，此时，供应商和经销商将共同面临经销商的需求曲线，c 表示轴辐协议中的发起方向被发起方支付维持轴辐协议稳定的费用，也表示发起方与被发起方之间的利润分配。若供应商（辐条）是发起方，则供应商（辐条）通过分配一部分垄断利润利用经销商（轴心）帮助沟通、协调促进供应商（辐条）横向垄断协议的达成；若经销商（轴心）是发起方，经销商（轴心）向供应商（辐条）通过分配一部分垄断利润维持轴心的垄断地位，如供应商拒绝向轴心以外的经销商供货等。π_1^Z 表示单层轴辐协议垄断体的总利润，π_1^* 表示发起方的期望利润；c_1^* 表示发起方向被发起方支付维持轴辐协议稳定的费用，单层轴辐协议垄断体的期望利润函数为：

$$\pi_1^* = \underset{c_1, q_1}{\text{Max}} \Big[1 - \Big(1 - \frac{c_1}{(a - 2 \cdot b \cdot q_1) \cdot q_1} \Big) \cdot \alpha \Big] \cdot \big[(a - 2 \cdot b \cdot q_1) \cdot q_1 - c_1 \big]$$
$$- \Big(1 - \frac{c_1}{(a - 2 \cdot b \cdot q_1) \cdot q_1} \Big) \cdot \alpha \cdot i \cdot (a - 2 \cdot b \cdot q_1) \cdot q_1$$

---

① 若市场无进入障碍或进入障碍较小，存在潜在供应商，一旦潜在供应商进入市场参与竞争，短期内单层轴辐协议被打破，长期内可能与其他供应商仍形成单层轴辐协议，详细可见醋酸氟轻松原料药垄断案中，新出现的供应商短期内打破了原供应商之间的垄断协议，但之后选择通过表面看为被某一经销商独家包销，实际为与原供应商达成轴辐协议。本文主要讨论单层轴辐协议形成后，是否有动机与另一层企业达成单轴双层轴辐协议，假设供应市场进入障碍较大实际上也包括长期情况下，市场进入障碍小时供应市场潜在竞争者进入后再次达成轴辐协议的情况。

$$\{ \text{st. } \pi_1 > 0, \ c_1 > 0, \ q_1 > 0 \} \tag{1}$$

均衡结果：

$$c_1^* = \frac{a^2 \cdot [-1 + (2+i) \cdot \alpha]}{16 \cdot b \cdot \alpha} \tag{2}$$

$$q_1^* = \frac{a^2}{4 \cdot b}, \ p_1^* = \frac{a}{2} \tag{3}$$

$$\pi_1^* = \frac{a^2 (-1 + i \cdot \alpha)^2}{32 \cdot b \cdot \alpha} \tag{4}$$

$$\pi_1^z = \frac{a^2 (-1 + 4\alpha + i^2 \alpha^2)}{32 \cdot b \cdot \alpha} \tag{5}$$

其中，$p_1^* = \frac{a}{2}$ 为潜在轴辐协议垄断体进入后单层轴辐协议垄断体向潜在轴辐协议垄断体出售投入品的价格；$q_1^* = \frac{a^2}{4 \cdot b}$ 为满足潜在轴辐协议垄断体、单层轴辐协议垄断体的产量。π_2^z 表示潜在轴辐协议垄断体的总利润，π_2^* 表示其中发起方的期望利润；c_2^* 表示其中发起方向被发起方支付维持轴辐协议稳定的费用，潜在轴辐协议垄断体达成轴辐协议的期望利润函数为：

$$\pi_2^* = \underset{c_2, q_2}{\text{Max}} \left[1 - \left(1 - \frac{c_2}{(a/2 - b \cdot q_2) \cdot q_2} \right) \cdot \alpha \right] \cdot [(a/2 - b \cdot q_2) \cdot q_2 - c_2]$$

$$- \left[1 - \frac{c_2}{(a/2 - b \cdot q_2) \cdot q_2} \right] \cdot \alpha \cdot i \cdot (a/2 - b \cdot q_2) \cdot q_2$$

$$\{ \text{st. } \pi_2 > 0, \ c_2 > 0, \ q_2 > 0 \} \tag{6}$$

均衡结果：

$$c_2^* = \frac{a^2 \cdot [-1 + (2+i) \cdot \alpha]}{32 \cdot b \cdot \alpha} \tag{7}$$

$$\pi_2^* = \frac{a^2 (-1 + i \cdot \alpha)^2}{64 \cdot b \cdot \alpha} \tag{8}$$

$$\pi_2^z = \frac{a^2 (-1 + 4\alpha + i^2 \alpha^2)}{64 b \alpha} \tag{9}$$

考虑潜在轴辐协议垄断体的稳定性，由于潜在进入者若想通过与零售商形成垄断，需要与全部零售企业达成轴辐协议才可获得垄断地位，因此每个达成轴辐协议的零售企业的利润为 $\frac{a^2 \cdot [-1 + (2+i) \cdot \alpha]}{32 \cdot b \cdot \alpha \cdot N}$。作为轴辐协议的发起者也可以控制分给每个零售企业投入品的数量，每个零售商可以零售的数量是有限的，因此每个参与轴辐协议的零售企业可以参与的销售额是相等的，为 $\frac{a^2}{16 \cdot b \cdot N}$，该销售额同时也是零售企业背叛轴辐协议时可获得的背叛利润，背叛后的惩罚期无论是零售市场回到伯川德竞争状态还是潜在轴辐协议打破后单层轴辐企业继续垄断，零售商利润均为 0，当无限期贴现合谋利润大于背叛期利润与惩罚期利润贴现的和时，合谋稳定：

$$-\frac{a^2 - 2a^2\alpha - a^2 i\alpha}{32b \cdot \alpha \cdot N} \cdot \frac{1}{1 - \delta_1^B} > \frac{a^2}{16 \cdot b \cdot N} + 0 \cdot \frac{\delta_1^B}{1 - \delta_1^B}$$

$$\text{s. t.} \ \{a > 0, \ b > 0, \ N > 1, \ 0 < \delta < 1\} \tag{10}$$

通过冷酷战略求得合谋的贴现因子：

$$\delta_1^B = \frac{1 - i\alpha}{2\alpha} \tag{11}$$

当 $\delta_1^B < \frac{1}{2}$ 在满足利润最大化的范围内恒成立，且随着 α、i 的增加，δ_1^B 越小，合谋越稳定。其中 $i \cdot \alpha$ 表示合谋被发现后的损失因子，将 $1 - i \cdot \alpha$ 称为合谋未被发现无惩罚的机会因子，当合谋成功的机会因子大于被发现的损失因子时，潜在进入者越有可能通过达成轴辐协议的形式笼络零售商，且潜在进入者的进入概率取决于在潜在进入者进入后，有多大概率可以获得利润，当满足 $\pi_2^Z > 0$ 时，潜在进入者的进入概率为：

$$\text{Pro}_1^B = \int_0^1 di \int_{\frac{1}{2}}^1 2d\alpha + \int_0^1 di \int_0^{\frac{1}{2}} d\alpha \cdot \int_{\frac{1}{3}}^{\frac{1}{2}} d\alpha \int_{\frac{1}{\alpha}-2}^1 3di = 1 + \text{Ln} \frac{2}{3} \tag{12}$$

2. 单层轴辐协议垄断体与零售商签订单轴双层轴辐协议，潜在进入者无法进入

当单层轴辐协议垄断体与零售商签订单轴双层轴辐协议（以下简称双层轴辐协议垄断体）时，供应商、经销商和零售商将共同面临零售市场的需求曲线 $p = a - b \cdot q$，π^W 表示双层轴辐协议垄断体的总利润，π^* 表示轴辐协议发起方的期望利润；e_1^* 表示发起方向被发起方支付维持轴辐协议稳定的费用，双层轴辐协议垄断体的期望利润函数为：

$$\pi^* = \underset{e_1, q}{\text{Max}} \left[1 - \left(1 - \frac{e_1}{(a - b \cdot q) \cdot q} \right) \cdot \alpha \right] \cdot \left[(a - b \cdot q) \cdot q - e_1 \right]$$

$$- \left[\left(1 - \frac{e_1}{(a - b \cdot q) \cdot q} \right) \cdot \alpha \right] \cdot \alpha \cdot i \cdot (a - b \cdot q) \cdot q$$

$$\{ \text{st.} \ \pi^* > 0, \ e_1 > 0, \ q > 0 \} \tag{13}$$

可得在 $0 < \alpha < 1 \& 0 < i < 1$ 的条件下：

$$e_1 = -\frac{a^2 - 2a^2\alpha - a^2 i\alpha}{8b\alpha} \tag{14}$$

$$\pi^* = \frac{a^2(-1 + i\alpha)^2}{16b\alpha} \tag{15}$$

零售商可在双层轴辐协议垄断体中分得的期望均衡利润等于潜在进入者进入后与零售商形成轴辐协议时可分得的利润：

$$e_2^* = c_2^* = \frac{a^2 \cdot [-1 + (2 + i) \cdot \alpha]}{32 \cdot b \cdot \alpha} \tag{16}$$

双层轴辐协议垄断体的总利润：

$$\pi^W = e_1 + \pi^* = \frac{a^2(-1 + 4\alpha + i^2\alpha^2)}{16b\alpha} \tag{17}$$

原单层轴辐协议垄断体的利润为双层轴辐协议垄断体的总利润与零售商分得利润的差：

$$\pi_1^w = \pi^w - e_2^* = \frac{a^2[-1 - (-6 + i)\alpha + 2i^2\alpha^2]}{32b\alpha} \tag{18}$$

通过对比单层轴辐协议垄断体未与零售商签订单轴双层轴辐协议，潜在进入者进入时单层轴辐协议垄断体的损失后的期望利润 π_1^Z 与单层轴辐协议垄断体与零售商签订单轴双层轴辐协议时的期望利润 π_1^W，发现：

$$\pi_1^Z \cdot \text{Pro}_1^B < \pi_1^W \tag{19}$$

说明在经销商与供应商签订轴辐协议形成单层轴辐协议垄断体的条件下，有动机进一步与零售商达成单轴双层轴辐协议。

原单层轴辐协议垄断体不需要与全部零售商签订单轴双层轴辐协议，只需要与部分零售商签订即可防止潜在进入者进入后形成买方市场，$n(N > n > 4)$ 表示原单层轴辐协议垄断体选择与零售商签订单轴双层轴辐协议的企业数，$\frac{n}{N}$ 表示零售商达成轴辐协议的比例，单轴双层轴辐协议稳定性的限制条件为：

$$-\frac{a^2 - 2a^2\alpha - a^2i\alpha}{32b\alpha} \cdot \frac{1}{n} \cdot \frac{1}{1 - \delta_2^B} > \frac{a^2}{4b} \cdot \frac{1}{N} \tag{20}$$

贴现因子：

$$\delta_2^B = 1 - \frac{1}{4} \cdot \frac{N}{n} \cdot \left(1 - \frac{1 - i\alpha}{2\alpha}\right) \tag{21}$$

当满足以下条件时，$\delta_2^B < \frac{1}{2}$，合谋稳定：

$$\frac{8n\alpha}{-1 + 2\alpha + i\alpha} < N \tag{22}$$

$$\frac{n}{N} < \frac{1}{4} \cdot \left(1 - \frac{1 - \alpha \cdot i}{2 \cdot \alpha}\right) \tag{23}$$

说明在伯川德竞争的条件下，单层轴辐协议垄断体需要与一部分零售商而非全部零售商达成单轴双层轴辐协议可维持稳定，阻止潜在进入者进入。

（三）扩展结论

若零售商进行古诺竞争，潜在进入者进入后单层轴辐协议垄断体的利润、原单层轴辐协议垄断体与零售商形成单轴双层轴辐协议的利润与伯川德竞争时情况相同，说明古诺竞争时，经销商与供应商签订轴辐协议形成单层轴辐协议垄断体的条件下，有动机与零售商达成单轴双层轴辐协议。单轴双层轴辐协议一旦形成，潜在进入者将无法进入。若零售商背叛协议，原单层轴辐协议垄断体惩罚期不再向其供货，无法参与竞争，利润为 0，双层轴辐协议垄断体稳定性的限制条件为：

$$-\frac{a^2 - 2a^2\alpha - a^2 i\alpha}{32b\alpha} \cdot \frac{1}{n} \cdot \frac{1}{1 - \delta_2^C} > \frac{a^2}{4b} \cdot \frac{1}{N} \tag{24}$$

此时，贴现因子 δ_2^C 与 $\delta_2^B = 1 - \frac{1}{4} \cdot \frac{N}{n} \cdot \left(1 - \frac{1 - i\alpha}{2\alpha}\right)$ 相同，稳定条件也同式（22）、式（23）。

与伯川德竞争时潜在进入者进入的区别在于，零售商背叛与潜在进入者达成的轴辐协议后，惩罚期市场回归古诺竞争状态，零售商仍有利润，为 $\frac{a^2}{4 \cdot b} \cdot \frac{1}{(N+1)^2}$。

潜在进入者进入后与零售商达成单层轴辐协议，合谋稳定的贴现方程为：

$$-\frac{a^2 - 2a^2\alpha - a^2 i\alpha}{32b \cdot \alpha \cdot N} \cdot \frac{1}{1 - \delta_1^C} > \frac{a^2}{16 \cdot b \cdot N} + \frac{a^2}{4 \cdot b} \cdot \frac{1}{(N+1)^2} \cdot \frac{\delta_1^C}{1 - \delta_1^C}$$

$$\{st. \ a > 0, \ b > 0, \ n > 1, \ 0 < \delta < 1\} \tag{25}$$

贴现因子：

$$\delta_1^C = \frac{1}{2} \cdot \frac{1 - i \cdot \alpha}{\alpha} \cdot \frac{(N+1)^2}{(N-1)^2} \tag{26}$$

贴现因子 δ_1^C 随着零售商数量的增加而变小。如果零售商背叛，背叛期的利润在古诺竞争时随着零售商数量的增加而减少，潜在轴辐协议的稳定性随之变高。当 $\alpha > \frac{(N-1)^2}{(N+1)^2}$，$i > \frac{1}{\alpha} - \frac{(N-1)^2}{(N+1)^2}$ 时，$\delta_1^C < \frac{1}{2}$，合谋稳定。分解来看，$1 - i \cdot \alpha > g(N) \cdot \alpha$，其中 $i \cdot \alpha$ 表示合谋被发现后损失因子，将 $1 - i \cdot \alpha$ 称为合谋未被发现无惩罚的机会因子，当合谋成功机会因子大于被发现的一定概率时，横向垄断协议被发现的概率越大，轴辐协议越稳定。不同情况下合谋的贴现因子，如表 1 所示。

表 1   不同情况下合谋的贴现因子

项目	双层轴辐协议垄断体	潜在轴辐协议垄断体
伯川德竞争	$\delta_2^B = 1 - \frac{1}{4} \cdot \frac{N}{n} \cdot \left(1 - \frac{1 - i\alpha}{2\alpha}\right)$	$\delta_1^B = \frac{1 - i\alpha}{2\alpha}$
古诺竞争	$\delta_2^C = 1 - \frac{1}{4} \cdot \frac{N}{n} \cdot \left(1 - \frac{1 - i\alpha}{2\alpha}\right)$	$\delta_1^C = \frac{1}{2} \cdot \frac{1 - i \cdot \alpha}{\alpha} \cdot \frac{(N+1)^2}{(N-1)^2}$

注：$\delta_1^B < \delta_1^C$。

对比伯川德竞争时，潜在进入者进入后与产成品企业达成轴辐协议时的贴现因子，发现 $\delta_1^C = \delta_1^B \cdot \dfrac{(N+1)^2}{(N-1)^2}$，$\delta_1^B < \delta_1^C$ 恒成立，相较于古诺竞争状态，伯川德竞争下，潜在进入者在进入后，与零售企业达成的轴辐协议更加稳定。说明，单层轴辐协议垄断体在考虑是否与零售商达成单轴双层轴辐协议以防止潜在进入者进入时，若零售市场是伯川德竞争，相较于零售市场古诺竞争时，潜在进入者进入后形成零售市场合谋的稳定性比古诺竞争时高，对于单层轴辐协议垄断体更有动机在零售市场是伯川德竞争时与零售商达成单轴双层轴辐协议。

模型部分证明了单层轴辐协议垄断体有动机与零售市场达成单轴双层轴辐协议，同时封锁上游供应市场、经销市场及下游零售市场。单轴双层轴辐协议的形成原因可能一方面在于单层轴辐协议垄断体为防止潜在进入者进入后获得市场势力，与另一层企业达成单轴双层轴辐协议形成市场封锁更有利。另一方面，即使单层轴辐协议垄断体垄断了辐条与轴心所在的市场，若其下游市场的竞争者数量多，竞争程度强，激烈的价格竞争使下游市场有强烈的动机降低成本，单层轴辐协议垄断体无法其维持垄断地位。一旦达成单轴双层轴辐协议，从生产到销售各环节相当于形成一个垄断体，彻底阻止了各环节潜在进入者的进入，也阻止了上游市场因其滥用市场支配地位、垄断加价的举报，监管部门在没有市场举报的条件下更加难以发现垄断协议。

四、原料药行业典型案例分析

上文探讨单轴双层轴辐协议的形式、动机及稳定性发现，相比于单层轴辐协议，企业更有动机达成单轴双层轴辐协议，如在湖北联兴案中，不仅上游供应商达成了垄断协议，下游零售商也达成了垄断协议。如果对反垄断法中缺少对单轴双层轴辐协议的约束及分析框架，在反垄断执法中，执法机构很有可能将轴辐协议案件分析成辐条企业达成横向协议或轴心企业滥用市场支配地位，从而导致无法识别和处置全部违法主体。在已查处的原料药垄断案中，冰醋酸原料药垄断案、异烟肼原料药垄断案等都与原料药经销商有着密不可分的关系，具备达成轴辐协议甚至单轴双层轴辐协议的基本条件，因此本文进一步以原料药行业为例，利用上文的理论研究成果，并以葡萄糖酸钙原料药垄断案为例剖析原料药行业中单轴双层轴辐协议达成动机及药品集中采购制度对企业达成单轴双层轴辐协议的影响。

因原料药垄断引起成品药短供、价格大幅上涨已不是个例。自 2011 年国家发改委处理第一起原料药垄断案至 2021 年，国家市场市场监督管理总局已惩处不下十起原料药垄断案，涉及 24 家药企，累计被处以超过 5

亿元罚款①。为了控制药品价格，预防和制止原料药领域垄断行为，国家相继出台《短缺药品和原料药经营者价格行为指南》《关于原料药领域的反垄断指南》，但原料药垄断屡禁不止，甚至有企业在被处罚后仍实施滥用行为。从根本上解决原料药垄断问题要准确识别并处罚垄断行为的参与方，有些企业虽然参与滥用行为但并未被发现，或者即使发现但是没有得到惩处，使得经营者参与合谋的成本低，一些原料药垄断问题仍未得到解决。2019 年初，国家市场监管总局接到举报称注射用葡萄糖酸钙原料药被垄断，造成被纳入国家基本药物目录和常用低价药的葡萄糖酸钙注射液中标价暴涨，在此之前，葡萄糖酸钙注射液已经被多省（地区）列入短缺药名单②。葡萄糖酸钙原料药共有三家企业实际生产，分别是浙江瑞邦药业股份有限公司（以下简称"浙江瑞邦"）、江西新赣江药业股份有限公司（以下简称"江西新赣江"）、成都倍特药业股份有限公司（以下简称"成都倍特"）。2015 年8 月到 2017 年 12 月，山东康惠医药有限公司、潍坊普云惠医药有限公司、潍坊太阳神医药有限公司（由于山东康惠实际控制潍坊普云惠和潍坊太阳神，以下统一简称为"山东康惠"）通过包销、大量购买和要求企业不对外销售等方式，控制注射用葡萄糖酸钙原料药，其他经销企业难以从现有生产企业获得原料药，无法进入市场，造成注射用葡萄糖酸钙价格大幅上涨十几倍，山东康惠滥用市场支配地位以不公平高价及附加不合理条件销售原料药被处罚③。经销商作为将原料药生产企业和成品药生产企业相连接的关键一环，若经销商垄断了原料药，借此获得垄断利润，无论是原料药生产企业还是成品药生产企业的利润都将受损，但在葡萄糖酸钙原料药垄断案，原料药生产企业和成品药生产企业不仅利润率上涨，其原料药生产企业还出现了非独立的逐利行为，成品药价格一致以及市场份额上涨的现象。

（一）原料药经销商和原料药生产企业之间达成的单层轴辐协议

1. 原料药生产企业非独立的逐利行为

实际上在原料药被垄断过程中，原料药生产企业明知市场上原料药价格大涨，2017 年山东康惠采购注射用葡萄糖酸钙原料药的价格多为 80 元/公斤左右，当事人销售价格多为 760 ~ 2184 元/公斤，提价达 9.5 ~ 27.3 倍，远超经销商包销或大量购买时的价格，但仍然继续与经销商合作而不是选择自己以高价售卖，说明生产企业知道其他生产企业也在与经销商合作，如果打破

---

①　高瑞瑞、赵为德：《近十年原料药垄断案：24 家药企因涉嫌垄断，累计被罚超 5 亿》，人民日报健康客户端，https：//baijiahao. baidu. com/s? id = 1720297910479963767&wfr = spider&for = pc。

②　国家药品供应保障综合管理信息平台公布的《2018 年 5 月份短缺药品监测结果快报》，葡萄糖酸钙注射液短缺涉及省份：鄂、甘、黑、鲁、闽、湘、新、粤。

③　《国家市场监督管理总局行政处罚决定书》，国市监处〔2020〕8 号。

合作，竞争的市场将令原料药价格无法大涨。由此可以推定原料药经销商和原料药生产企业之间已经达成了单层轴辐协议，不仅原料药经销商在其中获得垄断利润，原料药生产企业也将获利。

2. 原料药生产企业利润率大涨

原料药生产企业在原料药被垄断期间毛利率大幅上涨。江西新赣江和浙江瑞邦的葡萄糖毛利率变化趋势一致，均呈上升趋势，主要是葡萄糖酸钙原料药售价上升所致[①]。2015 年下半年，山东康惠开始大量购买浙江瑞邦生产的注射用葡萄糖酸钙原料药，购买比例超过浙江瑞邦生产全部葡萄糖酸钙原料药的 85%，一跃成为浙江瑞邦的前五大客户之一。自 2015 年起，浙江瑞邦的毛利率连年上涨，尤其在 2016 年，毛利率同比上涨 8%，相对应的葡萄糖酸盐系列毛利率同比上涨 9%，浙江瑞邦 2016 年度的营业收入较 2015 年同期上涨 24%，主要原因之一是核心产品葡萄糖酸盐系列在全球高附加值市场逐渐增加份额，并拥有很大的话语权和定价权[②]，虽然 2016 年在销量上和 2015 年基本持平，但是葡萄糖酸钙产品的售价提高，使得该产品全年收入增长。之后浙江瑞邦毛利率基本稳定在 55%，直到 2020 年初，国家市场监督管理总局处罚了山东康惠垄断注射用葡萄糖酸钙原料药，葡萄糖酸盐系列毛利率骤然下降 7%，2021 年下降 14%，总毛利率也从 56% 下降至 43%（见表 2）。在江西新赣江的年报中提道："2017 年较 2016 年毛利率的上涨主要为客户结构的变动导致葡萄糖酸钙产品的平均价格上升，2018 年毛利率的上涨主要是公司部分大客户框架协议到期，公司根据市场价格调高了协议价格。"简而言之，江西新赣江在被山东康惠包销后，提高了注射用葡萄糖酸钙原料药的价格，2016 年、2017 年、2018 年葡萄糖酸钙原料药的毛利率逐年上涨分别为 48%、52%、64%[③]。

表 2   2013～2021 年浙江瑞邦毛利率   单位：%

项目	2013 年	2014 年	2015 年	2016 年	2017 年	2018 年	2019 年	2020 年	2021 年
公司毛利率	35	40	42	50	56	55	56	53	43
产品毛利率	28	41	38	47	52	54	53	46	32

注：公司毛利率表示浙江瑞邦总毛利率，产品毛利率表示浙江瑞邦葡萄糖酸盐系列毛利率。
资料来源：笔者根据 2014 年浙江瑞邦财务报表及审计报告；2015～2021 年浙江瑞邦年报整理所得。

----

① 江西新赣江公开转让说明书，2018 年 12 月 28 日，东方财富网。
② 浙江瑞邦 2016 年年报。
③ 江西新赣江公开转让说明书，2018 年 12 月 28 日，东方财富网，2018 年后不再单独公布葡萄糖酸钙原料药的毛利率，公布数据为葡萄糖酸盐系列的毛利率，其中葡萄糖酸钙原料药为葡萄糖酸盐系列的主要产品。

（二）成品药企业、原料药生产企业和原料药经销商达成单轴双层轴辐协议

1. 成品药价格大幅上涨

原料药垄断后仍需要一部分成品药企业为其出货，原料药价格上涨也一定会反映在成品药价格上。根据葡萄糖酸钙注射液原料药垄断案处罚书，山东康惠滥用市场支配地位行为发生在 2015 年 8 月至 2017 年 12 月，在此期间，葡萄糖酸钙注射液价格随之上涨。2015 年之前注射用葡萄糖酸钙注射液（规格：1g/10ml）共有十几家企业中标，均价为 0.42 元/支。其中 2008 年中标价格比较高的企业为天津金耀氨基酸有限公司（以下简称"天津金耀"）的中标价格为 0.7 元/支，2011 年上海信谊金朱药业有限公司（以下简称"上海信谊"）的中标结果为 0.8 元/支。2011 年开始，各省陆续通过双信封的招标方式采购该药品，即投标企业先通过技术标打分确定商务标入围资格，在商务标环节，报价从低到高的企业按个数中标，产品价格约为 0.3 元/支，上海信谊降价至 0.67 元/支，天津金耀降价至 0.46 元/支，价格最低的为河北天城 0.19 元/支。2017 年，注射用葡萄糖酸钙在福建省中标价格基本在 1.84~1.95 元/支，上涨近 4 倍。其中，河北天成价格为 1.94 元/支，上海信谊价格为 1.95 元/支。但实际上，在看似没有滥用市场支配地位行为的 2018 年后，葡萄糖酸钙注射液价格开始了大幅涨价，2018 年、2019 年注射用葡萄糖酸钙均价高达 16 元/支，比山东康惠对成品药企业实施滥用市场支配地位行为期间，成品药价格上涨十余倍。

2. 成品药企业中标价格一致

2018 年开始，成品药生产企业价格竞争越来越弱，价差越来越小，甚至同一地区同一批次的很多企业中标价格相同。2018 年江苏省注射用葡萄糖酸钙共四家企业（华润双鹤、常州兰陵、河北天成、扬州中宝）中标，价格皆为 19.8 元/支；2019 年云南省中标的六家企业全部停止交易（常州兰陵：13元/支；河北天成：9.8 元/支；四川美大康华康：8.25 元/支；天津金耀：7.3 元/支；华润双鹤：2 元/支），新一轮共两家企业（山东新华、四川美大康华康）中标，价格皆为 19.8 元/支。成都倍特既为注射用葡萄糖酸钙原料药生产企业也为注射用葡萄糖酸钙制剂企业，山东康惠与其达成了不对外销售原料药协议，仅用于自产注射用葡萄糖酸钙制剂。此时，其他成品药企业的葡萄糖酸钙原料药是原料药企业以垄断高价提供的，而成都倍特原料药成本相对低很多，但 2018 年上半年贵州省多市注射用葡萄糖酸钙中标企业共五家（华润双鹤、上海浦津林州、上海锦帝九州、河北天成、成都倍特），价格皆为 13 元/支。2018 年下半年仍为这五家企业中标，价格上涨至 18元/支。从 2019 年西藏地区的挂网采购中标结果看，共四家企业中标（包括成都倍特），价格皆为 19.8 元/支。

3. 成品药企业市场份额大幅增长

成品药生产企业在其中获得了大量的市场份额，2019 年天成药业、扬州中宝、济南利民、华康药业的葡萄糖酸钙注射液市场份额分别是 24.87%、19.7%、18.34%、15.92%，合计占比近八成①，成都倍特市场份额持续上升，2016 年市场份额仅有 0.04%，2021 上半年已经上升至 17.38%，不仅如此，2021 年成都倍特药业的葡萄糖酸钙注射液率先通过一致性评价，成为该品种首家通过评审的企业②。国内拥有葡萄糖酸钙注射液制剂批文的企业总数超 50 家③，但各省基本为上述企业中标，很多企业被排除出市场，如，2018 年后安徽联谊、多多药业、昆明宙斯、山东新华、上海信谊金珠等企业几乎再无中标记录，还有很多企业被彻底排出市场，不再生产注射用葡萄糖酸钙。

在葡萄糖注射液市场，原料药生产企业、原料药经销商和成品药企业可能涉嫌单轴双层轴辐协议。在葡萄糖酸钙注射液原料药大幅涨价过程中，看似是原料药经销商垄断原料药后滥用市场支配地位，但实际上，市场中全部生产企业生产的原料药都被同一经销商大量购买甚至全部包销，即使在原料药大幅涨价时放弃正常的逐利行为继续履行独家包销协议，原料药生产企业也可以因葡萄糖酸盐系列毛利率的大幅上涨而获利，葡萄糖酸钙注射液原料药垄断案被查后，各家原料药生产企业葡萄糖酸盐系列毛利率的下降说明原料药生产企业卖给经销商的原料药并非正常价格出售的原料药，而是参与轴辐协议分得的垄断利润。即使在 2015 ~ 2017 年，原料药经销商滥用市场支配地位时，葡萄糖酸钙注射液价格从 0.5 元/支左右上涨至 1.9 元/支左右，大部分成品药生产企业仍参与竞争。但在 2018 年，主要成品药企业参与单轴双辐协议后，葡萄糖酸钙注射液价格才开始大幅上涨至最高 18 元/支左右，也在 2018 年后开始出现了成品药价格明显一致，并且主要成品药参与企业市场份额大涨，其他成品药企业被彻底排除在市场外。在原料药被垄断过程中，由经销商组织原料药生产企业和成品药生产企业分别达成横向垄断协议，轴辐协议较为隐蔽，很难发现原料药生产企业间的直接联络和成品药生产企业间的直接联络，这增加了执法困难。原料药生产企业未被处罚，仅处罚了 2015 ~ 2017 年经销商的滥用市场支配地位行为，2018 年之后的轴辐协议行为无法被处罚。2018 年之后的轴辐协议对市场损害可能更大，部分成品药企业不仅并未因经销商的滥用市场支配地位受损，反而在原料药垄断过

---

① 《葡萄糖酸钙制剂或被包销，国家医保局点名降价》，中国经营报，https：//baijiahao. baidu. com/ s？id = 1683935625641375960&wfr = spider&for = pc。

② 至 2021 年仅有 5 家企业提交该产品一致性评价补充申请，包括河北天成药业、成都倍特药业、华润双鹤利民、江苏华阳制药、扬州中宝药业。《6 亿大品种，成都倍特首家过评》，健康界，https：//www. cn-healthcare. com/articlewm/20220225/content – 1319148. html。

③ 国家食品药品监督管理局。

程中获利，市场份额大涨。2020 年初经销商因 2015～2017 年滥用市场支配地位被罚后，葡萄糖酸钙原料药价格应有所下降，但葡萄糖酸钙注射液价格并未降低，仍基本高于 10 元/支，直到 2020 年，国家医疗保障局医药价格和招标采购指导中心发布《关于请对葡萄糖酸钙原料药垄断行为消除后相关制剂企业招标挂网价格采取联动应对措施的通知》要求各省（自治区）药品集中采购平台监督相关企业纠正异常涨价行为，至今药价虽有降低，但并未彻底回归正常价格，2022 年初一些省份葡萄糖酸钙注射液均价仍在 9 元/支[①]左右。葡萄糖酸钙注射液原料药、成品药垄断问题仍未得到彻底解决。

（三）单轴双层轴辐协议形成动机

在原料药生产市场中，企业想要进入原料药生产市场需取得《安全生产许可证》《药品注册批件》《药品生产许可证》《环境评价报告书》《安全评价报告书》《职业病防护预评价》等资质文件[②]。由于环保、批文等限制，大部分原料药实际生产的企业往往只有 2～3 家，经营者在这种竞争者数量少的市场容易合谋，经销商为维持经销的市场垄断地位，也可能作为轴心主动组织、帮助原料药生产企业达成合谋，部分经销商还可能通过包销、独家代理及令某一原料药生产企业停产等形式给予原料药生产企业比正常经营更高的利润，达成垄断原料药的目的。在此原料药垄断的过程中，无论是原料药生产企业还是原料药经销商都有动机成为合谋的参与者甚至发起方。但由于原料药经销门槛低，一家原料药经销商经销多种药品。一旦合谋达成，原料药市场的垄断利润吸引经销市场的潜在进入者，潜在进入者进入后可能利用与成品药生产企业独家交易形成新的买方抗衡势力，这可能会导致原料药生产企业和经销商之间的轴辐协议并不稳定。不仅如此，原料药生产企业也可能背叛合谋出售至零售企业，若实现合谋稳定、长期获得垄断利润，原料药生产企业和经销商有动机让成品药企业参与到垄断协议中，形成单轴双层轴辐协议。

在成品药生产市场中，除一些自身就容易拥有市场势力的独家药品和只有两家三家企业生产的寡头市场的药品外，还有一些由多家企业生产的药品，竞争程度很高，这类药品本身无法或很难实现合谋，原料药经销商更容易通过组织、帮助多家生产企业合谋，获取垄断利润，这类药品大多由中小企业生产，一般价格比较便宜，品种较为普遍，不仅大多为低价药而且是常用药。即使是下游成药生产企业市场份额较高，但只要下游企业不是垄断

---

① 药智网 2022 年 1 月山西、陕西、湖北、江苏葡萄糖酸钙注射液中标价格。

② 邓勇：《原料药，垄断为何难治》，光明日报，https://baijiahao.baidu.com/s? id = 1704935528 404754897&wfr = spider&for = pc。

企业都很难阻止原料药持有企业的垄断行为①。在成品药生产企业已经市场势力较大的条件下，原料药生产企业仍然可以实施滥用市场支配地位行为。在竞争者数量较多的市场条件下，原料药环节一旦拥有市场势力，成品药只能成为交易中弱势的一方，因此，成品药企业有达成单轴双层轴辐协议的动机。

原料药经销商处于原料药生产企业和成品药生产企业的中间，很容易形成两个市场经营者之间联系的桥梁，其主动帮助甚至发起、组织原料药生产企业和成品药生产企业达成轴辐协议，即达成单轴双层轴辐协议。经销商通过组织、帮助原料药生产企业达成横向垄断协议，生产企业不再向其他经销商供货，仅向达成协议的经销商独家供货使得经销商有动机与生产企业达成单层轴辐协议，无论是原料药生产企业还是经销商均可因此获利。由于药品领域中存在集中采购制度下的成品药价格竞争激烈及潜在进入者可能的进入威胁，原料药生产企业和经销商达成的单层轴辐协议需要成品药企业的参与才可更加稳定，经销商一方面帮助原料药生产企业达成横向垄断协议，另一方面帮助成品药生产企业达成横向垄断协议，经销商、原料药生产企业、成品药生产企业达成单轴双层轴辐协议，原料药生产企业只将原料药独家供给经销商，不再向其他经销商或其他制剂企业供货，再由经销商分配给达成单轴双层轴辐协议的成品药生产企业，拒绝与其他制剂企业交易，经销商在其中监督原料药生产企业、成品药生产企业是否实施或背叛，三者共同瓜分垄断利润。

药品集中采购制度增强了原料药生产企业和经销商与成品药企业达成单轴双层轴辐协议的动机。自药品集中采购制度实施以来，在竞价制度的作用下，部分药品企业为了获得药品供应市场，不断下调药品价格，药品价格大幅下降，成品药企业利润受到了严重挤压。这种激烈的价格竞争与无集中采购制度时的产量竞争不同，降低成本成为成品药企业是否中标并且获得利润的关键，价格压力传导至原料药市场，原料药生产企业及原料药经销商的利润受到挤压，无论是成品药市场还是原料药市场，企业合谋动机大大增强。竞争者数量较少的成品药企业合谋相对容易，一旦合谋，形成垄断势力，此时相对应的原料药市场要么正常竞争，全部垄断利润被成品药企业获取，要

---

① 例如，2020 年最高人民法院审理的国内首例原料药垄断侵权上诉案，枸地氯雷他定原料药由合肥医工医药股份有限公司（以下简称"医工"）的子公司合肥恩瑞特药业有限公司（以下简称"恩瑞特"）独家生产，该原料药被用于生产枸地氯雷他定片剂和胶囊剂，两者在枸地氯雷他定市场上是竞争关系。枸地氯雷他定胶囊由恩瑞特独家生产，枸地氯雷他定片剂由扬子江药业集团有限公司（以下简称"扬子江"）的子公司广州海瑞药业有限公司（以下简称"海瑞"）独家生产。其中，扬子江的市场份额约为 73%，恩瑞特的市场份额为 26%［2015 年城市公立医院枸地氯雷他定使用排名，《新型抗组胺药（枸地氯雷他定）市场分析报告》］，恩瑞特利用持有原料药的优势，滥用市场支配地位，实施限定交易、不公平高价、搭售专利、附条件交易［江苏省南京市中级人民法院（2019）苏 01 民初 1271 号民事判决书］。

么原料药企业合谋，药品市场形成双重加价，消费者福利受损。对于竞争数量较多的成品药企业来说，合谋相对困难，较高的沟通成本及合谋的不稳定性使得合谋很难达成。若此时原料药市场中企业合谋，原料药经销商帮助原料药生产企业减少沟通成本，降低合谋被发现概率，原料药价格将大幅上涨。竞价制度使得成品药企业无法将上涨的成本转嫁给消费者，由于达成垄断协议的原料药企业在原料药市场具有市场势力，短期内部分成品药企业一旦断货，将失去中标资格甚至拉入供货黑名单，因此面临既要让出利润，又不得不与其他成品药企业激烈竞争以获得市场维持生存的局面。如果长此以往成品药无利可图，甚至退出市场不再生产，降价压力将会反作用于原料药市场，原料药垄断企业不仅无法获得垄断利润，还有可能面临损失，而且很难在这种情况下维持垄断地位。原料药垄断企业若想使得合谋有效并且长期获得垄断利润，有动机减少甚至消除成品药市场的竞争达成单轴双层轴辐协议。

五、结论与政策建议

与单层轴辐协议相比，供应商、经销商、零售商更有动机达成以经销商为轴心，供应商和零售商分别为两层辐条的单轴双层轴辐协议。与单层轴辐协议比，单轴双层轴辐协议更具稳定性。在集中采购制度下，激烈的价格竞争使药品领域中原料药生产企业、经销商和成品药之间容易达成单轴双层轴辐协议。2022 年新修订的《反垄断法》中增加了第十九条，法律责任适用与对达成并实施垄断协议的适用处罚相同，在一定程度上解决了依据横向垄断协议处理轴辐协议时轴心处罚无法可依的情况，但这种轴辐协议一旦达成，与其他垄断协议相比仍有其特殊性，现有法律无法对其实施约束。相比于横向垄断协议，通过轴心表面合法的交流即可达成横向合谋行为，合谋的隐蔽性较强，执法机构很难发现；竞争者间很可能无直接、正式协议，执法机构即使发现也很难取证，依据现有垄断协议的概念还难以认定这类协议为垄断协议；单轴双层轴辐协议是单层轴辐协议的一种拓展形式，但相比于单层轴辐协议，单轴双层轴辐协议由多层经营者组成，不仅很难背叛合谋还缺少举报方，因此对轴辐协议尤其是单轴双层轴辐协议的立法与执法中，应将轴辐协议中特殊的横向垄断协议纳入垄断协议的概念中，且利用宽大制度打破轴辐协议的稳定性。为此，本文建议：

第一，完善有关轴辐协议的反垄断立法。可从完善垄断协议的角度将轴辐协议中经营者通过直接或间接的联系取代独立行动的合作或协调行为达成的合同、安排及非正式协议纳入其中。根据《反垄断法》中垄断协议概念和第十九条，完善《国务院反垄断委员会横向垄断协议案件宽大制度适用指南》和《禁止垄断协议规定》。

第二，增强关于轴辐协议的反垄断执法。在反垄断执法过程中，监管部门对于已经发现的横向垄断协议行为应关注是否存在第三方组织、帮助，对认定单层轴辐协议的行为应考虑其上下游是否与其形成单轴双层轴辐协议。加强对药品领域的反垄断执法，可从价格大幅上涨的成品药入手，尤其对经销商组织、帮助原料药生产企业达成垄断协议或经销商包销生产企业原料药等行为，应从轴辐协议角度进行反垄断执法。

参 考 文 献

［1］ 戴龙：《论组织帮助型垄断协议的规制——兼议我国〈反垄断法〉的修订》，载《社会科学文摘》2021 年第 2 期。

［2］ 丁国民、马芝钦：《垄断协议二分法的现实困境与因应策略——以轴辐协议为视角》，载《东北农业大学学报：社会科学版》2019 年第 5 期。

［3］ 郭传凯：《美国中心辐射型垄断协议认定经验之借鉴》，载《法学论坛》2016 年第 5 期。

［4］ 侯利阳：《轴辐协议的违法性辨析》，载《中外法学》2019 年第 6 期。

［5］ 江山：《论轴辐协议的反垄断规制》，载《社会科学研究》2021 年第 4 期。

［6］ 焦海涛：《反垄断法上轴辐协议的法律性质》，载《中国社会科学院研究生院学报》2020 年第 1 期。

［7］ 刘继峰：《"中心辐射型"卡特尔认定中的问题》，载《价格理论与实践》2016 年第 6 期。

［8］ 王先林：《论我国垄断协议规制制度的实施与完善——以〈反垄断法〉修订为视角》，载《安徽大学学报：哲学社会科学版》2020 年第 1 期。

［9］ 叶明、石晗晗：《轴辐协议的反垄断法规制新思路》，载《中国价格监管与反垄断》2021 年第 12 期。

［10］ 叶光亮、李东阳、罗启铭：《轴辐合谋、社会福利与所有制结构》，载《经济学（季刊）》2023 年第 1 期。

［11］ 张晨颖：《垄断协议二分法检讨与禁止规则再造——从轴辐协议谈起》，载《法商研究》2018 年第 2 期。

［12］ Amore, R., 2016: Three (Or More) Is A Magic Number: Hub & Spoke Collusion as A Way to Reduce Downstream Competition, *European Competition Journal*, Vol. 12, No. 1.

［13］ Bolecki, A. P., 2011: Antitrust Experience with Hub-and-Spoke Conspiracies, *Yearbook of Antitrust and Regulatory Studies*, Vol. 4, No. 5.

［14］ Clark, R., Horstmann, I., and Houde, J. F., 2021: Hub and Spoke Cartels: Theory and Evidence from the Grocery Industry, *NBERWorking Paper*.

［15］ Gilo, D. and Yehezkel, Y., 2020: Vertical Collusion, *The RAND Journal of Economics*, Vol. 51, No. 1.

［16］ Granitz, E. and Klein, B., 1996: Monopolization by 'Raising Rivals' Costs': the Standard Oil Case, *The Journal of Law and Economics*, Vol. 39, No. 1.

［17］ Joseph，E. H. and Patrick，T. H.，2018：How Do Hub-and – Spoke Cartels Operate? Lessons from Nine Case Studies，*SSRN Electronic Journal*.

［18］ Klein，B.，2011：The Hub-and – Spoke Conspiracy that Created the Standard Oil Monopoly，*Southern California Law Review*，Vol. 85，No. 3.

［19］ Klcin，B.，2017：The Apple E – Books Case：When is a Vertical Contract a Hub in a Hub-and – Spoke Conspiracy?，*Journal of Competition Law & Economics*，Vol. 13，No. 7.

［20］ Li，L.，2002：Information Sharing in a Supply Chain with Horizontal Competition，*Management Science*，Vol. 48，No. 9.

［21］ Odudu，O.，2011：. Indirect Information Exchange：the Constitutent Elements of Hub-and – Spoke Collusion，*European Competition Journal*，Vol. 7，No. 1.

［22］ Rodrigo，L. V. R. and Caroline，B.，2019：Hub and Spoke Cartels：Incentives，Mechanisms and Stability，*European Competition and Regulatory Law Review*，Vol. 3，No1.

［23］ Sahuguet，N. and Walckiers，A.，2014：Hub-and – Spoke Conspiracies：the Vertical Expression of a Horizontal Desire?，*Journal of European Competition Law & Practice*，Vol. 5，No. 10.

［24］ Sahuguet，N. and Walckiers，A.，2017：A Theory of Hub-and – Spoke Collusion，*International Journal of Industrial Organization*，No. 53.

［25］ Van Cayseele，P. and Miegielsen，S.，2013：Hub and spoke collusion by embargo，*Working Papers Department of Economics*，No. 24.

The Formation Mechanism and Competition Policy for Single Hub and Two – Layer Spoke Agreement

Zuo Yu　Le Wang　Yuwei Zhang

Abstract：Through the case study of hub and spoke agreement，it is found that the undertaking in the hub can not only coordinate the undertaking in the one-layer spoke but also coordinate the undertaking in the two-layer spoke to reach a monopoly agreement at the same time. By constructing the game model among suppliers，distributors and retailers，it is found that enterprises have stronger incentives to initiate the single hub and two-layer spoke agreement，which is more stable than the general hub and spoke agreement. Through the typical case study，it is also found that under the centralized procurement system，the distributor is more likely to reach a single hub and two-layer spoke agreement with the active pharmaceutical ingredients （APIs） manufacturer and the pharmaceutical manufacturer. On this basis, it is suggested that the legislation and the anti-monopoly law enforcement should be strengthened and improved by the hub-and-spoke agreement especially the single hub and two-layer spoke agreement.

Keywords：Single Hub and Two – Layer Spoke Agreement Collusive Incentive Collusive Stability Centralized Procurement of Drugs Competition Policy

JEL Classification：D43 L12

第 22 卷第 3 辑　　　　　　　产业经济评论（山东大学）　　　　　Vol. 22　No. 3
2023 年 9 月　　　　　　　Review of Industrial Economics　　　September 2023

互联网平台企业估值中的数据造假对
并购绩效的影响

吴昌南　　王　进[*]

摘　要： 当前，互联网平台企业数据造假已成为行业"潜规则"，那么互联网平台企业估值中数据造假的机会主义行为对并购绩效有何影响？以 2010～2020 年互联网平台企业并购样本为研究对象，使用市场法估值，利用模糊物元模型和海明贴近度筛选与并购目标公司特征相似的可比公司，以资本市场上互联网平台企业估值为标尺，在挤干并购目标互联网平台企业的数据造假水分后，将估值中的数据造假与互联网平台企业并购绩效进行回归。结果显示：互联网平台企业数据造假的机会主义行为对主并企业并购绩效有负向影响，并购双方间的信息不对称越高，数据造假对并购绩效的负向影响越大。为此，应加强互联网平台领域的数据造假的规制。

关键词： 互联网平台企业　数据造假　并购　并购绩效

一、问题的提出

2020 年 3 月，腾讯控股以 11 亿美元收购了从 2015 年成立后就一直处于亏损状态的拼多多 2.8% 股权，融资后拼多多估值达 392.86 亿美元之多。实际上，亏损仍卖高价的现象在互联网平台领域屡见不鲜，而亏损平台企业都有一些共同点：用户规模大。对于互联网平台企业而言，用户规模在企业价值创造中扮演着越来越重要的角色。传统的基于财务数据的估值方法不再适应互联网平台企业，评估互联网平台企业的价值，开始倚重其用户数据等非利润等财务指标。因此，在平台经济领域，传统企业利润最大化的假定难以适用于互联网平台。2015 年京东集团首席执行官（CEO）表示"五年前我

* 本文受国家自然科学基金面上项目"互联网平台企业估值最大化目标及其机会主义行为规制研究"（72073053）、江西省社会科学"十四五"（2023 年）基金项目"促进我省数字经济与实体经济深度融合研究"（23JL03）资助。

感谢匿名审稿人的专业修改意见！

吴昌南：江西财经大学应用经济学院（数字经济学院）；地址：江西省南昌市双港东大街 169 号江西财经大学应用经济学院（数字经济学院），邮编 330013；E-mail：wuchnan@ sohu. com。

王进：江西财经大学应用经济学院（数字经济学院）博士生、南昌工程学院经济贸易学院；地址：南昌市高新区天祥大道 289 号，邮编 330099；E-mail：68275182@ qq. com。

就说过，我在内部从来没有设定过将在哪年盈利，现在我依然没有设定，我们还是设定我们的用户满意度、新增消费者、产品应该提供多少等等目标"。① 尽管许多平台企业一直在亏损，但由于其大量"烧钱"培育了大量的用户，在网络外部性的作用下，用户规模呈指数增长，网络优势越来越强，从而使平台产生了极高的估值。

但互联网平台企业在追求高估值的过程中，用户数据造假（以下简称"数据造假"）的机会主义行为非常普遍，互联网平台用户数据造假已成为行业的大问题，许多点评类网站数据造假成为"潜规则"，如微博微信公众号"买粉"、内容阅读量造假、网络直播平台"买流量"、App 下载量造假、互联网播放数据"刷量"、手游数据造假等，甚至出现了"刷单""羊毛党""养号""自冲"等数据造假"新产业"。这使互联网平台数据真假难辨。

在互联网平台追求高估值而进行用户数据造假的同时，互联网平台领域并购风起。根据 Wind 并购数据库显示，2010 年至今，以互联网软件和服务为并购标的的并购事件高达 4955 起，其中 2010～2015 年并购案仅为 780 件，到 2016 年至今高达 4175 件。在互联网平台并购中，不断曝出天价并购案，如 2013 年 8 月 14 日，百度以 19 亿美元收购 91 无线，成为当时"中国互联网史上最大的并购案"；2020 年 11 月，百度宣布全资收购欢聚时代国内直播业务 YY，交易金额达 36 亿美元，然而不少主并企业并购后出现了业绩下滑的现象。

那么在互联网平台并购中，主并购方业绩下滑是否是由被并购的互联网平台的估值泡沫引起的？在互联网平台企业并购中，平台企业为了追求高估值，如果信息不对称，平台企业（被并购方）就有动机和条件夸大用户数据以提高其估值，并购方的利益可能会受到损害。虽然有专家指出了互联网平台企业估值中数据造假行为及其对投资者利益的侵害问题，但缺乏系统研究。在信息不对称条件下，互联网平台数据造假对主并方会产生什么后果？对社会福利又会产生什么后果？基于此，本文从理论上分析了互联网平台并购中用户造假的后果，并进行了实证检验，为规制互联网平台并购中的数据造假行为提供了理论和经验依据。

本文的学术贡献在于：一是与经济学关于企业利润最大化目标的假设不同，本文创新性地提出互联网平台企业的经营目标是估值最大化，这为理解互联网平台企业数据造假机会主义行为提供理论基础；二是本文构建了较为合理的互联网平台估值指标体系与测算模型，为互联网平台估值提供了较为可靠的依据；三是本文实证检验了互联网平台用户数据造假对主并方并购绩效的影响，为对互联网平台领域并购过程中的用户数据造假机会主义行为规制提供了理论与经验证据。

---

① 纪佳鹏、刘强东：《京东不设赢利目标》，载《21 世纪经济报道》，2015 年 2 月 6 日。

二、文献回顾与简评

（一）文献回顾

随着互联网平台企业的高速发展和平台之间竞争不断加剧，互联网平台领域不断涌现并购浪潮，在并购中平台估值屡暴天价。根据梅特卡夫定理，当互联网平台用户数量超过一定界限后，随着用户数量的增加，企业的用户数会呈指数增长，因此投资者非常重视互联网平台企业的行业地位，他们往往愿意付出高溢价购买领先者的股权。针对 21 世纪初的互联网估值泡沫及目前不断涌现的并购浪潮，互联网平台的估值及并购绩效开始受到关注。主要研究有：

第一，关于互联网平台的估值。互联网平台的价值具有数字化的特殊性质，在数字经济时代，采用传统财务方法对高增长甚至现金流量为负的互联网平台进行估值，会与平台的实际价值不符。鉴于以经营业绩为基础的传统会计价值核算偏离了互联网平台的价值，在 20 世纪 90 年代后，特别是在 2000 年 3 月"科恩风暴"之后，有文献就如何正确评估互联网公司的价值展开了研究，所采用的评估方法主要有两种：一是传统企业价值评估法，包括收益法、成本法、市场法；二是新兴企业价值评估法。在传统企业价值评估法方面，由于互联网平台企业具有轻资产、高成长特性，且很多互联网平台企业处于亏损或利润很低的状态，在预期收益、成本费用和资本的划分等方面面临诸多困难，因此许多学者对传统价值评估法进行了拓展和修正，开始引入用户价值、浏览量、访问时间等非财务指标与传统企业价值评估法相结合开展研究（沈洁，2001；Demers and Lev，2001；岳公侠等，2011）。新兴企业价值评估法包括：剩余收益估值模型法（Trueman，2000；Keating，2000）、实物期权法（Schwartz and Moon，2000；黄生权、李源，2014）、用户价值法（Metcalfe，1995；Briscoe et al.，2006；Chan，2011）、经济增加值法（朱伟民等，2019）等。新兴企业价值评估法考虑到了互联网行业高成长、高风险的特点，但也存在假设性太强，估值过高的问题。总之，不论是传统的还是新兴的企业价值评估法，均开始考虑非财务指标在互联网平台企业估值中的作用。

第二，关于互联网平台的并购绩效。Uhlenbruck et al.（2006）研究了 1995～2001 年 798 家互联网公司的并购事件，认为并购提高了主并方的市场价值，主要原因有：一是并购可以提高进入壁垒，使并购方快速积累用户，增加收购公司的市场力量；二是并购的成本比收益少很多，因为互联网行业通常有共同的标准，可以减少合并公司之间的信息不对称；三是资本市场对颠覆性创新的互联网公司有更多的偏爱。但 Megginson et al.（2012）认为，互联网企业并购不一定会提高并购方的价值，这主要看并购是否为同行并购。董丽萍、张宇扬（2019）以在美上市的互联网公司为样本分析了互联网公司的并购效应，发现互联网并购会提高主并方的估值，短期内财务效应并不明显，长期财务效应才会凸显。赵宣凯等（2019）研究了中国 2011 ~ 2016 年上市公司"互联网＋"式并购事件，结果显示，上市公司实施并购带来了积极的市场表现，投资者对公司未来业绩持乐观的预期，产生了正向累计超额收益率，提高了公司价值。温倩、邹可（2020）研究发现，在互联网领域，目标公司的创新能力对主并方的并购绩效有正向推动作用。

（二）简评

综观现有文献，可以发现，目前文献研究了互联网平台的估值方法和影响互联网平台并购绩效的因素，但没有考虑到互联网平台用户数据造假及其对并购的影响。在互联网平台用户数据造假较普遍的现实情况下，不考虑互联网平台用户数据造假问题，互联网平台的真实估值就不能得到反映，从而不能解释互联网平台用户数据造假对主并方并购绩效的影响。而且，现有文献没有研究互联网平台用户数据造假的规制问题。用户数据造假会使互联网平台估值虚高并偏离真实估值，由此在并购中可能会不利于主并方的并购绩效。为此，本文从于互联网平台估值最大化目标出发，剖析了互联网平台用户数据造假的动因，并从理论与实证分析了互联网平台用户数据造假对并购的影响。

三、互联网平台用户数据造假的逻辑与虚假估值

（一）平台企业用户数据及估值最大化目标

利润最大化是经济学关于企业的经营目标基本假设。但是，互联网平台具有双边市场的特性、网络效应、交叉网络外部性、成本劣加性，只要用户规模足够大，平台就可以取得竞争优势。Katz and Shapiro（1985）认为，由于网络外部性，互联网企业存在用户规模收益递增效应，因此互联网企业很强的动机去获得用户。根据梅特卡夫定律（Metcalfe，1995）（即网络的价值与其规模的平方成正比例），如果网络有 n 个用户，每个用户可以与其他成员建立 n – 1 个连接，假如所有连接价值相等，网络的总价值与 n 成正比，因此网络总价值约是用户数 n 的平方，在互联网的用户数量较少的时候，互联网平台的成本大于自身价值，但随着用户数量增多，达到并超过临界点，那么互联网平台的价值将会爆发性增长。Trueman et al.（2000）、Keating（2000）较早地考虑了独立访客和网页浏览量与公司价值的关系。Gupta et al.（2004）指出，影响互联网企业价值的关键要素是其现有用户和未来新增用户。

因此，用户是互联网平台的核心资产，是互联网平台企业价值的源泉。用户是互联网企业的资产和核心资源，其价值可以衡量和最大化（黄生权、李源；Doligalski，2015）。

从传统财务会计意义上讲，企业价值取决于其资产及其未来获利能力。企业估值不仅反映企业目前的资产状况、财务状况，还反映未来的成长能力。对于上市公司来说，在资本市场有效的情况下，资本市场的股票价格反映了市场对公司的估值。而对于非上市公司来说，公司估值相对复杂。但无论如何，传统企业估值最核心的依据是其财务指标及其拥有的资产。对于互联网平台而言，由于用户是互联网平台企业价值的源泉，因此现实中即使互联网平台企业利润为负，但由于用户规模大平台估值仍很高的现象相当普遍。只要用户规模和流量够大，即使利润和现金流为负，在资本市场上或在互联网平台企业并购中，互联网平台企业仍估值很高。因此，互联网平台企业的经营目标并不符合经济学中的利润最大化假设，也不符合经理人模型下的销售收入最大化目标、经理人效用最大化目标，而是以用户规模为基础的估值最大化目标。

（二）平台企业估值最大化目标下的用户数据造假

由于互联网平台的目标是以用户规模为基础的估值最大化，在估值最大化目标下，互联网平台企业通常会采取烧钱补贴的方式培育用户。如为了培育用户，2013 年 12 月至 2014 年 3 月短短 4 个月时间，以滴滴和快的为代表的出行 O2O 在补贴大战中迅速烧尽 20 亿元人民币。平台企业不惜成本培育用户，实现高成长，可得到风投的青睐，并可迅速提高估值。但是，除了正常地培育用户外，平台企业会进行数据造假，提高估值。现实中，互联网平台数据造假现象相当普遍，如微博微信公众号买粉、内容阅读量造假、网络直播平台买流量、App 下载量造假、互联网播放数据刷量、手游数据造假等频繁曝光。数据真假难以分辨，甚至出现"刷单""羊毛党""养号""自冲"等数据造假"新产业"。数据造假成为互联网平台领域公开的潜规则。

因此，在互联网平台企业追求估值最大化目标和不对称信息条件下，互联网平台企业会存在数据造假的机会主义行为。

（三）互联网平台用户数据造假的估值

1. 互联网平台的估值基本模型

为了分析互联网平台用户数据造假的虚高估值，本文构建互联网平台估值模型并以此为依据分析平台用户数据造假对并购绩效的影响。

为便于研究，先作如下假定：

假定 1：平台两边是用户端（消费者）和企业端，用户端的消费者数量具有正反馈机制或者自我增强机制。

假定 2：只考虑用户端消费者数量对企业端的企业数量具有交叉网络外

部性，即随着平台消费者用户增长，企业参与平台的数量也随之增长，但企业参与平台数量的增长，对消费者用户参考平台无影响。

借鉴 Hagiu（2006）的模型，并纳入行业未来成长潜力、平台交叉网络外部性、平台自我增强机制，互联网平台的估值基础模型可表示为：

$$\pi = \delta(n)\alpha(n + bn)p - cn - C \tag{1}$$

其中，n 表示消费者用户端的基础活跃消费者用户规模；α 为行业成长性；b 为平台交叉网络外部性系数，即消费者数量对参与平台企业数量的影响；p 为每个活跃用户的价值，这个价值可以表示为企业愿意支付的可比市场价，即单位用户价值，是用户端（消费者）和企业端的单位用户价值的加权平均值，即 $p = (p^a + bp^b)/(1 + b)$，其中 p^a 指消费者用户的单位用户价值，p^b 指企业端企业的单位用户价值；$\alpha(n + bn)p$ 表示用户端和企业端总的用户价值，包括消费者端用户购买产品或服务支出的收益、企业端用户的广告位支出或平台提供其他服务的费用等以及用户信息、用户供需信息、用户供需匹配信息构成的数据资源可比市场价；c 为吸引用户端单位用户的成本；考虑到平台用户具有网络外部性，δ 网络外部性系统，它是用户规模 n 的函数，由于网络外部性，$\delta'(n) > 0$、$\delta''(n) > 0$；C 为平台建设的固定成本。

在具有网络效应的市场，基础用户［基础用户一般消费者端的用户，Katz and Shapiro 在 1994 年将基础用户称为安装基础（installed base）］相当关键，因为用户锁定效应和自我增强机制，基础用户会影响潜在用户是否加入，用户加入决策的重要依据是基础用户规模的大小。如果平台的基础用户多，对后续用户的加入越有吸引力，因此互联网平台企业的估值函数式（2）分为两个阶段，即达到基础用户规模临界点之前阶段的估值和达到基础用户规模临界点之后的估值。

由于平台不但存在交叉网络外部性，平台之间的用户竞争也存在网络外部性。因此，随着平台用户规模增加，在自我增强机制下，平台的活跃用户会迅速增加，由此平台在达到基础用户规模临界点之后，在其自我增强机制作用下，平台对用户吸引力越强。且由于互联网平台企业的成本可劣加性，在越过基础用户规模临界点阶段后，平台为吸引用户的成本会显著降低。因此，超过基础用户规模临界点后的估值模型为：

$$\pi_2 = \delta_2(n_2)\alpha(n_2 + bn_2)p - c_1 n^* - c_2(n_2 - n^*) - C n_2 > n^* \tag{2}$$

其中，n^* 为基础用户规模临界点；c_1 为平台在基础用户规模临界点之前吸引单位用户的成本；c_2 为平台越过基础用户规模阶段后吸引单位用户的成本；$\delta_2(n_2)$ 度量了基于用户规模为 n_2 时用户外部网络性的大小。

2. 互联网平台用户数据造的虚高估值

以超过基础用户规模临界点的平台为例，若互联网平台进行用户数据造假，且造假程度为 $n^f(n^f = n_2 + \Delta n)$，则平台宣称具有用户数为 n^f 时的估值为：

$$\pi_2^f = \delta^f(n^f)\alpha(n^f + bn^f)p - c_1 n^* - c_2(n_2 - n^*) - C \tag{3}$$

比较式（3）和式（2），显然，平台用户数据造假后，其估值虚高了 $\Delta n(1+b)(\delta^{f}(n^{f})-\delta_{2}(n_{2}))$。

四、互联网平台并购中用户数据造假的福利分析

由于用户数据是平台的商业机密，且平台的后台具有全封闭性，外部人无法知道平台的真实用户数，因此，如果在并购中被并购平台进行用户数据造假，使估值虚高，那么主并购方可能会受到损失。本文进一步从完全信息条件和不完全信息条件下分析平台用户数据造假对并购的影响。

（一）完全信息下互联网平台并购的福利

为研究研究，在前文假定 1 和假定 2 的基础上，再作如下假定：

假定 3：并购无溢价，并购交易金额等于被并购平台的估值。且并购均为完全并购。

假定 4：平台用户数据造假无成本。

在完全信息下，平台用户数据造假会被发现，因此平台不会进行用户数据造假。设 A 为主并购平台，C 为被并购平台，二者均为成长或成熟平台，即达到基础用户规模临界点之后的平台。

并购前，若被并购平台 C 的真实用户数为 n_{C}，根据式（4）其真实估值为：

$$\pi_{C}=\delta_{C}(n_{C})\alpha(n_{C}+bn_{C})p-c_{1}n^{*}-c_{2}(n_{C}-n^{*})-C_{C} \qquad (4)$$

并购前主并购平台 A 的估值为：

$$\pi_{A}=\delta_{A}(n_{A})\alpha(n_{A}+bn_{A})p-c_{1}n^{*}-c_{2}(n_{A}-n^{*})-C_{A} \qquad (5)$$

假设 A、C 平台的吸引每个活跃用户的单位成本 c_{1} 相同，平台越过基础用户规模阶段后吸引单位活跃用户的成本 c_{2} 也相同。

为便于分析，假设用户为单归属，则并购后平台 A 的用户数为 $n_{AC}=n_{A}+n_{C}$。不考虑不同平台间单位用户价值 p 的差异，则平台企业 A 并购后的估值是以用户数为 n_{AC} 估值并减去并购支付成本即平台 C 的估值，则并购后平台 A 的估值为：

$$\pi_{AC}=\delta_{AC}(n_{AC})\alpha(n_{AC}+bn_{AC})p-c_{1}n^{*}-c_{2}(n_{A}-n_{C}-n^{*})$$
$$-C_{A}-\delta_{C}(n_{C})\alpha(n_{C}+bn_{C})p+C_{C} \qquad (6)$$

完全信息下平台 A 并购剩余变化等于并购后的估值 π_{AC} 减去并购前的估值 π_{A}，式（6）减式（5），为：

$$\Delta\pi_{AC}=C_{C}+c_{2}(n_{c}-n^{*})+\alpha p\{[(n_{A}+bn_{A})(\delta_{AC}(n_{AC})-\delta_{A}(n_{A}))]$$
$$+[(n_{C}+bn_{C})(\delta_{AC}(n_{AC})-\delta_{C}(n_{C}))]\} \qquad (7)$$

由于平台用户具有正反馈机制，$\delta'(n)>0$、$\delta''(n)>0$，因此 $\delta_{AC}(n_{AC})-\delta_{A}(n_{A})$ 和 $\delta_{AC}(n_{AC})-\delta_{C}(n_{C})$ 均大于零，由此式（7）始终大于零。这说明，在完全信息条件下，互联网平台不进行用户数据造假，平台并购能提升主并

购平台 A 的估值，有利于提高社会福利。

（二）信息不对称条件下互联网平台并购的福利

1. 被并购平台用户数据造假后主并购平台的估值

由于互联网平台是一种后台封闭式平台，其用户数据的具有巨大的隐秘性，社会公众难以识别平台用户数据的真伪，即使在平台经济领域，一个平台用户数据造假也难以被其他平台发现，因为每个平台的后台都具有其独有的秘钥。因此，在信息不对称的情况下，平台用户数据造假不但成本低，且被发现被揭露的概率也很低。由于用户数据造假能提高平台的估值，因此在信息不完全的情况下，平台有很强的动机进行用户数据造假，以便在并购中抬高其"身价"。

若被并购平台 C 用户数据造假，用户数据造假量为 $\Delta n_C (\Delta n_C = n_C^f - n_C)$，其用户数据造假后的估值为：

$$\pi_C^f = \delta_C^f(n_C^f)\alpha(n_C^f + bn_C^f)p - c_1 n^* - c_2(n_C - n^*) - C_C n_C^f > n_C \quad (8)$$

其中，n_C^f 为平台 C 用户数据造假后的平台宣称的用户量（含数据造假产生的虚假用户数 Δn_C^f）。

若并购的交易金额为平台 C 用户数据造假后的估值 π_C^f，则主并购平台 A 并购后的真实估值是以真实用户量 n_{AC} 为基础的估值减去并购成本 π_C^f，为：

$$\pi_{AC}^f = \delta_{AC}(n_{AC})\alpha(n_{AC} + bn_{AC})p - c_1 n^* - c_2(n_A - n_C - n^*)$$
$$- C_A - \delta_C^f(n_C^f)\alpha(n_C^f + bn_C^f)p + C_C \quad (9)$$

则主并购平台 A 并购剩余变化等于并购后的估值 π_{AC}^f 减去并购前的估值 π_A，为：

$$\Delta\pi_{AC}^f = C_C + c_2(n_c - n^*) + \alpha p[(n_A + bn_A)(\delta_{AC}(n_{AC}) - \delta_A(n_A))]$$
$$+ \alpha p\{[(n_C + bn_C)(\delta_{AC}(n_{AC}) - \delta_C^f(n_C^f))]$$
$$- [\delta(n_{AC}^f)(\Delta n_C + b\Delta n_C)]\} \quad (10)$$

2. 被并购平台用户数据造假对并购方的损失

比较式（7）和式（10）可知，由于被并购平台 C 用户数据造假 $n_C^f (n_C^f = n_C + \Delta n_C^f)$，式（10）中的 $\delta_C^f(n_C^f)$ 大于式（7）中的 $\delta_C(n_C)$，且式（10）还有减项 $\delta(n_{AC}^f)(\Delta n_C + b\Delta n_C)$，因此式（10）小于式（7）。这说明，相比于被并购平台不进行用户数据造假，被并购平台用户数据造假使主并购方的并购剩余减少了。

进一步比较完全信息条件的并购与不完全信息下的平台，比较式（6）和式（9），可以发现，相比于被并购平台不进行用户数据造假，被并购平台进行用户数据造假使并购方的估值减少了，减少额为：

$$\alpha p\{[(n_C + bn_C)(\delta_{AC}(n_{AC}) - \delta_C^f(n_C^f))] - [\delta(n_{AC}^f)(\Delta n_C + b\Delta n_C)]\}$$
$$(11)$$

因此，本文得出推论一：

推论一：在互联网平台领域，被并购平台企业用户数据造假会降低主并购平台的估值。

<h3 align="center">五、实证研究设计</h3>

（一）变量选择与定义

本文以互联网平台企业并购为研究对象，以评估互联网平台企业估值中是否存在数据造假机会主义行为及对并购方的损害情况，选择如下变量：

1. 被解释变量

本文被解释变量为并购绩效（MAP），包括短期并购绩效（CAR）和长期并购绩效（ROA）。（1）短期并购绩效（CAR）借鉴杨威等（2019）和赵宣凯等（2019）的研究，使用累积超额收益率衡量短期并购绩效。累计超额收益率使用赵宣凯等（2019）的市场模型进行估计，模型估计期选择首次并购宣告日前 200 个交易日至前 31 个交易日，事件窗口选择首次并购宣告日前后 15 天（CAR［－15，15］）和前后 20 天（CAR［－20，20］）作为短期并购绩效指标。（2）长期并购绩效（ROA）借鉴陈仕华等（2013）和徐雨婧和胡珺（2019）的研究，用总资产收益率（等于"净利润/总资产"）来衡量。总资产收益率是衡量企业收益能力的指标，由于并购绩效具有滞后性，因此本文选择以首次并购宣告日前后 1 年的总资产收益率的变化值（$ROA_{it-1,it+1}$）和前后 2 年总资产收益率的平均变化值（$ROA_{it-2,it+2}$）来衡量。

2. 解释变量

本文解释变量为用户数据造假量（diff）。本文的用户数据造假指互联网平台夸大用户规模、刷单刷量提高活跃用户规模及用户活跃度、刷评刷量虚增用户黏性、用户变现率、用户数据资源等影响企业估值的行为。由于用户规模、用户活跃度、"刷评""刷量"等用户在平台上的数据无法获得，因此无法直接衡量用户数据造假。本文采取并购交易金额与资本市场对并购交易股权的估值之差来衡量，具体为：并购交易金额—并购交易股权的估值。若并购交易金额超过资本市场对并购交易股权的估值，则存在用户数据造假。

为确定被并购平台是否进行了用户数据造假或造假量多少，本文分五个步骤开展工作：

第一步，选择可比上市平台公司对并购交易股权重新估值。本文以同行业上市平台公司为参照，以挤干被并购平台用户数据造假后的"估值水分"，以客观地衡量被并购平台的估值。在资本市场上，投资者对上市平台公司进行了数年甚至十多年价值评估，因此以上市平台公司作为可比公司对并购交易对象（平台公司）进行估值有一定的合理性。按照贝努里"大数定律"

之极限定理，如果有足够多的同行业拟可比上市平台公司，则可以合理地评估未上市的平台公司的价值（胡晓明，2015）。

本文选择市场法中的上市平台公司比较法进行估值，利用敏感的资本市场尽量挤干造假数据的水分。借鉴金辉、金晓兰（2016）和张居营、孙晶（2017）的估值方法，利用模糊数学的贴近原则筛选可比的上市平台公司，将可比上市平台公司的海民贴近度转化为估值修正因子，构建市场法估值基本模型：

$$\pi_j = (1 + h_e) \sum_{i=1}^{m} \left\{ M_{ij} v_i \left[w_1 \frac{x_{j1}}{x_{i1}} + w_2 \frac{x_{j2}}{x_{i2}} + \cdots + w_h \frac{(1 - \Delta\mu) \times x_{jh}}{(1 - \Delta\mu) \times x_{ij}} + \cdots \right. \right.$$
$$\left. \left. + w_{h+1} \frac{(1 - \Delta\mu) \times x_{j(h+1)}}{(1 - \Delta\mu) \times x_{i(h-1)}} + \cdots + w_n \frac{x_{jn}}{x_{in}} \right] \right\} \tag{12}$$

其中，π_j 为评估对象 j 的估值；h_e 为 e 类型上市平台公司的平均溢价，溢价反映了行业的梅特卡夫定律、网络外部性及成长性和商誉，这些溢价是正常的，因此要考虑合理溢价因素后才能正确估值是否存在虚高问题；M_{ij} 为影响平台 j 估值中的可比上市平台公司 i 估值修正系数，共有 m 家可比的上市平台公司；v_i 是可比的上市平台公司 i 在估值基准日时的市值；w_n 是指标的权重，共有 n 个指标；x_{jh} 为待估值平台 j 第 h 个指标的数据失真数值；x_{ih} 为可比的上市平台公司 i 第 h 个指标的数据失真数值；$\Delta\mu$ 为行业平均造假水平，设平台用户数据造假为从 h 虚增 h+1。由于互联网平台用户数据造假成行业潜规则，因此要对用户数据挤干水分处理。使用可比的上市平台公司比较法进行估值，即使不知道 $\Delta\mu$，但分子分母已经消去，只要 v_i 体现可比的上市平台公司真实价值，可比上市平台公司选择合理，就可减少用户数据造假对造假平台估值的影响。

根据《资产评估执业准则——企业价值》第十三条规定，采用市场法进行企业价值评估时，要对可比的公司与评估对象的各种数据进行分析和必要的调整，因此修正系数 M_{ij} 是必要的。本文的修正系数 M_{ij} 是第 i 个可比公司影响目标企业 j 的价值的权重，即 $M_{ij} = \sigma_{ij} \Big/ \sum_{i=1}^{m} \sigma_{ij}$，其中 σ_{ij} 为第 i 个可比企业与目标企业 j 的海明贴近度。

本文利用模糊物元法计算海明贴近度。物元由对象、特征和量值三要素构成，是描述事物的基本单元，如果描述对象的特征具有模糊性则称该物元为模糊物元。两个模糊物元的贴近度越接近于 1，说明这两个模糊物元越接近。选择 m 个拟可比的互联网平台上市公司，有 n 个指标，构成复合物元 R_{mn}，将待估值平台设为标准物元 R_{jn}。

为了刻画待估平台与上市平台公司的可比性，本文计算复合物元与标准物元相对值 $u(x_{ik}) = x_{ik}/x_{jk}$（$i = 1, 2, \cdots, m$；$k = 1, 2, \cdots, n$）；$x_{ik}$ 指第 i 个企业的第 k 个指标，x_{jk} 指评价企业 j 的第 k 个指标，并对 $u(x_{ik}) = x_{ik}/x_{jk}$ 进

行规范化处理：

（1）对于越大越优型指标，即指标数值越大企业估值就越高的指标：

$$y(u_{ik}) = (u_{ik} - \min u_k)/(\max u_k - \min u_k) \tag{13}$$

（2）对于越小越优型指标：

$$y(u_{ik}) = (\max u_k - u_{ik})/(\max u_k - \min u_k) \tag{14}$$

由于本文估值指标均为越大越优型，因此采用式（13）对数据进行规范化处理。

则从优隶属度模糊物元 $\widetilde{R}_{mn}$ 可表示为：

$$\widetilde{R}_{mn} = \begin{bmatrix} & N_1 & N_2 & \cdots & N_M \\ c_1 & y(u_{11}) & y(u_{12}) & \cdots & y(u_{1m}) \\ c_2 & y(u_{21}) & y(u_{22}) & \cdots & y(u_{2m}) \\ \vdots & \vdots & \vdots & \ddots & \vdots \\ c_n & y(u_{n1}) & y(u_{n2}) & \cdots & y(u_{nm}) \end{bmatrix}$$

令 $\Delta_{ij} = |y(u_{ik}) - y(u_{jk})|^p$，构建差幂模糊物元 R_Δ：

$$R_\Delta = \begin{bmatrix} & N_1 & N_2 & \cdots & N_M \\ c_1 & \Delta_{11} & \Delta_{12} & \cdots & \Delta_{1m} \\ c_2 & \Delta_{21} & \Delta_{22} & \cdots & \Delta_{2m} \\ \vdots & \vdots & \vdots & \ddots & \vdots \\ c_n & \Delta_{n1} & \Delta_{n2} & \cdots & \Delta x_{nm} \end{bmatrix}$$

则可比公司与目标公司的贴近度计算公式：

$$\sigma_{ij} = 1 - \sum_{k=1}^{n} w_k \, |y(u_{ik}) - y(u_{jk})|^{\frac{1}{p}} \tag{15}$$

当 p 等于 1 时，式（15）即为海明贴近度计算公式，其中 σ_{ij} 为第 i 个可比企业与目标企业 j 的海明贴近度，w_k 为各指标权重。海明贴近度 σ_{ij} 越接近 1，说明拟可比公司 i 与目标公司越接近。将同一子类型上市公司全部作为拟可比公司，至少选择 10 个拟可比公司，如拟可比公司不足，选择与该子类型平台经营模式最为接近的平台作为拟可比公司，将贴近度排名前 5 的上市公司作为可比公司。

令

$$\rho_{ij} = (1 + h_e) \times v_i \times \sum_{k=1}^{n} \left(w_k \times \frac{x_{jk}}{x_{ik}} \right) \tag{16}$$

其中，ρ_{ij} 指以可比上市公司 i 为标尺计算 j 的企业价值。估值模型式（16）也可表示为：

$$\pi_j = \sum_{i=1}^{m} M_{ij} \rho_{ij} \tag{17}$$

其中，$M_{ij} = \sigma_{ij} \Big/ \sum_{i=1}^{m} \sigma_{ij}$，表示将海明贴近度 σ_{ij} 转化为影响平台企业 j 估值的权重。式（17）即为本文的估值模型。

第二步，建立估值指标体系（x_{jh}）。本文以平台用户数据资产为核心，利用资产法，以整理归纳的 337 份上市公司发布的并购互联网平台企业的权益价值评估报告、投资价值报告、对外投资说明等公告，构建了互联网平台的估值评价指标体系，具体内容如表 1 所示。

表 1　　　　　　　　　　互联网平台企业估值评价指标体系

一级指标	二级指标	三级指标	指标解释	数据来源
财务指标 B_1	财务规模 C_1	总资产 D_1	资产总额	非上市公司财务指标来自：上市公司发布的并购评估报告或相关说明、Wind、易观千帆
		净资产 D_2	归属母公司股东权益	
		营业收入 D_3	企业在经营过程中确认的营业收入	
		净利润 D_4	企业实现的净利润	
		经营活动现金净流量 D_5	经营活动产生的现金流量净额	
		毛利 D_6	主营业务收入 – 营业成本	
	营利能力 C_2	毛利率 D_7	（主营业务收入 – 营业成本）/主营业务收入	
		净利润率 D_8	净利润/营业收入	
		净资产收益率 D_9	税后利润/净资产	
	成长能力 C_3	营业收入增长率 D_{10}	同比增长率	
		总资产增长率 D_{11}	同比增长率	
		净资产增长率 D_{12}	同比增长率	
用户数据指标 B_2	用户规模 C_4	日均访客 D_{13}	年均日独立访客	Alexa
		日均浏览量 D_{14}	年均日均点击量	Alexa
		月均活跃用户 D_{15}	年均月活跃用户	Wind、易观千帆、艾瑞网、QuestMobile、雪球财经
	用户流量变现能力 C_5	活跃用户变现能力 D_{16}	主营业务收入/月均活跃用户	Wind、易观千帆、艾瑞网、QuestMobile、雪球财经
		用户黏性 D_{17}	日均访客/月均活跃用户	Wind、易观千帆、艾瑞网、QuestMobile、雪球财经
	用户规模成长性 C_6	日均访客增长率 D_{18}	同比增长率	Alexa
		日均浏览增长率 D_{19}	同比增长率	Alexa
		月均活跃用户增长率 D_{20}	同比增长率	Wind、易观千帆、艾瑞网、QuestMobile、雪球财经

注：在估值过程中，鉴于有部分指标数值未能获取，因此该指标权重变为 0，其余指标按原有权重比例重新匹配权重。由于不同类型平台企业流量变现的方式不同，但均是通过活跃用户的点击量及其衍生行为获得收入，因此用营业收入/活跃用户量作为其中一个衡量互联网平台企业流量变现能力的指标。

第三步，确定估值公式。在估值指体系的基础上，本文运用因子分析法和层次分析法相结合的组合赋权法确定指标权重（w_k）。

（1）因子分析法赋权。

首先，对数据进行无量纲化处理。其次，进行因子分析适用性检验、提取公因子并命名。

对变量进行 Bartlett 球形检验和 KMO 检验，检验通过后对数据进行因子分析，在得到公共因子和旋转因子载荷之后，可得到主成分的因子得分函数为：

$$F_j = a_{1j}D_1 + a_{2j}D_2 + \cdots a_{kj}D_k + \cdots + a_{nj}D_n, \quad j = 1, 2, \cdots, m \tag{18}$$

其中，D_k 表示第 k 个三级指标的数值；m 表示主成分个数；a_{kj} 表示 x_k 指标对主成分 F_j 影响的重要程度，是旋转后的载荷矩阵 A 中的元素：

$$A = \begin{Bmatrix} a_{11} & a_{12} & \cdots & a_{1j} \\ a_{21} & a_{22} & \cdots & a_{2j} \\ \cdots & \cdots & \cdots & \cdots \\ a_{n1} & a_{n2} & \cdots & a_{nj} \end{Bmatrix}$$

则企业价值函数为：

$$F = \eta_1 F_1 + \eta_2 F_2 + \cdots + \eta_m F_m \tag{19}$$

式（19）中，η_m 为 F_m 的方差贡献率。

然后，计算权重。

将式（18）带入式（19）可得：

$$F = (\eta_1 a_{11} + \eta_2 a_{21} + \cdots + \eta_m a_{m1})D_1 + (\eta_1 a_{12} + \eta_2 a_{22} + \cdots + \eta_m a_{m2})D_2 + \cdots$$
$$+ (\eta_1 a_{1n} + \eta_2 a_{2n} + \cdots + \eta_m a_{mn})D_n \tag{20}$$

令 $b_k = \eta_1 a_{1k} + \eta_2 a_{2k} + \cdots + \eta_m a_{mk}$

$$w_k = b_k \Big/ \sum_{b=1}^{n} b_k \tag{21}$$

则 w_k 即为 D_k 指标的权重。

在指标的科学性、重要性和数据的可得性基础上，共筛选出 67 家互联网平台企业，2017 ～ 2019 年的 201 条样本。用主成分分析法提取公共因子，通过相关系数矩阵计算出特征根，共有 6 个特征值大于 1，且累计方差贡献率为 73.56%，大于 50%，说明前 6 个公共因子对企业价值具有较好的解释度。KMO 统计量为 0.7601，大于 0.5，说明变量的偏相关性较高，Bartlett 球形检验近似卡方为 4107.330，显著性概率为 0，拒绝了原假设，说明变量独立性假设不成立，通过了因子分析适用性检验。

根据因子得分系数矩阵，可以将互联网平台企业价值用财务指标规模因子、财务指标营利能力因子、财务指标成长能力因子、数据资产规模因子、数据资产成长能力因子和数据资产流量变现能力因子共 6 个公共因子来表达，得到计算互联网平台企业价值的公式：

$$F = 0.2995F_1 + 0.1122F_2 + 0.1118F_3 + 0.0742F_4 + 0.0694F_5 + 0.0684F_6$$

$$(22)$$

其中财务指标中的财务规模因子（F_1）、营利能力因子（F_2）、成长能力因子（F_5）方差贡献率分别为：29.95%、11.22%、6.94%；用户数据指标中的用户规模因子（F_3）、用户规模成长性因子（F_4）、用户流量变现能力因子（F_6）方差贡献率分别为：11.18%、7.42%、6.84%。

根据式（22）得到企业价值为：

$$\begin{aligned} F = &0.3076D_1 + 0.3050D_2 + 0.2885D_3 + 0.2899D_4 + 0.2917D_5 + 0.3073D_6 \\ &+ 0.1277D_7 + 0.1221D_8 + 0.0912D_9 + 0.0620D_{10} + 0.0294D_{11} \\ &+ 0.0701D_{12} + 0.1391D_{13} + 0.1331D_{14} + 0.2497D_{15} + 0.0565D_{16} \\ &+ 0.0541D_{17} + 0.0170D_{18} + 0.0660D_{19} + 0.0400D_{20} \end{aligned}$$

$$(23)$$

在式（23）基础上，根据式（21）可计算各指标权重，内容如表 2 所示。

表 2　　　　　　　　　　　因子分析法确定的三级指标权重

三级指标	D_1	D_2	D_3	D_4	D_5	D_6	D_7	D_8	D_9	D_{10}
权重	0.1009	0.1000	0.0946	0.0951	0.0957	0.1008	0.0419	0.0401	0.0299	0.0203
三级指标	D_{11}	D_{12}	D_{13}	D_{14}	D_{15}	D_{16}	D_{17}	D_{18}	D_{19}	D_{20}
权重	0.0097	0.0230	0.0456	0.0437	0.0819	0.0185	0.0178	0.0056	0.0217	0.0131

（2）层次分析法赋权。

单一的赋权方法都存在一定的局限性，因此组合赋权法受到越来越多学者的青睐。本文利用层次分析法组合赋权，邀请研究互联网平台相关专家共6 名，将样本的描述性统计、相关典型企业权益价值评估报告、市场估值法相关材料供专家参考，用 Satty（2000）的 9 级 Bipolar 标度对财务规模 C_1 下的 6 个三级指标进行分别赋值，构造三级指标间的两两比较判断矩阵，将 D_1 到 D_6 的 6 个指标专家评分进行平均，得到 6×6 判断矩阵。使用方根法求解判断矩阵的优先权向量 W_i（曹茂林，2012），将判断矩阵的每一行元素全部相乘，得到 $E_i = \prod_{k=1}^{n} a_{ik}(i = 1, 2, \cdots, n)$，其中 $n = 6$，利用公式 $W_i = \sqrt[n]{E_i}/\sum_{i=1}^{n}\sqrt[n]{E_i}$ 计算 D_1 到 D_6 三级指标权重。利用公式 $CI = (\lambda_{max} - n)/(n - 1)$ 计算一致性指标，其中 λ_{max} 为判断矩阵最大特征根。随机一致性指标 RI 根据许树柏（1988）1~15 阶平均随机一致性指标表获得。判断矩阵的一致性比率 $CR = \dfrac{CI}{RI} < 0.10$，即认为判断矩阵具有满意的一致性。同样方法构建其他三级指标的判断矩阵，进行一致性检验，获得 D 层的权重，计算结果如表 3 所示。表 3 中各权重矩阵均通过一致性检验。

表3　　　　　　　　　层次分析法确定的指标权重及一致性检验

一级指标	二级指标	W_{C_i}一致性检验	三级指标	W_{D_i}一致性检验
B$_1$ (0.692)	C$_1$ (0.543)	$\lambda_{max}=3.001$ CI=0.001 RI=0.52 CR=0.001<0.1	D$_1$ (0.095)	$\lambda_{max}=6.560$ CI=0.087 RI=1.26 CR=0.088<0.1
			D$_2$ (0.266)	
			D$_3$ (0.100)	
			D$_4$ (0.015)	
			D$_5$ (0.026)	
			D$_6$ (0.041)	
	C$_2$ (0.065)		D$_7$ (0.022)	$\lambda_{max}=3$ CI=0.000 RI=0.52 CR=0.000<0.1
			D$_8$ (0.022)	
			D$_9$ (0.022)	
	C$_3$ (0.085)		D$_{10}$ (0.026)	$\lambda_{max}=3.018$ CI=0.009 RI=0.52 CR=0.018<0.1
			D$_{11}$ (0.025)	
			D$_{12}$ (0.034)	
B$_2$ (0.308)	C$_4$ (0.154)	$\lambda_{max}=3.006$ CI=0.002 RI=0.52 CR=0.005<0.1	D$_{13}$ (0.023)	$\lambda_{max}=3.080$ CI=0.040 RI=0.052 CR=0.077<0.1
			D$_{14}$ (0.010)	
			D$_{15}$ (0.121)	
	C$_5$ (0.074)		D$_{16}$ (0.066)	$\lambda_{max}=2$ CI=0 RI=0 CR=0<0.1
			D$_{17}$ (0.007)	
	C$_6$ (0.080)		D$_{18}$ (0.010)	$\lambda_{max}=3.012$ CI=0.006 RI=0.52 CR=0.012<0.1
			D$_{19}$ (0.006)	
			D$_{20}$ (0.063)	

（3）因子分析法和层次分析法组合赋权。

将因子分析法和层次分析法确定的各级指标算术平均，得到组合权重，如表4所示。

表 4　　　　　　　　　　　互联网平台企业估值指标组合权重

一级指标	二级指标	三级指标
财务指标 B_1 (0.654)	财务规模 C_1 (0.566)	总资产 D_1 (0.098)
		净资产 D_2 (0.183)
		营业收入 D_3 (0.098)
		净利润 D_4 (0.055)
		经营活动现金净流量 D_5 (0.061)
		毛利 D_6 (0.071)
	营利能力 C_2 (0.063)	毛利率 D_7 (0.032)
		净利润率 D_8 (0.031)
		净资产收益率 D_9 (0.026)
	成长能力 C_3 (0.063)	营业收入（同比增长率）D_{10} (0.023)
		总资产增长率 D_{11} (0.017)
		净资产增长率 D_{12} (0.029)
用户数据指标 B_2 (0.346)	用户规模 C_4 (0.152)	日均访客 D_{13} (0.034)
		日均浏览量 D_{14} (0.027)
		月均活跃用户 D_{15} (0.101)
	用户流量变现能力 C_5 (0.093)	活跃用户变现能力 D_{16} (0.042)
		用户黏性 D_{17} (0.012)
	用户规模成长能力 C_6 (0.101)	日均访客增长率 D_{18} (0.008)
		日均浏览增长率 D_{19} (0.014)
		月均活跃用户增长率 D_{20} (0.038)

　　第四步，估值公式的验证。利用式（17）估值模型对启生信息在估值基准日的全部股东权益进行估值。启生信息归为健康资讯平台，因此本文将上市的某一行业的资讯网站平台作为可比公司。若可比公司不足 10 家，则以经营模式较相似的其他上市平台企业进行补充。根据式（15）计算得到 10 家可比上市公司的贴近度，将贴近度排名前 5 名的可比上市公司，即金融界、房天下、东方财富、去哪儿网、搜狐作为可比上市公司。将贴近度 σ_{ij} 转化为影响可比公司估值权重 M_{ij}，利用式（16）可得到以可比上市公司 i 为标尺计算的评价对象 j 企业价值 ρ_{ij}。利用式（17）得到市场法评估启生信息在估值基准日的全部股东权益为 65450.27 万元，与北京中企华资产评估有限责任公司使用市场法中的上市公司比较法进行估值的结果（65545.58 万元）仅相差 0.145%（见表 5），说明本文的估值方法与并购估值实践具有较高一致性。

表 5　　　　　　　　启生信息的可比企业贴近度、权重及估值结果

拟可比公司	贴近度 σ_{ij}	排名	贴近度转化为影响可比公司估值权重 M_{ij}	以可比上市公司 i 为标尺计算的企业价值 ρ_{ij}（万元）	$M_{ij}\rho_{ij}$（万元）
金融界	0.9885	1	0.2118	13974.12	2960.08
房天下	0.9491	2	0.2034	96504.48	19626.93
东方财富	0.9264	3	0.1985	167589.79	33269.89
去哪儿网	0.9068	4	0.1943	30165.91	5861.59
搜狐	0.8958	5	0.1920	19439.98	3731.78
艺龙	0.8881	6	0.00		
汽车之家	0.8361	7	0.00		
前程无忧	0.8284	8	0.00		
携程网	0.4328	9	0.00		
网易	0.0398	10	0.00		
合计					65450.27

第五步，构建虚拟标尺企业二次估值。为了提高估值的可靠性，本文构建虚拟标尺企业进行二次估值。将可比上市平台企业的海民贴近度转化为企业估值中影响可比企业各指标权重的衡量因子，用海民贴近度排名前五个同行业上市公司在估值基准日的经加权处理的指标作为虚拟标尺平台企业的各项指标，以解决匹配困难的难题。

估值模型为：

$$\pi_j = (1 + h_e)(\sum_{i=1}^{m} v_i M_{ij}) \times \sum_{k=1}^{n}\left(w_k \times \frac{x_{jk}}{\sum_{i=1}^{m}(x_{ik} \times M_{ij})}\right) \tag{24}$$

其中，w_k 为各指标权重；m 为拟可比互联网平台上市公司个数，n 为指标个数；$M_{ij} = \sigma_{ij}/\sum_{i=1}^{m}\sigma_{ij}$ 为海明贴进度转化的影响平台企业 j 估值各指标的权重，且 σ_{ij} 为海明贴近度；$\sum_{i=1}^{m} v_i M_{ij}$ 为虚拟标尺企业市值；h_e 为 e 类型平台上市公司的平均溢价。

令　　　　　　　$$\rho'_{ij} = \sum_{k=1}^{n}\left(w_k \times \frac{x_{jk}}{\sum_{i=1}^{m}(x_{ik} \times M_{ij})}\right) \tag{25}$$

ρ'_{ij} 为评价对象与虚拟标尺企业价值比，则式（24）可表示为：

$$\pi_j = (1 + h_e)\rho'_{ij}\sum_{i=1}^{m} v_i M_{ij} \tag{26}$$

根据式（26）对启生信息进行二次估值，可比上市公司仍然为金融界、房天下、东方财富、去哪儿网、搜狐，估值结果如表 6 所示。可知，启生信息在估值基准日的全部股东权益二次估值为 61671.16 万元，与实际估值结果（65545.58 万元）相差 5.911%。根据表 7 可知，二次估值模型式（26）的估值结果比估值模型式（17）的估值结果更低。由于估值模型式（17）是理论界和业界采用市场法进行估值时常用的方法，因此本文采用式（17）进行估值，估值模型式（26）的估值结果仅作为稳健性检验。

表 6   以虚拟标尺企业为参照对启生信息进行估值的结果

评价对象与虚拟标尺企业价值比 ρ'_{ij}	虚拟标尺企业市值 $\sum_{i=1}^{m} v_i M_{ij}$（万元）	h_e 行业平均并购溢价率（%）	评价对象估值 π_j（万元）
0.0436	479955.81	194.80	61671.16

表 7   启生信息估值结果对比   单位：万元

式（17）的估值结果	式（26）的估值结果	实际估值
65450.27	61671.16	65545.58

3. 控制变量

为减轻遗漏变量所导致的内生性偏误，参考现有文献（王艳、阚铄，2014；姚海鑫、李璐，2018；张莹、陈艳，2020），本文选择如下控制变量，包括并购规模（scale）、流动负债（ldebt）、股权集中度（first）、现金净流量（ncash）、企业规模（tasset）、杠杆率（level）、高管年龄（age）、并购经验（experience）、企业性质（nature）、是否关联交易（rel）。通常关联交易更容易减少信息不对称，实现并购协同作用。葛结根（2015）通过实证研究发现关联交易可显著提高并购绩效。此外，还控制了平台类型、年度虚拟变量，其中平台类型依据 CVSource 数据库对平台的子类型的分类进行划分。为避免内生性问题，相关控制变量的取值均滞后一期。

变量名称及说明如表 8 所示。

表 8   变量名称及说明

变量类型	变量名称及符号	变量说明及单位
被解释变量	并购后 15 天并购绩效（CAR [−15, 15]）	首次并购公告日前后 15 个交易日公司股价相对于指数的累计超额收益
	并购后 20 天并购绩效（CAR [−20, 20]）	首次并购公告日前后 20 个交易日公司股价相对于指数的累计超额收益

续表

变量类型	变量名称及符号	变量说明及单位
被解释变量	并购后一年并购绩效（$ROA_{it-1,it+1}$）	首次并购宣告日前后一年的总资产收益率的变化值：并购宣告后一年的净利润/总资产减去并购宣告日前 1 年净利润/总资产：$ROA_{it-1,it+1} = ROA_{it+1} - ROA_{it-1}$
	并购后两年并购绩效（$ROA_{it-2,it+2}$）	首次并购宣告日前后两年总资产收益率的平均变化值：$ROA_{it-2,it+2} = (ROA_{it+1} + ROA_{it+2})/2 + (ROA_{it-1} + ROA_{it-2})/2$
解释变量	数据造假（diff）	并购交易额与并购交易股权估值之差（万元）
控制变量	并购规模（scale）	并购交易金额/主并企业前一年总资产（%）
	流动负债（ldebt）	并购宣告日前一年流动负债的对数（万元）
	股权集中度（first）	并购宣告日前一年第一大股东持股比例（%）
	现金净流量（ncash）	并购宣告日前一年现金净流量（万元）
	企业规模（tasset）	并购宣告日前一年总资产（万元）
	杠杆率（level）	并购宣告日前一年总负债/并购宣告日前一年总资产（%）
	高管年龄（age）	并购宣告日前一年集团董事长年龄（岁）
	并购经验（exp）	具有平台并购经验则为 1，否则为 0
	是否关联交易（rel）	关联交易为 1，否则为 0
	企业性质（nature）	国有企业赋值为 1，非国有企业赋值为 0

（二）数据来源及处理

本文选择 Wind 资讯并购数据库和 CVSource 数据库中 2010～2020 年的并购事件，各变量的数据来源如下：计算并购绩效（MAP）所需的数据来自 Wind。计算数据造假（diff）的并购交易额数据来自 Wind、CVSource、易观千帆、alexa、艾瑞网、QuestMobile、雪球财经并经笔者计算整理；计算数据造假（diff）的非上市公司被并购标台企业估值的数据来自 Wind、CVSource、易观千帆、Alexa、艾瑞网、QuestMobile、雪球财经；计算被并购上市公司的平台企业估值的数据来自 Wind 数据库，采用并购基准日该上市公司市值乘该平台类型的平均并购溢价，作为被并购上市公司平台企业的估值。

各控制变量的数据来源如下：计算并购规模（scale）所需的并购交易额数据来自 CVSourse 及 Wind 数据库中的上市公司发布的并购评估报告或相关说明，主并企业前一年总资产数据来源自 Wind 数据库；流动负债（ldebt）、股权集中度（first）、现金净流量（ncash）、企业规模（tasset）、杠杆率（level）、高管年龄（age）、企业性质（nature）的数据来源于 Wind 数据库；

并购经验（experience）数据来源于 CVSource 数据库中的投资历史及 Wind 并购数据库；是否关联交易（rel）数据来源自 CVSource。

对 Wind 数据库和 CVSource 数据库中 2010～2020 年的并购事件进行如下筛选：一是剔除并购相关数据缺失的样本以及并购标的估值数据缺失严重的样本；二是剔除并购失败或并购未完成的样本；三是为了检验并购活动对主并企业造成的影响，剔除并购金额小于 1800 万元人民币的样本；四是剔除主并企业为 ST 企业的样本；五是剔除主并企业为非上市公司的样本；六是剔除目标企业为非互联网平台企业的样本；七是剔除借壳上市的并购样本；八是同一年份同一公司的多次并购，选择并购金额最大的样本。通过以上条件筛选最终获得 200 个并购样本，其中 19 个并购样本的目标并购公司为上市公司，181 个为非上市公司为，非上市公司样本占总样本比例为 90.5%。根据 CVSource 对互联网平台企业类型的划分，该 200 条样本划分为八个平台子类型，分别为网络视频平台、媒体网站平台、电子商务平台、生活服务其他平台、旅游服务平台、社交社区平台、网络游戏平台、互联网其他平台。对所有连续变量进行了上下 2.5% 分位的缩尾处理，并对连续变量进行标准化处理。

（三）回归模型设计

利用式（27）对并购样本进行 OLS 回归：

$$MAP_i = \alpha_0 + \alpha_1 \, diff_j + \sum_k \alpha_k x_i + \mu_j + \lambda + \varepsilon_i \tag{27}$$

其中，MAP_i 为企业 i 的并购绩效；$diff_j$ 为平台企业 j 估值中数据造假；x_i 为控制变量，为缓解内生性干扰，对控制变量的取值滞后一期；μ_j 为平台类型虚拟变量，λ 为年度虚拟变量，ε_i 为随机扰动项。

六、回归结果与分析

（一）主要变量的描述性统计

对主要变量进行描述性统计，结果如表 9 所示。从中看出，数据造假（diff，并购交易额与并购交易股权估值之差）的均值为 −25902.410，说明市场总体并购交易额并未超过市场法估值，但数据造假大于零的样本有 113 个，数据造假小于零的样本有 84 个，说明对于多数主并方而言可能支付了过高的溢价。短期并购绩效，即并购后 15 天并购绩效（CAR［−15，15］）和并购后 20 天并购绩效（CAR［−20，20］）均值均大于 0，说明整体而言资本市场对上市公司并购平台企业的绩效持乐观态度。长期并购绩效，即并购后 1 年并购绩效（$ROA_{it-1,it+1}$）和并购后 2 年并购绩效（$ROA_{it-2,it+2}$）的均值均小于零，说明样本平均长期并购绩效下降。所有解释变量的方差膨胀因子 VIF 平均值为 2.29, 说明变量之间不存在显著的共线性问题（结果略, 留存备索）。

表 9　　　　　　　　　　　　　主要变量的描述性统计

变量	样本量	平均值	标准差	最小值	最大值
CAR [−15, 15]	197	0.014	0.884	−2.972	6.298
CAR [−20, 20]	197	0.019	0.861	−2.682	6.738
$ROA_{it-1, it+1}$	197	−0.027	0.123	−0.809	0.418
$ROA_{it-2, it+2}$	169	−0.044	0.146	−0.667	1.208
diff	197	−25902.410	259672.500	−2482360.000	460032.200

（二）数据造假对并购绩效的回归结果与分析

对式（27）进行回归, 回归结果如表 10 所示。表 10 的列（1）和列（2）显示, 数据造假（diff）与短期并购绩效 CAR [−15, 15]、CAR [−20, 20] 均显著负相关; 列（3）显示, 数据造假（diff）与并购后 1 年的并购绩效（$ROA_{it-1, it+1}$）显著负相关; 列（4）显示, 数据造假（diff）与并购后 2 年的并购绩效（$ROA_{it-2, it+2}$）也显著负相关。

综上所述, 推论一得到验证, 即互联网平台并购中, 数据造假会降低主并企业的绩效。

表 10　　　　　　　　　　　数据造假与并购绩效的回归结果

变量	短期并购绩效		长期并购绩效	
	（1） CAR [−15, 15]	（2） CAR [−20, 20]	（3） $ROA_{it-1, it+1}$	（4） $ROA_{it-2, it+2}$
diff	−0.141 *** （−2.666）	−0.113 ** （−2.221）	−0.127 ** （−2.039）	−0.146 ** （−2.167）
scale	0.175 （1.517）	0.141 （1.215）	0.015 （0.433）	−0.116 （−1.472）
ldebt	−0.063 （−0.828）	−0.104 （−1.318）	0.053 （0.659）	0.010 （0.142）

续表

变量	短期并购绩效		长期并购绩效	
	(1) CAR［-15, 15］	(2) CAR［-20, 20］	(3) ROA$_{it-1, it+1}$	(4) ROA$_{it-2, it+2}$
first	-0.024 (-0.297)	-0.013 (-0.159)	0.077 (1.323)	0.127 * (1.796)
ncash	0.040 (0.934)	0.027 (0.513)	-0.020 (-0.443)	0.018 (0.374)
tasset	0.219 *** (3.588)	0.225 *** (3.763)	-0.024 (-0.571)	-0.035 (-0.654)
level	-0.062 (-0.680)	-0.076 (-0.866)	0.112 (1.160)	0.140 (1.534)
age	-0.005 (-0.551)	-0.006 (-0.674)	0.020 ** (2.063)	0.032 *** (3.104)
exp	-0.036 (-0.235)	-0.075 (-0.478)	0.457 *** (3.291)	0.424 *** (2.730)
rel	0.243 (1.260)	0.250 (1.257)	-0.213 (-0.973)	-0.115 (-0.589)
nature	-0.212 (-0.911)	-0.211 (-0.845)	0.219 ** (1.997)	0.340 * (1.946)
常数项	0.168 (0.308)	0.251 (0.436)	-1.501 * (-1.839)	-1.994 *** (-3.241)
时间效应	控制	控制	控制	控制
调整的 R^2	0.1205	0.1098	0.1478	0.1994
样本量	197	197	194	169

注：括号中的数值为公司层面聚类稳健标准误的 t 值；***、** 和 * 分别表示在 1%、5% 和 10% 的水平上显著。

（三）内生性问题

采用倾向得分匹配法（propensity-score matching，PSM）对内生性问题进行检验，被并购平台企业估值中造假程度可能受到并购特征和主并企业特征的影响。如并购特征和主并企业特征不同，在并购交易中主并企业支出的尽职调查成本也可能不同，避免并购中估值造假的能力也可能不同，因此可能存在由于遗漏相关特征变量而导致的内生性问题。本文采用 PSM 来缓解该内生性问题。由于 PSM 要求核心解释变量是虚拟变量，因此将数据造假（diff）转变为是否造假虚拟变量（dummy），当数据造假大于 0，则是否造假为 1，当数据造假小于等于 0，则是否造假为 0。选择企业规模（tasset）、并购规模（scale）、并购经验（experience）、是否关联交易（rel）、企业性质（nature）作为计算倾向得分的特征变量，计算倾向得分值。由于样本量较少，采用 1∶1 近邻匹配。以短期并购绩效和长期并购绩效为被解释变量，以是否造假为解释变量，对匹配后的样本重新进行回归。表 11 显示，是否造假（dummy）与并购绩效（CAR［ - 15，15］、CAR［ - 20，20］、$ROA_{it-1,it+1}$、$ROA_{it-2,it+2}$）显著为负，推论一得到支持。

表 11　　　　　　　　　　　　　倾向得分匹配法的估计结果

变量	CAR［ - 15，15］	CAR［ - 20，20］	$ROA_{it-1,it+1}$	$ROA_{it-2,it+2}$
dummy	- 0.498 *** （ - 2.13）	- 0.579 *** （ - 2.68）	- 0.351 * （ - 1.81）	- 0.535 *** （ - 2.69）
控制变量	控 制	控 制	控 制	控 制
时间效应	控 制	控 制	控 制	控 制
调整的 R^2	0.1403	0.1403	0.1532	0.1395
样本量	170	170	184	155

注：括号内为 t 值；***、* 分别表示在 1%、10% 的水平上显著。

匹配变量在匹配后的偏差值大幅度降低，多数 t 检验的结果不拒绝处理组与控制组无系统差异的原假设，满足 PSM 的平衡性检验假设。限于篇幅，本文未列出 PSM 平衡性检验结果。

（四）稳健性检验

为保证本文结果的可靠性，本文进行了如下稳健性检验：

1. 替换数据造假指标重新回归

为了提高估值的公允性，根据市场法估值思想，本文构建了第二种估值公式进行估值，即构建虚拟标尺企业进行估值。

为了提高估值的可靠性，本文构建虚拟标尺企业进行二次估值。将可比上市平台企业的海民贴近度转化为企业估值中影响可比企业各指标权重的衡量因子，用海民贴近度排名前五个同行业上市公司在估值基准日的经加权处理的指标作为虚拟标尺平台企业的各项指标，以解决匹配困难的难题。

估值模型为：

$$\pi_j = (1 + h_e)\left(\sum_{i=1}^{m} v_i \lambda_{ij}\right) \times \sum_{k=1}^{n}\left(w_k \times \frac{x_{jk}}{\sum_{i=1}^{m}(x_{ik} \times \lambda_{ij})}\right) \qquad (28)$$

其中，w_k 为各指标权重；m 为拟可比互联网平台上市公司个数，n 为指标个数；$\lambda_{ij} = \sigma_{ij}\big/\sum_{i=1}^{m}\sigma_{ij}$ 为海明贴进度转化的影响平台企业 j 估值各指标的权重，且 σ_{ij} 为海明贴近度；$\sum_{i=1}^{m} v_i \lambda_{ij}$ 为虚拟标尺企业市值；h_e 为 e 类型平台上市公司的平均溢价。

对并购标的重新估值，将并购交易额与并购交易股权估值之差，即数据造假（diff1）作为解释变量，分别以并购后 15 天的并购绩效（CAR［-15，15］），并购后 20 天的并购绩效（CAR［-20，20］），并购后 1 年的并购绩效（$ROA_{it-1, it+1}$），并购后 2 年的并购绩效（$ROA_{it-2, it+2}$）作为被解释变量的回归中，数据造假（diff1）的回归系数至少在 10% 的水平上显著为负。回归结果分别见表 12 的列（1）至列（4）。

2. 替换短期并购绩效指标重新回归

前文采用并购宣告日前后 15 天和前后 20 天作为事件窗口计算并购事件的累积超额收益代理短期并购绩效，用并购宣告日前后 10 天和前后 30 天作为事件窗口计算并购事件的累积超额收益作为短期并购绩效替换上述变量后，数据造假（diff）的回归系数至少在 5% 的水平上显著为负。回归结果分别见表 12 的列（5）至列（6）。

3. 变换长期并购绩效指标衡量方法重新回归

前文使用并购宣告日前后 1 年的总资产收益率变化值表示长期并购绩效，借鉴杨威等（2019）衡量长期并购绩效的做法，用公告日后 12 个月长期累积超额收益 MCAR（0，12）替换并购宣告日前后一年总资产收益率变化值计算的长期并购绩效，结果显示数据造假（diff）的回归系数在 1% 水平上显著负相关。用公告日后 9 个月长期累计超额收益 MCAR（0，9）进行回归，结果显示数据造假（diff）的回归系数在 1% 的水平上显著负相关。回归结果分别见表 12 的列（7）至列（8）。

4. 剔除上市公司样本重新回归

本文并购目标公司包含了 17 条上市公司样本，由于上市公司的市场价值具有一定公允性，剔除上市公司样本，分别以并购后 15 天的并购绩效（CAR［-15，15］）、并购后 20 天的并购绩效（CAR［-20，20］）、并购后 1 年的并购绩效（$ROA_{it-1, it+1}$）和并购后 2 年的并购绩效（$ROA_{it-2, it+2}$）作为被解释变量的回归中，数据造假（diff）的回归系数至少在 5% 水平上显著为负。回归结果分别见表 12 的列（9）至列（12）。以上稳健性检验结果说明，本文的结果是稳健的。

表 12

稳健性检验结果

变量	(1)	(2)	(3)	(4)	(5)	(6)	(7)	(8)	(9)	(10)	(11)	(12)
diff	-0.141*** (-2.67)				-0.100** (-2.09)	-0.147*** (-2.73)	-0.239*** (-3.54)	-0.267*** (-3.79)	-0.233*** (-2.72)	-0.274*** (-3.05)	-0.216*** (-3.17)	-0.263** (-2.59)
diff1		-0.132** (-2.34)	-0.098* (-1.89)	-0.122** (-2.03)								
控制变量	控制	控制	控制	控制	控制	控制	控制	控制	控制	控制	控制	控制
时间效应	控制	控制	控制	控制	控制	控制	控制	控制	控制	控制	控制	控制
调整的 R²	0.1205	0.1134	0.1439	0.1969	0.0915	0.1022	0.1441	0.1454	0.1406	0.1489	0.1535	0.2136
样本量	197	197	194	169	197	197	197	197	180	180	180	155

注：括号中的数值为公司层面聚类稳健标准误的 t 值；***、**和*分别表示在 1%、5% 和 10% 的水平上显著。

（五）信息不对称的异质性分析

前文理论分析认为，在信息不对称条件下，互联网平台并购会损害社会福利，因此本文进一步从信息不对称的视角来考察互联网平台用户数据过假对并购绩效的影响。目前从并购双方间信息不对称的视角来研究并购绩效的文献较为丰富，这些文献主要是用是否同行并购（Ang and Kohers，2001；张明等，2019）、是否具有同行并购经验（张明等，2019；赵君丽、童非，2020）、支付方式选择（Hansen，1987；Fuller et al.，2002；马金城，2012）、是否关联交易（巫岑、唐清泉，2016；杨超等，2018）；是否具有董事联结（陈仕华等，2013）等代表信息不对称程度。基于互联网平台领域的并购特点并借鉴上述文献的方法，本文用是否同行并购、是否关联交易来分析信息不对称对数据造假与并购绩效关系的调节作用。

1. 是否同行并购

并购双方信息不对称越高，价值评估成本和逆向选择风险就越高，估值中数据造假越不容易被察觉。并购双方的行业相关性与信息不对称具有紧密关系（Ang and Kohers，2001；张明等，2019），信息不对称与并购公司的并购绩效存在负相关（安然，2015）。并购双方为同一行业，更了解目标方行业经营环境，估值中数据造假方式及行业数据造假平均水平，主并方可以更容易掌握目标企业的真实价值。本文以 Wind 行业分类标准为依据来判断并购事件是否属同行并购，将样本分为同行并购和非同行并购两组，分别进行回归，回归结果如表 13 所示。除列（2）非同行并购组数据造假（diff）的回归系数不显著外，列（1）、列（3）和列（4）均显示，非同行并购组数据造假的回归系数显著为负，而同行并购组数据造假的回归系数不显著，即信息不对称越高，数据造假对并购绩效的负向影响越大。

表 13　　　　　是否属于同行并购下数据造假对并购绩效影响的回归结果

变量	短期并购绩效				长期并购绩效			
	（1）CAR［−15，15］		（2）CAR［−20，20］		（3）$ROA_{it-1,it+1}$		（4）$ROA_{it-2,it+2}$	
	同行并购	非同行并购	同行并购	非同行并购	同行并购	非同行并购	同行并购	非同行并购
diff	−0.112（−0.868）	−0.154*（−1.738）	−0.145（−1.112）	−0.160（−1.608）	−0.019（−0.215）	−0.177***（−2.933）	−0.004（−0.048）	−0.301***（−3.453）
控制变量	控制	控制	控制	控制	控制	控制	控制	控制

续表

变量	短期并购绩效				长期并购绩效			
	（1）CAR［-15, 15］		（2）CAR［-20, 20］		（3）$ROA_{it-1, it+1}$		（4）$ROA_{it-2, it+2}$	
	同行并购	非同行并购	同行并购	非同行并购	同行并购	非同行并购	同行并购	非同行并购
时间效应	控制	控制	控制	控制	控制	控制	控制	控制
调整的 R^2	0.2470	0.1008	0.2636	0.0918	0.2266	0.2540	0.3036	0.3167
样本量	88	109	88	109	88	106	76	93

注：括号中的数值为公司层面聚类稳健标准误的 t 值；***、* 分别表示在 1%、10% 的水平上显著。

2. 是否关联交易

巫岑、唐清泉（2016）研究发现，关联并购具有信息传递效应，对信息不对称较高领域的并购，关联交易对并购绩效的提升作用比非关联交易提升作用更强。杨超等（2018）研究发现，非关联交易中并购双方之间的信息不对称程度更严重，非关联交易中业绩承诺对并购绩效的影响相对于关联交易中业绩承诺对并购绩效的影响更不明显。为了验证关联交易是否影响数据造假和并购绩效间的关系，本文将样本分为关联交易和非关联交易两组，分别进行回归，回归结果如表 14 所示。

表 14　　　　　　是否关联交易下的数据造假对并购绩效的影响回归结果

变量	短期并购绩效				长期并购绩效	
	（1）CAR［-15, 15］		（2）CAR［-20, 20］		（3）$ROA_{it-1, it+1}$	
	关联交易	非关联交易	关联交易	非关联交易	关联交易	非关联交易
diff	-0.200（-0.848）	-0.151**（-2.467）	-0.197（-0.810）	-0.182***（-2.879）	-1.139（-1.489）	-0.127**（-2.257）
控制变量	控制	控制	控制	控制	控制	控制
时间效应	控制	控制	控制	控制	控制	控制
调整的 R^2	0.2884	0.1259	0.2960	0.1181	0.3657	0.2185
样本量	38	159	38	159	38	156

注：括号中的数值为公司层面聚类稳健标准误的 t 值；***、** 分别表示在 1%、5% 的水平上显著。并购绩效（$ROA_{it-2, it+2}$）分组后样本量过少，故未列出。

表 14 列（1）和列（2）显示非关联交易组的数据造假与短期并购绩效显著负相关，关联交易组中二者不相关。列（3）显示数据造假与长期并购绩效显著负相关，而在关联交易组中数据造假与长期并购绩效不相关。说明不对称信息更强的非关联交易组数据造假对并购绩效的负向影响更为显著。

以上研究均表明，当主并方面临的信息不对称越高时，数据造假对并购绩效的负向影响越强。推论二得到支持。

（六）业绩承诺制度对数据造假负面作用的抵冲效应

企业间的并购活动中，主并方和被并购方间存在着天然的信息不对称问题，被并购公司为了提高并购交易估值，会有数据造假的动机，特别是互联网平台此类轻资产、高成长的行业，估值主要依据未来盈利能力，而此类企业往往未来盈利能力具有较大不确定性。被并购平台企业可通过虚增活跃用户、用户付费、广告收入等方式夸大企业未来盈利能力以提高估值。当并购双方信息不对称程度过高，则可能会增加交易的机会成本，使主并企业利益受到损害，甚至使得交易以失败告终。并购业绩承诺协议（也称"对赌协议"）是为了降低并购双方间的信息不对称造成估值差错，防止被并购方的虚夸企业价值的道德风险，保证主并企业的利益。Choi（2016）认为，并购中的信息不对称会出现"柠檬"问题，可能阻止交易发生，但通过签署业绩承诺协议可以对业绩进行事后的追溯，降低交易风险。Barbopoulos and Danbolt（2021）研究发现，签订业绩承诺协议的上市公司并购绩效显著好于未签订业绩承诺协议的上市公司并购绩效，且规模更大、历史更悠久的收购方从以业绩承诺为基础的交易中获益更多。杨超等（2018）、郑忱阳等（2019）、蒋岳祥、洪方韡（2020）认为，业绩承诺对并购绩效具有显著的促进作用。但也有学者认为，业绩承诺对并购绩效的影响存在非线性关系。关静怡、刘娥平（2021）认为，业绩承诺与企业并购绩效存在倒 U 形关系，当标的公司业绩承诺越高，在收购方委托代理问题严重的情况下，所支付的补偿可能远远低于并购溢价，出现违约的问题，使得并购绩效变差。

因此，本文对样本再一次进行筛选，筛选出签订业绩承诺协定的并购样本，构建模型式（29）以考察业绩承诺在数据造假对并购绩效关系负面影响的抵冲效应。

$$MAP_i = \gamma_0 + \gamma_1 diff_i + \gamma_2 diff_i \times promise_i + \gamma_3 promise_i$$
$$+ \sum_k \gamma_k x_i + \mu_i + \lambda + \varepsilon_i \tag{29}$$

其中，$promise_i$ 是企业 i 与目标公司之间的业绩承诺，业绩承诺用业绩承诺期间承诺的净利润的年平均值来代理，回归结果如表 15 所示。列（1）和列（3）显示，数据造假与业绩承诺的交互项（diff × promise）与短期并购绩效回归的系数在 1% 的水平上显著为正，而数据造假与短期并购绩效显著负相关，说明业绩承诺能弱化数据造假对短期并购绩效的负向作用。列（5）显示，数据造假与业绩承诺的交互项（diff × promise）与并购后一年并购绩效回归的系数不显著。列（6）显示，数据造假与业绩承诺的交互项（diff × promise）与并购后两年并购绩效回归的系数在 10% 的水平上显著为正，数据造假与并购绩效显著负相关，同样说明业绩承诺能弱化数据造假对并购绩效的负向作用。整体而言，业绩承诺作为并购中的风险防御的制度设计，能抵冲数据造假对并购绩效的负向作用，有利于提升并购绩效。

表 15　　　　业绩承诺对数据造假与并购绩效影响的调节作用回归结果

变量	短期并购绩效				长期并购绩效		
	(1) CAR [15, 15]	(2) CAR [15, 15]	(3) CAR [20, 20]	(4) CAR [20, 20]	(5) $ROA_{it-1, it+1}$	(6) $ROA_{it-2, it+2}$	(7) $ROA_{it-2, it+2}$
diff	-2.465 *** (-3.669)	-2.052 ** (-2.529)	-2.141 *** (-3.319)	-2.461 *** (-3.018)	-0.049 (-0.333)	-1.822 ** (-2.400)	-2.019 * (-2.006)
diff × promise	1.496 *** (3.202)	1.282 ** (2.477)	1.290 *** (2.885)	1.431 *** (2.747)	-0.095 (-0.618)	0.787 * (1.791)	0.776 * (1.746)
promise	0.079 (0.436)	0.106 (0.581)	0.040 (0.218)	0.017 (0.083)	-0.003 (-0.019)	0.056 (0.271)	0.066 (0.302)
IMR		-0.714 (-0.916)		0.606 (0.637)			0.877 (0.340)
控制变量	控制	控制	控制	控制	控制	控制	控制
时间效应	控制	控制	控制	控制	控制	控制	控制
调整的 R^2	0.3969	0.4099	0.3708	0.3747	0.3447	0.5104	0.4135
样本量	67	67	67	67	67	58	58

注：括号中的数值为公司层面聚类稳健标准误的 t 值；***、** 和 * 分别表示在 1%、5% 和 10% 的水平上显著。

考虑到主并企业签订业绩承诺协议可能是自选择行为，主并企业察觉估值中数据造假程度高而选择签订业绩承诺协议，使得签署业绩承诺的样本可能不满足随机性，因此如果不考虑没有签署业绩承诺的样本，可能会导致估计偏差，为排除可能存在的自选择偏差问题，本文采用 Heckman（1979）两阶段模型来检验业绩承诺对数据造假与并购绩效的调节作用。首先，在第一阶段的回归中，在式（27）的基础上，将被解释变量替换为是否签订业绩承诺的虚拟变量，将式（27）转变为 Probit 模型，以考察企业是否会签署业绩承诺协议。然后利用第一阶段 Probit 回归模型的回归结果计算出企业签订业绩承诺为条件的回归残差项的条件期望，即逆米尔斯比率（IMR），再将逆米尔斯比率（IMR）作为控制变量，对式（29）重新回归，回归结果见表 15 的列（2）、列（4）和列（7）。列（2）是对并购后 15 天并购绩效（CAR［-15，15］）进行回归的结果，列（4）是对并购后 20 天并购绩效（CAR［-20，20］）回归的结果，列（7）是对并购后两年并购绩效（$ROA_{it-2,it+2}$）进行回归的结果。列（2）、列（4）和列（7）的逆米尔斯比率（IMR）的回归系数均不显著，说明不存在显著的自选择偏差问题，数据造假与业绩承诺的交互项（diff × promise）的回归系数至少在 10% 的水平上显著为正，说明签订业绩承诺协议可以起到调整估值作用，降低并购双方间的信息不对称造成的数据造假，缓和数据造假对并购绩效的负向影响，进一步证明了推论二。

七、结论及政策建议

（一）结论

以 2010～2020 年互联网平台企业 197 条并购样本为研究对象，使用市场法估值，在挤干并购目标互联网平台企业的造假数据水分后，将估值中的数据造假与互联网平台企业并购绩效进行回归。结果显示：互联网平台企业数据造假的机会主义行为对主并企业并购绩效有负向影响，并购双方间的信息不对称越高，数据造假对并购绩效的负向影响越大。为此，应加强互联网平台领域的数据造假的规制。

（二）政策建议

目前对互联网平台企业估值数据造假的不正当竞争行为的规制研究还较少，这对我国互联网领域规制提出了新的挑战，根据前文理论和实证分析的结论，本文提出互联网平台企业估值中数据造假行为的规制政策：

一是要建立技术成熟、公信力高的对平台数据监测第三方机构，为投资者提供数据支持。欧美国家均存在成熟的第三方监测机构协助政府或行业协会的监管，可以及时对异常数据进行监测与管理。第三方权威机构公布的数据还可以作为行业投资的指引，有利于降低信息不对称程度，促进行业发展。当然我国也有第三方监测机构，但从目前司法实践来看，法院采信第三方监测机构数据的并不多，主要原因在于一些专业数据造假公司利用模拟下载和使用等行为修改第三方数据平台或 App 中的活跃用户数量等用户数据，以帮助客户平台或 App 提高估值或获取不正当的竞争优势，导致第三方监测机构的权威性和可靠性大打折扣。因此，建立权威第三方检测机构迫在眉睫，以确保监测过程和结果客观、公正，发挥第三方监测机构在监管中的协同作用。

二是要健全数据信用的保护、披露和评价机制。近年来，我国逐渐重视信用保护立法工作并取得一些成绩。如 2014 年国务院发布了《社会信用体系建设规划纲要（2014—2020 年）》，2021 年中共中央发布了《法治中国建设规划（2020—2025 年）》。目前我国已经在广告法等十多部法律中嵌入了信用有关的条款，许多省市也逐步推进了社会信用立法，如广东、陕西、湖北、上海、河北、浙江、重庆等省市。全国信用信息共享平台也已初步建成，初步实现了中央、地方和市场机构的信息披露和公示的互联互通。虽然我国社会信用立法建设取得了显著成绩。互联网平台行业数据造假行为难以遏制的重要原因在于社会信用体系建设缺少清晰的法律依据，数据信用的保护、披露和评价机制不健全，导致失信成本低。

三是要加强法院对互联网领域数据造假的审判能力建设。互联网平台企业作为信息接收和传输平台，为两端用户搭建交易场景，需要不断地技术创新、产品创新和商业模式创新来支撑平台发展。而技术创新、产品创新和商业模式创新会使造假手段不断翻新，执法人员相关专业技能难以适应平台不断翻新的数据造假技术的要求，因而监管部门很难采用统一的罪名对其进行规范。而现有法律体系对数据造假的主观要件和危害结果设定存在滞后性，因此不断修正相关立法是必要的。除了不断完善立法，提高法院的审判能力是治理互联网平台行业数据造假的重要保障。法院的审判能力建设的着力点在于提高法院的信息化水平，将大数据技术引入到司法审判中，提高互联网数据造假的取证、分析和运用能力。

四是将数据造假行为列入刑法。目前，大数据已经融入经济社会各个方面，成为经济、社会运行的基础要素，潜藏着巨大经济价值。伴随着大数据经济价值和社会价值的加速膨胀，大数据网络犯罪威胁日益增加。在此背景下《中华人民共和国刑法修正案（七）》第 285 条增加了对大数据保护的条款。但刑法中还没有专门针对互联网平台行业数据造假的条款。刑法中的非法经营罪、诈骗罪可用于治理互联网平台行业数据造假问题，但在应对平台企业数据造假问题时存在着主观要件和危害结果的设定不清而带来的审判难题。互联网数据造假具有隐蔽性和技术性特征，其他法律在对数据造假行为进行惩处时时常出现治理失灵的问题，将数据造假列入刑法将大大增加法律对数据造假的震慑力。

参 考 文 献

[1] 安然：《并购绩效与信息不对称——基于中国上市公司的实证研究》，载《北京工商大学学报（社会科学版）》2015 年第 11 期。

［2］ 陈仕华、姜广省、卢昌崇：《董事联结、目标公司选择与并购绩效——基于并购双方之间信息不对称的研究视角》，载《管理世界》2013 年第 12 期。

［3］ 董丽萍、张宇扬：《我国互联网公司并购效应实证分析》，载《商业经济研究》2019 年第 6 期。

［4］ 葛结根：《并购支付方式与并购绩效的实证研究——以沪深上市公司为收购目标的经验证据》，载《会计研究》2015 年第 9 期。

［5］ 关静怡、刘娥平：《股价高估、业绩承诺与业绩实现——基于上市公司对赌并购的经验证据》，载《财经论丛》2021 年第 7 期。

［6］ 胡晓明、孔玉生、赵弘：《企业估值中价值乘数的选择：基于行业差异性的研究》，载《审计与经济研究》2015 年第 1 期。

［7］ 黄生权、李源：《群决策环境下互联网企业价值评估——基于集成实物期权方法》，载《系统工程》2014 年 12 月。

［8］ 蒋岳祥、洪方辉：《风险投资与企业绩效——对新三板挂牌企业对赌协议和股权激励的考察》，载《浙江学刊》2020 年第 3 期。

［9］ 金辉、金晓兰：《基于 PE/PB 的我国新三板信息技术企业价值评估》，载《商业研究》2016 年第 2 期。

［10］ 马金城：《中国企业海外并购中的对价支付策略研究》，载《宏观经济研究》2012 年第 10 期。

［11］ 沈洁：《网络企业——新经济形式下的价值评定》，载《中央财经大学学报》2001 年第 1 期。

［12］ 王艳、阚铄：《企业文化与并购绩效》，载《管理世界》2014 年第 11 期。

［13］ 温倩、邹可：《基于创新能力的互联网企业并购行为研究》，载《统计与决策》2020 年第 4 期。

［14］ 巫岑、唐清泉：《关联并购具有信息传递效应吗？——基于企业社会资本的视角》，载《审计与经济研究》2016 年第 2 期。

［15］ 徐雨婧、胡珺：《货币政策、管理者过度自信与并购绩效》，载《当代财经》2019 年第 7 期。

［16］ 许树柏：《层次分析法原理》，天津大学出版社 1988 年版。

［17］ 杨超、谢志华、宋迪：《业绩承诺协议设置、私募股权与上市公司并购绩效》，载《南开管理评论》2018 年第 6 期。

［18］ 杨威、赵仲匡、宋敏：《多元化并购溢价与企业转型》，载《金融研究》2019 年第 5 期。

［19］ 姚海鑫、李璐：《共享审计可以提高并购绩效吗？——来自中国 A 股上市公司的经验证据》，载《审计与经济研究》2018 年第 3 期。

［20］ 岳公侠、李挺伟、韩立英：《上市公司并购重组企业价值评估方法选择研究》，载《中国资产评估》2011 年第 6 期。

［21］ 张居营、孙晶：《基于熵权模糊物元模型的创新型企业价值评估》，载《技术经济》2017 年第 9 期。

［22］ 张明、陈伟宏、蓝海林：《中国企业"凭什么"完全并购境外高新技术企业——基于 94 个案例的模糊集定性比较分析（fsQCA）》，载《中国工业经济》2019 年第 4 期。

[23] 张莹、陈艳：《CEO 声誉与企业并购溢价研究》，载《现代财经》2020 年第 4 期。

[24] 赵君丽、童非：《并购经验、企业性质与海外并购的外来者劣势》，载《世界经济研究》2020 年第 2 期。

[25] 赵宣凯、何宇、朱欣乐、苏治：《"互联网 +"式并购对提高上市公司市场价值的影响》，载《福建师范大学学报（哲学社会科学版）》2019 年第 1 期。

[26] 郑忱阳、刘超、江萍、刘园：《自愿还是强制对赌？——基于证监会第 109 号令的准自然实验》，载《国际金融研究》2019 年第 5 期。

[27] 朱伟民、姜梦柯、赵梅等：《互联网企业 EVA 估值模型改进研究》，载《财会月刊》2019 年第 24 期。

[28] Ang, J. and Kohers, N., 2001: The Take – Over Market for Privately Held Companies: The US Experience, *Cambridge Journal of Economics*, Vol. 25, No. 6.

[29] Barbopoulos, L. G. and Danbolt, J., 2021: The Real Effects of Earnout Contracts in M&As, *Journal of Financial Research*, Vol. 13, No. 5.

[30] Briscoe, B., Odlyzko, A., and Tilly, B., 2006: Metcalfe's Law Is Wrong – Communications Networks Increase in Value as They Add Members – But by How Much?, *IEEE Spectrum*, Vol. 43, No. 7.

[31] Chan, T. Y., Wu, C., and Xie, Y., 2011: Measuring the Lifetime Value of Customers Acquired from Google Search Advertising, *Marketing Science*, Vol. 30, No. 5.

[32] Choi, A. H., 2016: Addressing Informational Challenges with Earnouts in Mergers and Acquisitions, *SSRN Electronic Journal*, Vol. 30, No. 9.

[33] Demers, E. and Lev, B. A., 2001: A Rude Awakening: Internet Shakeout in 2000, *Review of Accounting Studies*, Vol. 6, No. 2 – 3.

[34] Fuller, K., Netter, J. M., and Stegemoller, M., 2002: What Do Returns to Acquiring Firms Tell Us? Evidence from Firms That Make Many Acquisitions, *The Journal of Finance*, Vol. 57, No. 4.

[35] Genders, R. and Steen, A., 2017: Financial and Estate Planning in the Age of Digital Assets: A Challenge for Advisers and Administrators, *Financial Planning Research Journal*, Vol. 3, No. 1.

[36] Gupta, S., Lehmann, D. R., and Stuart, J. A., 2004: Valuing Customers, *Journal of Marketing Research*, Vol. 40, No. 1.

[37] Hagiu, A., 2006: Pricing and commitment by Two : Ided Platforms, *RAND Journal of Economics*, Vol. 37, No. 3.

[38] Hansen, R. G., 1987: A Theory for the Choice of Exchange Medium in Mergers and Acquisitions, *Journal of Business*, Vol. 60, No. 1.

[39] Heckman, J. J., 1979: Sample Selection Bias as a Specification Error, *Econometrica*, Vol. 47, No. 1.

[40] Katz, M. L. and Shapiro, C., 1985: Network Externalities, Competition, and Compatibility, *American Economic Review*, Vol. 75, No. 3.

[41] Katz, M. L. and Shapiro, C., 1994: Systems Competition and Network Effects, *Journal of Economic Perspectives*, Vol. 8, No. 2.

[42] Keating, E. K., 2000: Discussion of The Eyeballs Have It: Searching for the Value in

Internet Stocks, *Journal of Accounting Research*, Vol. 38, No. December.

[43] Megginson, W. L., Nash, R. C., and Randenborgh, M. V., 2012: The Financial and Operating Performance of Newly Privatized Firms: An International Empirical Analysis, *Journal of Finance*, Vol. 49, No. 2.

[44] Metcalfe, B., 1995: Metcalfe's Law: A Network Becomes More Valuable as It Reaches More Users, *Infoworld*, Vol. 17, No. 2.

[45] Modigliani, F. and Miller, M. H., 1958: The Cost of Capital, Corporation Finance and the Theory of Investment, *American Economic Review*, Vol. 48, No. 3.

[46] Saaty, T. L., 2000: A Scaling Method for Priorities in Hierarchical Structures, *A Journal of Mathematical Psychology*, Vol. 17, No. 3.

[47] Schwartz, E. S. and Moon, M., 2000: Rational pricing of Internet Companies, *Financial analysts journal*, Vol. 56, No. 3.

[48] Trueman, B., Wong, M. H. F., and Zhang, X. J., 2000: The Eyeballs Have It: Searching for the Value in Internet Stocks, *Journal of Accounting Research*, Vol. 38, No. 3.

[49] Uhlenbruck, K., Hitt, M. A., and Semadeni, M., 2006: Market Value Effects of Acquisitions Involving Internet Firms: A Resource – Based Analysis, *Strategic Management Journal*, Vol. 27, No. 10.

The Impact of Data Fraud in the Valuation of Internet Platform Enterprises on M&A Performance

Changnan Wu   Jin Wang

Abstract: At present, the data fraud of Internet platform enterprises has become an unspoken rule in the industry. What is the impact of the opportunistic behavior of data fraud in the valuation of Internet platform enterprises on the M&A performance? Taking the M&A samples of Internet platform enterprises from 2010 to 2020 as the research object, this paper uses the market method on valuation, uses the fuzzy matter element model and Hamming Approach Degree to screen the comparable companies with similar characteristics of the M&A target companies, takes the valuation of Internet platform enterprises in the capital market as the criterion, and after squeezing out the data fraud exaggerated of the M&A target Internet platform enterprises, This paper makes a regression analysis of data fraud in valuation and M&A performance of Internet platform enterprises. The results show that the opportunistic behavior of Internet platform enterprises' data fraud has a negative impact on M&A performance. The higher the information asymmetry between the two parties, the greater the negative impact of data fraud on M&A performance. Therefore, the regulation of data fraud in the field of Internet platforms should be strengthened.

Keywords: Internet Platform Enterprise　Data Fraud　Merger and Acquisition　M&A Performance

JEL Classification: L86D85

财政分权、区域创新与产业结构扭曲

刘金全　关　帅[*]

摘　要： 本文在理论分析基础上测算 2009～2020 年地区产业结构扭曲程度，实证分析财政分权对产业结构扭曲的直接和间接影响。研究发现：一是我国产业结构还存在一定程度扭曲，省份差距明显，但总体上扭曲程度不断逐渐下降。财政分权对产业结构扭曲不但存在直接影响，还会通过区域创新对产业结构扭曲产生间接影响。二是财政分权对产业结构扭曲的直接效应和间接效应均存在区域异质性，东部地区的直接效应与间接效应均能改善产业结构扭曲状态，中部地区的直接效应与间接效应均不利于缓解产业结构失衡，而西部地区通过有效发挥区域创新的间接效应显著促进产业结构均衡发展。三是财政分权对产业结构扭曲的影响表现出显著的门限效应，随着区域创新水平提升，财政分权对产业结构扭曲的消极影响逐渐降低。

关键词： 财政分权　区域创新　产业结构　直接效应　间接效应　异质性
门限效应

一、引　　言

产业结构转变是理解后发达国家和发达国家经济发展区别的关键变量，也是欠发达国家加快经济发展的内在要求（干春晖等，2011）。尤其是我国经济已经步入高质量发展阶段，产业结构持续优化调整对国家与地区的经济增长质量提升举足轻重。此外，在 2016 年《政府工作报告》中首次提出建设质量强国之后，2022 年的《政府工作报告》也明确指出要推进质量强国建设，推进产业向中高端迈进。由此可见，质量强国建设在"十四五"时期乃至 2035 年远景目标中，是经济持续稳定发展的必由之路和重要保障。产业高质量发展作为"质量强国"建设的重要抓手，同步推动产业结构优化变

---

* 本文受国家自然科学基金项目"经济周期形态变异、经济周期成分分解与经济政策周期相依性的动态机制研究"（72073040）资助。
感谢匿名审稿人的专业修改意见！
刘金全：广州大学经济与统计学院；地址：广东省广州市大学城外环西路 230 号，邮编510006；E-mail：jinquan@ gzhu. edu. cn。
关帅：广州大学经济与统计学院；地址：广东省广州市大学城外环西路 230 号，邮编510006；E-mail：339338@ gzhu. edu. cn。

得尤为重要。然而，在我国产业结构升级道路中，仍面临由市场垄断、资本与劳动资源错配及政策体制和市场制度不匹配导致的产业结构扭曲问题，造成极大的资源浪费与效率损失。产业结构扭曲不利于释放"结构红利"，严重制约我国经济结构转型和经济高质量发展。

　　作为"看得见的手"，地方政府行为对产业结构发展具有不可忽视的影响。以"放权让利"为主基调的分税改革制度重塑了中央与地方政府权力关系分配，在很大程度上决定了财政资源配置的方式、效率与水平（李政、杨思莹，2018）。地方政府行为受到以财政分权为核心的财政体制影响，从而对生产要素配置、产业结构发展的进度和方向起引导性作用。此外，随着经济发展面临的资源和环境约束加剧，我国经济发展由要素驱动向创新驱动转变。政府作为区域创新系统的重要组成，在提升区域创新能力上具有基础性和导向性作用。地方政府深入实施创新驱动发展战略有助于突破供给约束堵点、优化产业结构，激发新的发展动力助推经济高质量增长。基于此，深入考察财政分权和区域创新对产业结构扭曲的影响，对探索中国特色的财政分权体制机制改革、推动经济高质量发展及建设现代化经济体系具有重要的理论及现实意义。

　　近年来，诸多学者对中国财政分权与经济增长、环境污染之间的关系进行许多有益探索。其中，在经济增长方面，张晏、龚六堂（2005）发现分税制改革前我国财政分权与经济增长之间存在显著的负关系，分权后则两者间存在正向关系。李永友等（2021）从分权时序的角度探究财政分权与经济增长的关系，发现分权改革如果选择行政分权先行更能促进县域经济增长。吕冰洋等（2021）发现分税制实际上是通过调整财政收入分成刺激地方发展经济，提高地方分税率能够有效激励地方政府培育税源、调动地方政府发展经济积极性。但也有学者研究得出完全相反的结论，认为财政分权通过商品市场、货币市场、市场结构、制度安排等影响资源配置效率，从而导致财政分权对经济增长产生不利影响（Zhang and Zou，1998；殷德生，2004；Filippetti and Sacchi，2016）。在环境污染方面，部分学者研究发现财政分权通过引致地方政府"逐底竞争"、市场分割和辖区间博弈等方式削弱了政府污染治理效率（张克中等，2011；蔡嘉瑶、张建华，2018）；也有学者持相反观点，认为财政分权可以促使当地政府及时治理当期污染，从而避免环境污染的"棘轮效应"（Hao et al.，2020）。

　　关于财政分权是否会影响产业结构扭曲，以及能否通过区域创新水平提升来引导产业结构趋向合意方向发展，已有文献较少关注，更多研究聚焦于财政分权对产业结构升级具有正向抑或负向影响。部分学者发现财政分权有利于产业结构升级，例如储德银、建克成（2014）从总量与结构效应双重视角出发考察财政分权与产业结构的关系，发现税收政策有效驱动产业调整，而财政支出政策却不利于产业结构升级；更加具体地，行政管理支出和政府投资性支出阻碍了产业结构调整，教育支出和科技支出有效推动产业结构升级。王立勇、高玉胭（2018）基于 2002～2015 年县级面板数据考察财政分权与产业结构升级，发现"省直管县"改革激发地方政府发展经济的活力，财政分权推动了产业结构升级。也有学者持有相反观点，崔志坤、李菁菁（2015）从财政收入和支出两个角度探讨了财政分权对产业结构升级影响，结果发现财政分权总体上不利于产业结构升级。甘行琼等（2020）采用动态面板模型考察财政分权及其影响下的地方政府行为对产业结构转型升级的影响，发现财政分权并未显著驱动产业结构转型升级。梳理已有文献不难发现，已有研究较多关注财政分权对产业结构转型升级影响，且尚未得出一致结论。对于财政分权对产业结构扭曲影响的文献十分有限，且尚未深入作用机制分析，对于财政分权如何影响产业结构扭曲这一问题值得进行深入探讨。

鉴于此，本文利用三次产业产值和就业份额数据测算了 2007～2018 年中国分地区产业结构扭曲的变化趋势，审视了财政分权和区域创新对产业结构扭曲的影响。与现有文献相比，本文可能存在如下边际贡献：第一，以往研究对财政分权如何影响产业结构扭曲尚缺乏理论分析，本文从区域层面探究了财政分权对产业结构扭曲的影响，发现财政分权掣肘已有产业结构优化调整，加剧产业结构失衡局面。第二，本文研究了区域创新在财政分权对产业结构扭曲发挥的间接作用，发现财政分权能够通过促进区域创新进而有效缓解产业结构扭曲程度。第三，对财政分区与产业结构扭曲之间引入门限效应，探求在不同区域创新水平下财政分权和产业结构扭曲之间存在何种差异，发现区域创新水平提升有助于推动产业结构向合意方向演进。

二、财政分权与产业结构扭曲：逻辑与机制

20 世纪 90 年代进行的分税制改变了中央和地方的财权分配格局，形成了财权集中、事权下放的分权模式，财政分权导致地方财政出现财政收支"剪刀差"，地方政府具有很强激励寻求经济利益。并且，改革开放后中国官员考核与选拔标准由政治表现为主转为经济效益为主，地方政府间为追求利益最大化而展开激烈竞争，即政治晋升锦标赛（周黎安，2004；贾俊雪、应世为，2016）。在这种背景下，财政分权体制引致的地方政府竞争，正如一枚硬币的正反面，既可能通过改善地区市场化水平、人力资本和基础设施水平，促进资源最优配置，为地方产业结构调整和经济发展提供正确的激励，也可能由于严重的政府干预、投资偏好、市场保护主义和重复建设等产生要素扭曲，导致财政资源错配，对地区产业结构调整和经济发展产生不利影响。这两种作用对产业结构调整产生截然相反的效果。

（一）财政分权对产业结构扭曲的直接效应

政治集权和经济分权共同塑造的中国式财政分权体制导致地方政府间展开竞争。政治晋升压力下的地方政府具有刺激经济发展的主观愿望，并且中央政府的行政放权赋予了地方政府经济发展的绝对权限，财政和政治的双重激励驱动了地方经济快速发展（孙正，2017）。地方政府努力营造良好市场环境吸引生产要素，推动地方基础设施和公共品供给水平不断提升（陈硕，2010；Grisorio and Prota，2015）。因此，财政分权有动力推进市场化改革进程与经济发展。以非公有制企业份额增加、公有制企业预算约束硬化和政府管制放松为特征的市场化程度的提高，引导企业经营目标转为追求利润最大化，激励企业行为发生转变，导致企业重组，行业间资本配置效率提升，进而优化地区产业结构。成熟完善的市场发挥价格调节机制淘汰低效益经济部门，竞争能力较强的行业得到进一步发展，生产要素便由低效率部门转移至高效率部门，社会资源得以重新合理配置，从而提升资本配置效率，减少要素误置现象。经济分权对地方政府正确的激励显著提升了基础设施水平，加快了要素流动和知识外溢，有效降低运输成本，减少要素流动的摩擦成本，加速缓解产业结构的非均衡状态。此时财政分权程度越高，产业结构扭曲程度则越低。

然而，具有"政治人"属性的地方官员，出于追求任职期内政治利益最大化考量，有强烈动机追求资本等流动性较强的稀缺性要素，由此大力开展招商引资活动，而罔顾自身资源禀赋、区位特征及产业结构约束的引资活动可能会有损资源配置效率。且长期的政府干预经济活动不利于发挥优胜劣汰机制，弱化了市场化对产业结构发展的积极作用，导致经济发展与合意产业结构目标的偏离。政府投资的方向、重点和规模也决定了产业发展的速度和水平。为推动本地经济快速发展，地方政府倾向于高税收、高产出的房地产行业，引致生产要素涌入房地产部门，阻碍了其他行业发展，导致不同产业间发展失衡。另外，追求财政收入最大化的地方政府可能存在的市场保护主义行为，不利于生产要素的充分流动。财政分权体制增强地方经济独立性，地方政府偏好"诸侯经济"而分割市场，阻碍生产要素区域间自由流动，以显性或隐性的优惠，政府扶持当地产业发展，加剧产业结构扭曲程度。并且，财政分权体制下的地方官员任期制和异地交流惯例决定了地方政府官员的目标"短视"，忽视了经济增长的长期目标。由此产生一系列的异化行为，如重复建设、政绩工程等，在一定程度上损失了经济效率，不利于产业结构良性发展。从以上逻辑可以看出，财政分权体制可能会导致地方政府间投资竞争和投资偏好而错配资源，市场保护主义、重复建设及政绩工程等损失资源配置效率，掣肘已有产业结构优化调整，增添新的产业结构失衡。

（二）财政分权对产业结构扭曲的间接效应

财政分权还能通过影响区域创新对产业结构发展产生间接影响。财政分权通过两个方面影响区域创新水平。财政分权下促进了地方政府财政支出效率。实际上，地方政府在信息搜集和整理方面天然地具有时间和经济成本优势，更加清楚地区经济发展如何"锻长板"与"补短板"。财政分权通过对财政资金灵活、高效地分配，提升财政资源配置效率，政府行政效率和质量随之提高。而高效的地方政府通过为区域创新活动提供良好的公共品服务，从而显著提高区域创新水平。

此外财政分权有助于地方政府监督和评价科技创新支出效率，及时调整科技创新支出的强度，改善科技创新支出配置效率，提升财政分权对区域创新的促进作用。财政分权在区域创新发展中发挥了积极作用，且能通过提升政府运作效率促进区域创新发展。从财政分权影响财政支出偏好角度来看，财政支出能够改善基础设施条件以及科技创新环境，成为地方政府推动地区经济增长的重要方式。地方政府认识到科技创新的重要性，不断增加财政科技支出水平，提升地区科技创新能力（白俊红、戴玮，2017）。因此，财政分权下的地方政府有动机加大科技支出比重来改善区域创新环境，即通过改变政府支出偏好促进区域创新发展。据此，财政分权通过提升财政支出效率和影响财政支出偏好两个方面促进区域创新发展，进而推动产业结构趋向合意方向发展。

三、研究设计

（一）基准模型设定

为了检验财政分权对产业结构扭曲的综合影响，本文首先设定基准模型形式如式（1）所示：

$$DIS_{it} = \alpha_0 + \alpha_1 FD_{it} + \alpha_2 RI_{it} + \alpha_3 TD_{it} + \alpha_4 FDI_{it} + \alpha_5 PGDP_{it-1} + \alpha_6 MAR + \varepsilon_{it}$$

$$(1)$$

为了进一步检验财政分权会通过区域创新的间接效应对产业结构扭曲产生影响，构建财政分权和区域创新的连乘式，改造模型式（1）为如下形式：

$$DIS_{it} = \beta_0 + \beta_1 FD_{it} \times RI_{it} + \beta_2 TD_{it} + \beta_3 FDI_{it} + \beta_4 PGDP_{it-1} + \beta_5 MAR + \mu_{it} \quad (2)$$

式（1）和式（2）中，DIS 表示产业结构扭曲程度，FD 表示财政分权，RI 表示区域创新程度，TD 表示对外开放水平，反映了区域开放环境；FDI 表示外商直接投资水平；PGDP 表示经济发展水平，刻画了区域宏观经济环境；MAR 表示市场化程度，反映区域企业营商环境。$\alpha_i (i = 0, 1, \cdots, 5)$ 和 $\beta_j (j = 0, 1, \cdots, 6)$ 为回归系数，ε_{it} 和 μ_{it} 为误差项。

（二）产业结构扭曲测算

较多关于扭曲的研究主要集中于危害企业发展的市场扭曲（罗来军等，2016；王永进、李宁宁，2021），部分学者进一步将市场扭曲细分为要素市场扭曲和产品市场扭曲（戴魁早、刘友金，2016；尹恒、张子尧，2021）。但是，较少研究关注到产业层面，对产业结构扭曲的测度与研究则少之又少，原因在于判定产业结构是否存在扭曲及如何衡量均难之又难。由于各地区经济均处于动态发展过程中，与之相对的产业结构也在不断变化。当产业结构未能达到不同经济发展阶段所需要的最优形态时，此时产业结构就存在一定程度扭曲。

实际上，在完全竞争市场中，均衡状态下各个部门的劳动生产率均相等，资源在各个部门均得到有效配置，此时的产业结构达到最优。如果市场中要素流动受到阻碍时，部门之间劳动生产率产生差异，导致资源低效配置甚至无效配置，影响产业结构合意发展，产业结构扭曲产生。若衡量某一产业或者某一市场的扭曲程度，可以根据商品和服务的价格偏离其边际成本的差值来度量，也就是边际替代率和边际转换率之间的缺口（沈小波等，2021）。多种因素会导致这种缺口产生，如不完全信息、关税和进口配额、市场垄断和寻租行为等。在完全竞争情况下，市场均衡时的价格等于边际成本，此时经济扭曲情形并不存在。本文重点关注整体的产业结构扭曲程度。当要素可以充分自由流动，均衡时则各部门之间的劳动生产率相等，最终各部门的就业份额和产出份额也一定相等。基于此，本文借鉴 Ando（2017）提出的产业结构扭曲测度方法，即通过计算就业份额与产出份额之间的欧式距离衡量产业结构扭曲。

假设一个国家有 N 个经济部门，令 VE_i 和 L_i 分别表示部门 i 的增加值和就业人数。Ando（2017）将就业份额和增加值之间的欧式距离定义如下：

$$d_i = \frac{L_i}{\sum_m L_m} - \frac{VE_i}{\sum_m VE_m}, \quad d = \sqrt{\sum_i d_i^2} \tag{3}$$

式（3）中，d_i 表示部门 i 就业份额和增加值之间的欧式距离，d 则表示经济整体的欧氏距离。当 d 等于 0，就说明各部门劳动生产率相等，即：

$$\frac{L_i}{\sum_m L_m} = \frac{VE_i}{\sum_m VE_m} \forall_i \Leftrightarrow p_i = \frac{VE_i}{L_i} = p = \frac{\sum_m VE_m}{\sum_m L_m} \forall_i \tag{4}$$

式（4）中，p_i 表示部门 i 的劳动生产率，p 表示经济整体的劳动生产率。实际上，距离 d 提供了部门之间劳动生产率差值的信息。在自由进入和退出的情况下，劳动力由于外部激励从生产率低的部门向生产率高的部门流动，直至距离 d 趋于 0。因此，d 表示一个经济体总体的产业扭曲程度。d 越大，则产业结构扭曲程度越大，产业结构越加偏离合意方向。d_i 表示部门的扭曲程度，当 $d_i > 0$，意味着部门 i 中容纳了过多劳动力，反之则反是。

（三）解释变量与控制变量

本文的核心解释变量为财政分权，即地方政府自主支配财政资源的能力，财政分权程度越高，则地方政府财政自主性越强。财政分权分为财政收入分权和财政支出分权，用地方本级人均财政支出占其与中央本级人均财政支出之和的比值来测算财政支出分权程度（EFD），并用地方本级人均财政收入占其与中央本级人均财政收入之和的比值测算财政收入分权程度（IFD）。本文的控制变量为区域创新（RI）、外开放水平（TD）、外商直接投资（FDI）、经济发展水平（PGDP）、市场化水平（MAR）。具体地，区域创新，用专利申请授权数衡量，对外开放水平用进出口总额与地区生产总值比值表示，外商直接投资用人均实际利用外商投资额表示，经济发展水平用滞后一期的人均地区生产总值表示，市场化水平用非国有固定资产投资与总固定资产投资比值表示。上述数据来自中经网统计数据库、《中国统计年鉴》和各省统计年鉴，样本时间跨度为 2009 ～ 2020 年。表 1 报告了所有变量的统计描述。

表 1　　　　　　　　　　　　变量统计性描述

变量	变量含义	均值	标准差	最小值	最大值
DIS	产业结构扭曲指数	0.3542	0.1566	0.0332	0.7738
EFD	财政支出分权	0.8405	0.0529	0.6977	0.9368
IFD	财政收入分权	0.4969	0.1317	0.2629	0.8291
TD	对外开放水平	0.3061	0.3463	0.0175	1.6700
FDI	外商直接投资	14.5556	1.6379	7.9900	16.9322
RI	区域创新	9.5098	1.5538	5.4027	13.0775
PGDP	经济发展水平	1.5673	0.8104	0.4041	4.9746
MAR	市场化水平	0.6705	0.1114	0.4076	0.9056

四、实证检验与分析

（一）产业结构扭曲指数

本文利用 2009 ～ 2020 年中国 31 个省份[①]三次产业产值数据和就业份额数据测算分地区产业结构扭曲指数，产业结构扭曲指数的数值越大，则表明

---

① 我国的香港、澳门和台湾地区由于数据缺失不包括在内。

该地区产业结构扭曲程度越严重。由于篇幅有限，文中并未给出 31 个省份每年的产业结构扭曲指数，只给出每个省份 2009 年和 2020 年产业结构扭曲指数（见图 1）。图 1 显示，与 2009 年相比，2020 年所有省份的产业结构扭曲指数均有不同程度的下降。此外，不论是 2009 年还是 2020 年，东部沿海地区的省份产业结构扭曲指数较低，西部地区省份的产业结构扭曲指数较高，由此可见区域间产业结构扭曲程度存在较大差异。

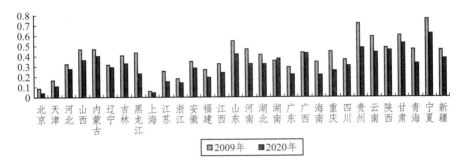

图 1　2009 年 ~ 2020 年分地区产业结构扭曲指数

（二）财政分权对产业结构扭曲影响的直接效应

考虑到产业结构扭曲指数值介于 0 ~ 1，具有截断特征，本文选择随机效应面板 tobit 模型对式（1）进行估计。同时，为了检验回归结果的稳健性，本文同时采用固定效应模型和随机效应模型重新对式（1）进行回归。表 2 给出了财政支出分权和财政收入分权对产业结构扭曲的实证结果。据表 2 可知，在三次回归分析中，财政支出分权和收入分权的系数均显著为正，说明财政分权提高加剧了产业结构扭曲程度，即财政分权程度越高越不利于产业结构向合意方向演进。这一结果不难理解，以政治集权和经济分权为特征的财政分权会产生严重的政府干预，导致地方政府产生投资偏好，致使财政资源错配甚至浪费。政治晋升激励下的地方政府因追求经济增长而展开竞争，经济目标短视化，会导致重复建设、政绩工程等问题，进而削弱了资源配置效率。此外，财政分权体制在一定程度上导致市场分割，不利于产业结构均衡发展。地方政府为保障本地区的财政收入，会在一定程度上限制要素资源和产品的自由流动，生产要素未能进行合意配置，在一定程度上损失了生产效率、利用效率和配置效率。产业结构合意发展需要技术溢出和规模经济的共同作用，但在财政分权体制下，市场分割行为明显阻碍了知识和技术外溢、规模效率提升，最终未能驱动产业结构的均衡化发展。

表 2 财政分权对产业结构扭曲的直接影响

变量	财政支出分权			财政收入分权		
	（1）	（2）	（3）	（4）	（5）	（6）
FD	0.2645 *** （3.04）	0.2902 ** （2.08）	0.2411 ** （2.34）	0.1305 *** （2.92）	0.2602 ** （1.96）	0.2530 * （1.83）
RI	− 0.0409 *** （− 7.55）	− 0.0467 *** （− 4.69）	− 0.0385 *** （− 4.50）	− 0.0329 *** （− 6.60）	− 0.038 *** （− 3.70）	− 0.0308 *** （− 3.48）
TD	− 0.0652 *** （− 3.40）	− 0.0404 （− 1.20）	− 0.0747 *** （− 2.75）	− 0.059 *** （− 2.94）	− 0.033 （− 1.05）	− 0.0686 ** （− 2.75）
FDI	− 0.0031 （− 0.99）	− 0.013 （− 0.34）	− 0.0032 （− 0.37）	− 0.0012 （− 0.38）	− 0.0009 （− 0.10）	− 0.0015 （− 0.17）
PGDP	− 0.0234 ** （− 2.40）	− 0.0098 （− 0.48）	− 0.0288 * （− 1.91）	− 0.0239 ** （− 2.42）	− 0.0109 （− 0.53）	− 0.0287 ** （− 1.96）
MAR	− 0.0311 （− 0.94）	− 0.0306 （− 0.40）	− 0.0319 （− 0.43）	− 0.0278 （− 0.82）	− 0.027 （− 0.34）	− 0.0291 （− 0.38）
常数项	0.6441 *** （10.69）	0.6471 *** （4.36）	0.6441 *** （4.24）	0.74439 *** （13.91）	0.7499 *** （4.67）	0.7444 *** （4.81）
样本量	360	360	360	360	360	360

注：***、**、* 分别表示回归系数在 1%、5%、10% 的显著性水平下显著。

从控制变量回归结果看，区域创新的回归系数在 6 个模型中均在 1% 的置信水平下显著为负，说明区域创新显著促进了产业结构均衡化发展，区域创新水平提升能够有效改善地区投资结构、需求结构等提升劳动生产率，进而推动产业结构向合意方向发展。对外开放水平的回归系数在 4 个模型中显著为负，说明提升对外开放水平可以缓解产业结构扭曲程度。加快对外开放促进我国更加深入融合到全球要素分工体系中，由此产生的知识、技术、观念溢出效益及出口中学习效应机制均推动产业结构合理发展。外商投资水平的回归系数为负，但并不显著，说明各地区仍需要为产业结构发展提供良好的营商环境。经济发展水平的回归系数在 4 个模型中显著为负，除了式（2）和式（5）外其他模型回归系数均不显著，说明经济发展水平提升能够缓解产业结构扭曲程度，但是各地区经济发展水平差异较大，因而产业结构发展水平也存在较大不同。市场化程度的回归系数为负但均不显著，说明各区域的市场化水平仍需要进一步提升。

（三）财政分权对产业结构扭曲影响的间接效应

为了进一步检验财政分权通过区域创新对产业结构扭曲产生间接影响，

与上述一致，选择随机效应面板 Tobit 模型、固定效应模型和随机效应模型对式（2）进行估计，其估计结果如表 3 所示。列（7）至列（9）中财政支出分权与区域创新连乘式的系数在 1% 的置信水平下显著为负，列（10）至列（12）中财政收入分权与区域创新连乘式的系数均显著为负，说明财政分权能够促进区域创新进而驱动产业结构向合意方向发展。

表 3　　　　　　　　　　财政分权通过区域创新对产业结构扭曲的间接影响

变量	财政支出分权			财政收入分权		
	（7）	（8）	（9）	（10）	（11）	（12）
FD × RI	−0.0213 *** （−5.47）	−0.0247 *** （−3.10）	−0.0203 *** （−2.78）	−0.0193 *** （−3.84）	−0.0206 ** （−2.01）	−0.0191 * （−1.88）
TD	−0.0638 *** （−3.23）	−0.0349 （−1.16）	−0.0723 *** （−3.10）	−0.0719 *** （−3.67）	−0.0541 * （−1.97）	−0.0738 *** （−3.34）
FDI	0.0012 （0.08）	0.0021 （0.25）	−0.0014 （−0.05）	0.0012 （0.35）	0.0033 （0.33）	0.0019 （0.57）
PGDP	−0.0365 *** （−3.72）	−0.0246 ** （−2.20）	−0.0399 *** （−2.60）	−0.0495 *** （−5.14）	−0.0447 ** （−2.32）	−0.0500 *** （−2.87）
MAR	−0.0350 （−1.01）	−0.0277 （−0.35）	−0.038 （−0.50）	−0.0424 （−1.19）	−0.0336 （−0.36）	−0.0437 （−0.49）
常数项	0.62125 *** （12.46）	0.5893 *** （4.42）	0.6326 *** （4.62）	0.5577 *** （10.83）	0.5153 *** （3.52）	0.5628 *** （3.88）
样本量	360	360	360	360	360	360

注：***、**、* 分别表示回归系数在 1%、5%、10% 的显著性水平下显著。

这一结果不难理解，财政分权下的地方政府能够灵活应用财政资金，为区域创新活动提供良好的公共品服务，良好的环境促进区域创新水平提升。且财政分权下地方政府会提高财政科技投入，进而提升该地区整体的科技水平，而技术进步水平提升能够显著缓解产业结构扭曲程度。区域创新是产业结构调整和经济增长的内生动力，技术引进或者自主创新均能提升劳动生产率，加快产业结构向均衡化发展。此外，创新活动改变技术扩散过程，推动新兴主导产业形成，由此促进产业结构逐渐实现新的动态均衡（陶长琪、齐亚伟，2009）。因此，财政分权通过提升区域创新水平，显著推动产业结构向合意水平发展。控制变量的估计结果除了系数大小与表 2 有所区别外，显著性水平总体与上述相似，因此本文对控制变量回归结果不再赘述。

（四）财政分权对产业结构扭曲的区域异质性影响

为了考察财政分权对产业结构的影响是否存在区域特征依赖，本文按照传统的分类方法，进一步将全样本分为东部地区、中部地区和西部地区 3 个子样本分别进行回归。在估计方法上，选择随机效应面板 Tobit 模型进行估计，所有的估计结果如表 4 和表 5 所示。

表 4　　　　　　　分地区考察财政分权对产业结构扭曲的直接影响

变量	东部地区		中部地区		西部地区	
	财政支出分权	财政收入分权	财政支出分权	财政收入分权	财政支出分权	财政收入分权
	(13)	(14)	(15)	(16)	(17)	(18)
FD	− 0.2781 **	− 0.2609 ***	0.7525 ***	0.3841 ***	0.2449 *	0.1009
	(− 2.20)	(− 3.41)	(4.31)	(3.62)	(1.95)	(1.04)
RI	− 0.0264 ***	− 0.0292 ***	− 0.033 ***	− 0.0211 **	− 0.0249 ***	− 0.0166 *
	(− 3.75)	(− 5.44)	(− 3.13)	(− 2.13)	(− 2.60)	(− 1.74)
TD	− 0.0223	− 0.01447	0.3977 ***	0.3794 ***	0.0863	0.0817
	(− 1.29)	(− 0.86)	(3.68)	(3.37)	(1.36)	(1.27)
FDI	0.0155 ***	0.0237 ***	− 0.0099	− 0.0089	− 0.0059	− 0.0025
	(3.10)	(4.07)	(− 1.57)	(− 1.37)	(− 1.44)	(− 0.61)
PGDP	− 0.0123	− 0.01084 **	− 0.0246 *	− 0.0364	− 0.0779 ***	− 0.0672 ***
	(− 1.42)	(− 2.30)	(− 1.84)	(− 1.57)	(− 3.43)	(− 2.89)
MAR	0.0511	0.0745	− 0.3758 ***	− 0.3332 ***	0.0089	0.0397
	(1.24)	(1.63)	(− 5.30)	(− 4.61)	(0.17)	(0.73)
常数项	0.4918 ***	0.2878 ***	0.4712 ***	0.7719 ***	0.6414 ***	0.748 ***
	(5.24)	(2.98)	(4.05)	(7.67)	(6.44)	(9.12)
样本量	132	132	96	96	132	132

注：***、**、* 分别表示回归系数在 1%、5%、10% 的显著性水平下显著。

表 5　　　　分地区考察财政分权通过区域创新对产业结构扭曲的间接影响

变量	东部地区		中部地区		西部地区	
	财政支出分权	财政收入分权	财政支出分权	财政收入分权	财政支出分权	财政收入分权
	(19)	(20)	(21)	(22)	(23)	(24)
FD × RI	− 0.0307 ***	− 0.0394 ***	0.0035	0.0178 *	− 0.0079 **	− 0.0194
	(− 7.75)	(− 7.24)	(0.39)	(1.92)	(− 1.98)	(− 1.46)
TD	− 0.0286 *	− 0.0267	0.4356 ***	0.4131 ***	0.1024	0.098
	(− 1.69)	(− 1.60)	(3.59)	(3.48)	(1.59)	(1.54)

续表

变量	东部地区		中部地区		西部地区	
	财政支出分权	财政收入分权	财政支出分权	财政收入分权	财政支出分权	财政收入分权
	（19）	（20）	（21）	（22）	（23）	（24）
FDI	0.0157 ***	0.029 ***	− 0.0084	− 0.0101	− 0.0032	− 0.0012
	（3.25）	（5.07）	（− 1.20）	（− 1.48）	（− 0.76）	（− 0.29）
PGDP	− 0.0129	− 0.0159 *	− 0.0367	− 0.0642 ***	− 0.0953 ***	− 0.0795 ***
	（− 1.52）	（− 1.90）	（− 1.49）	（− 2.75）	（− 4.22）	（− 3.88）
MAR	0.0468	0.064	− 0.3568 ***	− 0.3739 ***	0.0152	0.0396
	（1.13）	（1.48）	（− 4.52）	（− 5.04）	（0.29）	（0.73）
常数项	0.2578 ***	0.0213 ***	0.7104 ***	0.739 ***	0.6704 ***	0.6293 ***
	（2.95）	（3.23）	（7.20）	（7.54）	（9.89）	（9.88）
样本量	132	132	96	96	132	132

注：***、**、*分别表示回归系数在 1%、5%、10% 的显著性水平下显著。

依据表 4 的估计结果可知，在东部地区，无论是财政支出分权，还是财政收入分权，财政分权变量的回归系数均显著为负，说明东部地区的财政分权程度提高有利于缓解产业结构扭曲程度，财政分权促进产业结构均衡化发展。财政分权与区域创新连乘式对产业结构扭曲的影响如表 5 所示，发现无论是财政支出分权还是财政收入分权，财政分权与区域创新连乘式的估计系数显著为负，说明财政分权激发了区域创新的间接效应，降低了东部地区产业结构扭曲程度。对于这一结果可能的解释为，东部地区经济发展水平较高，财政分权提升了基础设施水平，促进要素流动和知识外溢，降低运输成本并减少要素流动的摩擦成本，资本配置效率得到有效提升，且财政分权促进了东部地区区域创新水平提升，两者共同作用下，驱动产业结构向合意水平发展。因此，东部地区的财政分权程度越高，产业结构扭曲程度则越低。

在中部地区，如式（15）和式（16）的回归结果，财政支出分权和财政收入分权的回归系数在 1% 的置信水平下显著为正，说明财政分权程度越高，越不利于产业结构向合意方向演进。此外，根据表 5 回归结果可知，式（21）中财政支出分权与区域创新连乘式的系数为正但是并不显著，式（22）中财政收入分权与区域创新连乘式的回归系数在 10% 的置信水平下显著为正，说明中部地区的区域创新间接作用并没有缓解产业结构扭曲程度。对此可能的解释是，处于经济快速发展的中部地区，追求自身利益最大化的地方政府间展开激烈竞争由此导致市场分割乱象，阻碍了阻碍生产要素区域间自由流动。此外，地方官员面临较大的政治晋升压力，具有强烈的动机发展经济规模而忽视了财政支出对创新领域的支持，导致财政分权未能有效影响区域创新偏好进而缓解产业结构扭曲水平。

在西部地区，如式（17）和式（18）所示，财政支出分权的回归系数在 10% 的置信水平下显著为正，财政收入分权的回归系数为正但是不显著，说明西部地区财政分权程度提升不利于降低产业结构扭曲程度。根据表 5 中式（23）和式（24）回归结果可知，财政支出分权与区域创新连乘式的系数在 5% 的置信水平下显著为负，财政收入分权与区域创新连乘式的系数为负但不显著，说明西部地区财政分权能够激发区域创新的间接效应，因而促进了产业结构向合意方向发展。

（五）门限效应检验与分析

前文研究发现财政分权能够通过激发区域创新的间接效应显著降低产业结构扭曲程度。为了检验财政分权对产业结构扭曲影响是否存在阈值特征，本文以区域创新为门限变量，根据 Hansen（1999）提出的面板门限模型对财政分权与产业结构扭曲进行非线性拟合，以检验财政分权对产业结构扭曲门限效应。

1. 模型构建

本文依据 Hansen（1999）提出的面板门限模型，构建如下单一门限模型，如式（5）所示：

$$DIS_{it} = \lambda_1 FD_{it} \times I(T_{it} \leq \gamma_1) + \lambda_2 FD_{it} \times I(T_{it} > \gamma_1) + \theta X_{it} + u_i + \varepsilon_{it} \quad (5)$$

式（5）中，T_{it} 为门限变量，即区域创新变量；γ_1 为待估计的门限值；$I(\gamma) = \{T_{it} \leq \gamma_1\}$ 为指示函数，当 $T_{it} \leq \gamma$ 时，$I(\gamma) = 1$，否则为 0；X_{it} 为控制变量，λ_1、λ_2、θ 为待估计参数，其余变量含义与上文相同。

2. 门限模型结果分析

在对模型进行估计前，需要确定模型是否存在门限效应，进而确定模型门限个数以及模型形式。式（5）的门限效应如表 6 所示。根据表 6 可知，无论核心解释变量选择财政支出分权还是财政收入分权，当采用区域创新作为门限变量时，门限检验结果最终确定模型存在一个门限值，即财政分权与产业结构扭曲之间均存在显著的门限效应。

表 6　　　　　　　　　　　　门限效应检验

门槛类别	变量	临界值				
		F 值	P 值	10%	5%	1%
无门槛	财政支出分权	29.05**	0.0367	24.283	29.5639	37.9973
单一门槛		13.38	0.37	22.6026	25.6301	32.0947
无门槛	财政收入分权	22.28**	0.0327	35.2765	41.8709	52.2212
单一门槛		19.37	0.231	25.5145	30.7531	37.9287

注：** 表示回归系数在 5% 的显著性水平下显著。

门限模型估计结果如表 7 所示。根据表中估计结果可知，财政分权的估计系数显著为正，说明财政分权程度提高不利于纠正产业结构失衡。具体来说，当财政支出分权为核心解释变量时，此时门限值为 9.9203，当区域创新变量值小于等于 9.9203 时，财政支出分权的回归系数为 0.2729；当区域创新变量值大于 9.9203 时，财政支出分权的回归系数为 0.2307。当财政收入分权为核心解释变量时，此时门限值为 9.9101，当区域创新变量值小于等于 9.9101 时，财政支出分权的回归系数为 0.1377；当区域创新变量值大于 9.9101 时，财政支出分权的回归系数为 0.0866，且回归系数均在 1% 的置信水平下显著。由此可见，当区域创新水平处于不同区间时，财政分权对产业结构扭曲的作用效应明显不同，财政分权对产业结构扭曲的不利影响随着区域创新水平的提升而逐渐减弱，因而提升地区创新水平有助于扭转产业结构失衡状态。

表 7　　　　　　　　　　　　门限模型回归结果

变量	财政支出		财政收入	
	系数	T 值	系数	T 值
FD-1	0.2729 ***	2.99	0.1377 ***	3.42
FD-2	0.2307 **	2.51	0.0866 ***	2.76
常数项	0.6004 ***	10.71	0.8257 ***	15.36
门槛值	9.9203		9.9101	
控制变量	YES		YES	

注：*** 、** 分别表示回归系数在 1%、5% 的显著性水平下显著。

五、研究结论与政策建议

合理的产业结构是保障经济高质量发展的内在要求。本文测算了 2007~2018 年中国 31 个省份的产业结构扭曲指数，分析了财政分权对产业结构扭曲的传导机制和作用路径。研究发现：第一，财政分权对产业结构扭曲不但存在直接影响，还会通过区域创新对产业结构扭曲产生间接影响。财政分权阻碍了产业结构向合意方向演进，即提高财政分权程度不利于纠正现有产业结构失衡程度，这与现阶段我国地方政府竞争引致的市场分割、财政资源配置低效不无相关，但是财政分权能够通过激发区域创新的间接效应显著缓解产业结构扭曲程度。第二，财政分权对产业结构扭曲的直接效应和间接效应均存在区域异质性，东部地区的直接效应和间接效应均能显著改善产业结构扭曲状态，中部地区的直接效应与间接效应均不利于缓解产业结构失衡，西部地区则能有效发挥区域创新的间接效应促进产业结构均衡发展。第三，财政分权对产业结构扭曲的影响表现出显著的门限效应，随着区域创新水平提升，财政分权对产业结构扭曲的不利影响逐渐减小，提升区域创新水平有助于削弱财政分权对产业结构扭曲的消极影响。

基于上述结论，得到政策启示包括以下三个方面：首先，需要进一步完善市场体制和法治条件，推动有效市场和有为政府更好结合。建立完善有序、开放经济竞争环境，使市场在资源配置中起决定性作用。更好发挥政府作用，充分合理利用有限财政资源，引导要素资源在产业间自由流动和高效配置，推动产业结构向合意方向演进。其次，深化财政体制改革，防止过度投资、市场保护主义、廉价土地供应等资源扭曲现象出现，引导地方政府之间良性竞争。促进区域间产业合理分工和要素资源自由流动，有效引导产业跨区域转移，实现产业结构高效协调发展。最后，提升科技创新能力，有效发挥高校和科研院所作用，深化产学研用结合，促进科技成果转移转化。加大地方政府科技支持力度，激发地方政府区域创新动力，促进区域创新效率提升。规范财政支出管理并提高政府财政支出效率，进而提升财政资源配置效率以扭转产业结构失衡。

参 考 文 献

［1］白俊红、戴玮：《财政分权对地方政府科技投入的影响》，载《统计研究》2017 年第 3 期。

［2］蔡嘉瑶、张建华：《财政分权与环境治理——基于"省直管县"财政改革的准自然实验研究》，载《经济学动态》2018 年第 1 期。

［3］陈硕：《分税制改革、地方财政自主权与公共品供给》，载《经济学（季刊）》2010 年第 4 期。

［4］储德银、建克成：《财政政策与产业结构调整——基于总量与结构效应双重视角的实证分析》，载《经济学家》2014 年第 2 期。

［5］崔志坤、李菁菁：《财政分权、政府竞争与产业结构升级》，载《财政研究》2015 年第 12 期。

［6］戴魁早、刘友金：《要素市场扭曲与创新效率——对中国高技术产业发展的经验分析》，载《经济研究》2016 年第 7 期。

［7］甘行琼、李玉姣、蒋炳蔚：《财政分权、地方政府行为与产业结构转型升级》，载《改革》2020 年第 10 期。

［8］干春晖、郑若谷、余典范：《中国产业结构变迁对经济增长和波动的影响》，载《经济研究》2011 年第 5 期。

［9］贾俊雪、应世为：《财政分权与企业税收激励——基于地方政府竞争视角的分析》，载《中国工业经济》2016 年第 10 期。

［10］李永友、周思娇、胡玲慧：《分权时序与经济增长》，载《管理世界》2021 年第 5 期。

［11］李政、杨思莹：《财政分权、政府创新偏好与区域创新效率》，载《管理世界》

2018 年第 12 期。

[12] 罗来军、蒋承、王亚章：《融资歧视、市场扭曲与利润迷失——兼议虚拟经济对实体经济的影响》，载《经济研究》2016 年第 4 期。

[13] 吕冰洋、李钊、马光荣：《激励与平衡：中国经济增长的财政动因》，载《世界经济》2021 年第 9 期。

[14] 沈小波、陈语、林伯强：《技术进步和产业结构扭曲对中国能源强度的影响》，载《经济研究》2021 年第 2 期。

[15] 孙正：《地方政府政绩诉求、税收竞争与财政可持续性》，载《经济评论》2017 年第 4 期。

[16] 陶长琪、齐亚伟：《融合背景下信息产业结构演化的实证研究》，载《管理评论》2009 年第 10 期。

[17] 王立勇、高玉胭：《财政分权与产业结构升级——来自"省直管县"准自然实验的经验证据》，载《财贸经济》2018 年第 11 期。

[18] 王永进、李宁宁：《中间品贸易自由化与要素市场扭曲》，载《中国工业经济》2021 年第 9 期。

[19] 殷德生：《最优财政分权与经济增长》，载《世界经济》2004 年第 11 期。

[20] 尹恒、张子尧：《产品市场扭曲与资源配置效率：异质性企业加成率视角》，载《经济研究》2021 年第 11 期。

[21] 张克中、王娟、崔小勇：《财政分权与环境污染：碳排放的视角》，载《中国工业经济》2011 年第 10 期。

[22] 张晏、龚六堂：《分税制改革、财政分权与中国经济增长》，载《经济学（季刊）》2005 年第 4 期。

[23] 周黎安：《晋升博弈中政府官员的激励与合作——兼论我国地方保护主义和重复建设问题长期存在的原因》，载《经济研究》2004 年第 6 期。

[24] Ando, S. and Nassar, K. B. , 2017: Indexing Structural Distortion: Sectoral Productivity, Structural Change and Growth, *Social Science Electronic Publishing*, Vol. 205, No. 17.

[25] Filippetti, A. and Sacchi, A. , 2016: Decentralization and Economic Growth Reconsidered: The Role of Regional Authority, *Environment and Planning. C*, *Government & Policy*, Vol. 34, No. 8.

[26] Grisorio, M. J. and Prota, F. , 2015: The Short and the Long Run Relationship between Fiscal Decentralization and Public Expenditure Composition in Italy, *Economics Letters*, Vol. 130, No. 5.

[27] Hansen, B. E. , 1999: Threshold Effects in Non – Dynamic Panels: Estimation, Testing, and Inference. *Journal of Econometrics*, No. 93.

[28] Hao, Y. , Chen, Y. , Liao, H. , and Wei, Y. , 2020: China's Fiscal Decentralization and Environmental Quality: Theory and an Empirical Study, *Environment and Development Economics*, Vol. 25, No. 2.

[29] Zhang, T. and Zou, H. F. , 1998: Fiscal Decentralization, Public Spending, and Economic Growth in China, *Journal of Public Economics*, Vol. 67, No. 2.

Fiscal Decentralization，Regional Innovation and Industrial Structure Distortion

Jinquan Liu　Shuai Guan

Abstract：On the basis of theoretical analysis，the degree of regional industrial structure distortion from 2007 – 2018 is measured，and the direct and indirect effects of fiscal decentralization on industrial structure distortion are empirically analyzed. It is found that（1）China's industrial structure is still distorted to a certain extent，with obvious provincial disparities，but the overall degree of distortion keeps gradually decreasing. Fiscal decentralization not only has a direct impact on the industrial structure distortion，but also has an indirect impact on the industrial structure distortion through regional innovation. In other words，the increase of fiscal decentralization aggravates the distortion of industrial structure，but fiscal decentralization can effectively alleviate the distortion of industrial structure through the indirect effect of stimulating regional innovation.（2）The direct and indirect effects of fiscal decentralization on industrial structural distortions are regionally heterogeneous. Both the direct and indirect effects in the eastern region can improve industrial structural distortions，while the direct and indirect effects in the central region are not conducive to alleviating industrial structural imbalances，while the western region significantly promotes the balanced development of industrial structure by effectively exerting the indirect effects of regional innovation.（3）The influence of fiscal decentralization on industrial structure distortion shows a significant threshold effect，and the negative influence of fiscal decentralization on industrial structure distortion gradually decreases as the level of regional innovation increases.

Keywords：Fiscal Decentralization　Regional Innovation　Industrial Structure　Direct Effect　Indirect Effect　Heterogeneity　Threshold　Effect

JEL Classification：C10　E60

智慧城市建设对经济韧性的提升效应：
内在机制与经验证据

张志彬　陈　卓　欧　玲*

摘　要： 安全是发展的前提，发展是安全的保障。增强城市经济韧性、更好统筹发展和安全是新时代经济高质量发展的现实选择。基于国家智慧城市试点政策这一准自然实验，利用 2008～2020 年中国 213 个城市的面板数据，采用多期双重差分法审慎评估智慧城市建设能否提升城市经济韧性。研究发现：智慧城市建设能显著增强城市经济韧性，该结论通过了 PSM–DID、安慰剂检验、替换被解释变量、排除相似政策干扰等多重稳健性检验，且政策效果的显现具有持续性和不断增强的特征。机制检验表明，智慧城市建设主要通过增强城市创新能力、促进城市金融发展以及推动城市产业升级等渠道提高城市经济韧性，并对邻近地区产生负向的空间溢出效应。异质性分析显示，智慧城市建设对大城市、东部城市以及高信息化水平城市经济韧性的提升效应更为明显。研究认为应合理扩大智慧城市建设范围，完善金融支撑体系，因城施策推进智慧城市，助推区域协调发展。

关键词： 智慧城市　经济韧性　空间溢出　城市更新

一、引　　言

党的二十届二中全会强调"更好统筹发展和安全，着力推动经济稳步回升、促进高质量发展"。2022 年中央经济工作会议指出，"我国经济韧性强、潜力大、活力足"。然而，俄乌冲突加剧、逆全球化等外部冲击，以及国内

* 本文受湖南省教育厅科学研究重点项目"基于激励相容的城市环境治理长效机制与政策体系研究"（20A189）、国家社会科学基金一般项目"数字技术条件下全球服务业价值链的嵌入、升级和治理研究"（22BJY046）、湖南省社会科学评审委员会项目"数字化背景下制造业服务化同群效应研究"（XSP2023JJC023）资助。
感谢匿名审稿人的专业修改意见！
张志彬：湖南科技大学商学院、区域经济高质量发展研究中心；地址：湖南省湘潭市雨湖区桃园路 2 号，邮编 411201；E-mail：zhangzhibin1979@163.com。
陈卓：湖南科技大学商学院；地址：湖南省湘潭市雨湖区桃园路 2 号，邮编 411201；E-mail：cz199806282022@163.com。
欧玲：湖南科技大学商学院；地址：湖南省湘潭市雨湖区桃园路 2 号，邮编 411201；E-mail：oulin0214@163.com。

需求收缩、供给冲击和预期转弱三重压力，使中国经济下行压力增大，宏观经济运行面临严峻挑战。城市作为经济发展的主要载体，发挥着稳定经济基本盘的重要作用。增强城市经济韧性既是应对国内外双重冲击的关键举措，也是实现经济高质量发展、推进中国式现代化的重要途径（朱金鹤、孙红雪，2021）。智慧城市作为城市发展模式的重大变革，依托大数据、云计算等新一代信息技术赋能城市建设、管理和发展，有助于增强城市创新能力和优化产业结构（王帆等，2022；张阿城等，2022），为城市经济韧性的提高创造条件。党的二十大报告也明确要求"打造宜居、韧性、智慧城市"。那么，智慧城市建设对城市经济韧性的提升效应能否得到验证？如果得以验证，其作用机制是什么？是否存在空间溢出效应和政策效果的异质性？由此，立足于经济高质量发展的时代主题和新型城市化建设的现实需要，探究智慧城市建设对城市经济韧性的政策效果及作用机制具有重要的理论和实践价值。

回顾已有研究，学者们主要讨论了技术创新、要素配置和产业结构对城市经济韧性的影响。在创新视角下，技术创新能优化企业管理模式，助推企业重构产业链、价值链关联，催生新产品和新服务，提高企业生存概率（代新玲、刘伟，2022；徐圆、张林玲，2019）。同时，渐进性创新技术以及先进的研发设计能推动产业由低附加值环节向高附加值环节演进，增强区域竞争优势，强化城市经济系统抵御冲击的能力（程广斌、靳瑶，2022）。在要素视角下，充足的金融资本和完善的金融服务体系有利于提高企业对资金的获得性，为修复供应链、产业链，提升城市经济韧性提供资本支撑（张振、付琼，2022；Christopherson et al.，2010）。此外，促进人口集聚也将对城市抗冲击能力的提升和发展路径的更新有积极作用（陈安平，2022）。在产业视角下，多样化的产业结构不仅有助于城市抵御外部冲击，也能为冲击后的适应性调整提供更大空间（徐圆、张林玲，2019）。例如，数字产业能借助"护城河效应"降低冲击的负面影响，平抑经济波动幅度，实现城市经济韧性的提升（毛丰付等，2022）。

关于智慧城市建设的政策效应研究，学者们主要探究了其在经济、环境、社会等方面产生的作用效果。第一，在经济效应上。一方面，智慧城市建设具有"虹吸效应"，通过升级基础设施、汇集人才、增加投资，有助于提高城市的创新能力（王帆等，2022）；另一方面，大数据、云计算等信息技术的广泛运用将助推企业高技术附加值业务的拓展延伸，促成高创新型产业对低创新型产业的替代，优化城市产业结构，推动城市经济可持续发展（王家庭等，2022）。第二，在环境效应上。智慧产业政策会驱动数据要素集聚，降低碳排放，智慧政务政策和智慧民生政策也将通过新一代信息技术提升城市能源供给的规划能力，释放能源效率的增长潜力，推动城市低碳绿色发展（郭庆宾、汪涌，2022）。第三，在社会效应上。智慧城市建设使社会治理的多主体之间互相协调、城市治理体系高效运转（楚尔鸣、唐茜雅，2022），促进跨区域和多部门之间的资源共享和配置优化，强化城市公共服务水平和市域社会治理能力（董宴廷、王洛忠，2021；徐晓林等，2022）。

综上所述，城市经济韧性的影响因素研究和智慧城市建设的政策效应研究已经在技术创新、产业发展等方面形成交叉，这些成果为探究智慧城市建设与城市经济韧性之间的内在逻辑提供了有益思路。然而作为新型城镇化发展到一定阶段的产物，智慧城市建设的政策效果不应局限于城市主体下的技术创新、绿色低碳、社会治理等领域，需要进一步向上层的城市经济系统延伸，从而持续推进城市经济高质量发展。

本文利用国家智慧城市试点政策这一准自然实验，选取 2008 ~ 2020 年中国 213 个城市的面板数据，采用多期 DID 模型，评估智慧城市建设对城市经济韧性的政策效果，并对其影响机制、空间溢出效应、政策效果异质性等进行实证分析。可能的边际贡献主要体现在以下三个方面：第一，在研究视角上，基于城市化和数字化互动发展的现实背景，以城市经济韧性为对象，探究智慧城市建设的实施效果，为增强我国城市经济韧性提供来自智慧城市发展方面的理论经验。第二，在理论分析上，从创新能力、金融发展和产业结构三个角度深入探究智慧城市建设提升经济韧性的作用机制，为城市制定配套政策提供了有益参考。第三，在实证检验上，运用 PSM – DID、安慰剂检验、替换被解释变量、排除相似政策干扰等方法确保了研究结论的可靠性，并进一步探究智慧城市建设的空间溢出效应和政策效果的异质性，为不同类型城市推进智慧化建设、增强经济韧性提供了经验证据。

二、政策背景与机制分析

（一）政策背景

智慧城市主要指运用物联网、云计算等新一代信息技术，推动内部多系统多主体融合，实现城市高质量发展的一种新型城市治理模式。智慧城市概念源于城市可持续发展理念，并率先由发达经济体进行实践（董宏伟、寇永霞，2014）。2004 年，韩国推出 "U – Korea" 智慧型城市发展战略。2006 年，欧盟启动欧洲智慧城市网络建设计划。2008 年，IBM 公司提出 "智慧地球" 设想。2009 年，美国迪比克市建成了世界第一个智慧城市，同年，日本也推出 "I – Japan 智慧日本战略 2015"。智慧城市已经成为世界各国推动传统城市向新型城市转型升级的重要模式。

2010 年深圳市、2011 年杭州市尝试根据自身特点设计智慧城市建设策略，由此开启了中国智慧城市的建设历程。2012 年，住房和城乡建设部办公厅发布了《关于开展智慧城市试点工作的通知》，随后公布首批国家智慧城市建设名单，2013 年、2014 年相继公布第二批和第三批试点名单。截至 2020 年末，住房和城乡建设部公布的智慧城市试点数量已经达到 290 个。2022 年，党的二十大报告又明确提出"打造宜居、韧性、智慧城市"。经过 13 年的智慧城市建设实践，现有必要在新发展阶段评估其政策效果，为中国式现代化的新型城市化发展提供经验证据。

（二）智慧城市建设提升经济韧性的机制分析

1. 技术效应

智慧城市建设通过技术效应增强城市创新能力。首先，智慧城市建设推动大数据、云计算、人工智能以及区块链等数字技术的应用和发展，会加快企业内部的知识共享和数据精准化加工处理，提高创新活动的效率和研发项目的成功率。其次，智慧交通、智慧物流、智慧城市管理等建设，有助于推动企业间的信息共享和技术外溢，使数据集成更加便利，创新主体能够以更低的成本获取和吸收具有高边际产出的知识与技能，推动更大广度、更深层次的城市创新行为（何凌云、马青山，2021）。

城市创新能力增强有利于提升城市经济韧性。一方面，城市创新能力增强意味着企业能够通过对传统产品和服务的升级改造增加消费者黏性，提高产品和服务的边际收益，弱化外部冲击对企业生产经营活动造成的不利影响，并削弱对行业和城市经济产生的波及效应，增强城市的抗风险能力。另一方面，城市创新能力的提升有助于形成以头部创新城市为中心的创新型城市群，推进先进知识和技能集聚，构建具有较强经济韧性的新兴产业体系，助推城市打破路径依赖，实现经济系统更新能力的提升。据此，本文提出：

假说 1：智慧城市建设通过技术效应增强城市创新能力，进而提升城市经济韧性。

2. 成本效应

智慧城市建设通过成本效应促进城市金融发展。首先，金融企业依托新一代信息技术，有利于在业务流程、业务开拓和客户服务等方面得到全面的智慧提升，为顾客带来更为精准和高效的智慧金融服务，推动城市内部金融业务的增长。其次，随着城市金融企业服务水平和融资能力的不断提升，将吸引更多的企业开展投融资活动，推动智慧城市银行、保险、证券、期货各类金融机构以及运营前台、特色交易机构等相关金融服务企业集聚，增强金融行业市场竞争，促进城市金融体系不断优化完善。

城市金融发展有助于提升城市经济韧性。一方面，较发达的金融产业将为企业提供更多样化的融资渠道，降低企业融资成本，尤其是通过大数据等前沿技术推动金融资本对实体经济的精准投放，将更有力地帮助中小企业缓解融资难题，降低因资金链短期周转受阻导致企业生产经营停滞的风险，从而提升城市经济的抗风险能力；另一方面，金融产业的智慧化发展，将与产业政策形成更加高效的匹配，增强对新兴产业政府补贴等专项资金的监管，强化金融资本对现代化产业体系构建的支撑作用，助推城市经济系统迭代升级能力的提高。据此，本文提出：

假说2：智慧城市建设通过成本效应促进城市金融发展，进而提升城市经济韧性。

智慧城市建设提升经济韧性的理论机制如图1所示。

图 1　智慧城市建设提升经济韧性的理论机制

3. 结构效应

智慧城市建设通过结构效应推动城市产业升级。首先，新一代信息技术的运用将推动企业组织管理、生产加工等模式变革，助推企业内部运行向科学化、数字化、智能化转变，实现对生产要素的帕累托改进，促进企业产出效率的提升和转型升级的推进。其次，智慧城市依托的科技架构，间接促进了以物联网、大数据、云计算、新能源材料等为代表的新兴产业的发展，有助于智慧城市形成优质人才等生产要素的集聚，进而加快新兴产业对传统产业的替代，加速城市产业结构升级进程（赖晓冰、岳书敬，2022；邓雅君、张毅，2013）。

城市产业升级能够提升城市经济韧性。一方面，智慧城市建设所依赖的新一代信息技术将带动研发设计、技术咨询、节能环保等一系列现代生产性服务业的兴起，积极吸纳城市就业并加强经济增长新动能，为城市经济系统抗风险能力的增强予以支撑（陈丛波、叶阿忠，2023）。另一方面，新兴产业和生产性服务业的专业化高端化发展有利于吸收和发展新思想、新技术和新方法，在城市内部实现动态积累效应，推进城市经济系统的更新升级，促进城市经济韧性的长期提升。据此，本文提出：

假说3：智慧城市建设通过结构效应推动城市产业升级，进而提升城市经济韧性。

三、研究设计与数据说明

（一）模型设定

住房和城乡建设部于2012年正式设立第一批智慧城市试点，2013年和

2014 年相继公布了第二批和第三批试点名单，基于此构建准自然实验。为确保实证检验的准确性并排除城市行政等级等因素对准自然实验的内生影响，按照以下原则对城市样本进行筛选：第一，剔除仅将市内某区或某县作为试点的城市；第二，考虑到直辖市、计划单列市、省会城市特殊的经济和行政地位，参考赖晓冰、岳书敬（2022）的做法，将该部分城市剔除；第三，剔除数据缺失严重的城市；第四，剔除研究期间撤销、新建地级市编制的城市。依照上述原则对城市样本筛选整理后，形成了 2008～2020 年 93 个试点城市和 120 个非试点城市，共 2769 个观测值的面板数据。

智慧城市试点采取逐年渐进实践的模式，而传统 DID 的使用适用于所有试点个体同时受到政策作用的情况。为此，本文构建多期 DID 模型，基准回归模型设定如下：

$$\text{score}_{it} = \alpha_0 + \alpha_1 \text{did}_{it} + \sum \beta_j X_{it} + \gamma_t + \mu_i + \varepsilon_{it} \qquad (1)$$

其中，i 表示城市，t 表示年份；score_{it} 为城市经济韧性；did_{it} 为组别虚拟变量和政策实施时间虚拟变量的交互项，表示城市 i 在 t 年是否处于智慧城市试点状态；X_{it} 表示一系列城市层面的控制变量；γ_t、μ_i 分别表示时间固定效应和个体固定效应；ε_{it} 表示随机误差项。

为进一步验证智慧城市建设提升城市经济韧性的理论机制，构建中介效应模型如下：

$$\text{score}_{it} = \alpha_0 + \alpha_1 \text{did}_{it} + \alpha_2 \text{inn}_{it} + \alpha_3 \text{did}_{it} \times \text{inn}_{it} + \sum \beta_j X_{it} + \gamma_t + \mu_i + \varepsilon_{it}$$
$$(2)$$

$$\text{score}_{it} = \alpha_0 + \alpha_1 \text{did}_{it} + \alpha_2 \text{fin}_{it} + \alpha_3 \text{did}_{it} \times \text{fin}_{it} + \sum \beta_j X_{it} + \gamma_t + \mu_i + \varepsilon_{it}$$
$$(3)$$

$$\text{score}_{it} = \alpha_0 + \alpha_1 \text{did}_{it} + \alpha_2 \text{ind}_{it} + \alpha_3 \text{did}_{it} \times \text{ind}_{it} + \sum \beta_j X_{it} + \gamma_t + \mu_i + \varepsilon_{it}$$
$$(4)$$

其中，inn_{it} 为城市 i 在 t 年的创新能力；fin_{it} 为城市 i 在 t 年的金融发展水平；ind_{it} 为城市 i 在 t 年的产业结构情况，其他变量与基准回归模型设定一致。

（二）变量选取和数据说明

1. 被解释变量

城市经济韧性（score）。城市经济韧性主要指经济系统应对冲击时的稳定性及重新配置资源的能力（Martin，2012）。从具体内涵来看，包括抵抗力、恢复力、调整力和转型力四个方面，考虑到城市经济系统的抵抗力与恢复力存在较强的内在相关性，难以从数据层面将两者精准区分测度（丁建军等，2020）。因此，本文参考朱金鹤、孙红雪（2021）、丁建军等（2020）的做法从抵抗与恢复力、适应与调整力、创新与转型力三个维度构建城市经济韧性的评价指标体系，再运用熵值法测算城市经济韧性，具体如表 1 所示。

表 1　　　　　　　　　　　　城市经济韧性的评价指标体系

一级指标	二级指标	属性	权重
抵抗与恢复力	人均生产总值（万元）	+	0.0763
	城镇登记失业率（%）	−	0.0119
	外贸依存度（%）	−	0.0003
	城乡居民储蓄余额（万元）	+	0.0856
	城镇居民人均可支配收入（万元）	+	0.0174
适应与调整力	全社会固定资产投资额（万元）	+	0.0867
	社会消费品零售总额（万元）	+	0.0982
	财政自给率（%）	+	0.0402
	财政支出水平（万元）	+	0.0548
	金融机构存款占比（%）	+	0.0089
创新与转型力	产业结构高级化指数	+	0.0055
	财政教育支出（万元）	+	0.0609
	财政科技支出（万元）	+	0.1912
	专利授权数（件）	+	0.2621

注：参考巩灿娟等（2022）的研究，产业结构高级化指数 = 一产 GDP 占比 × 1 + 二产 GDP 占比 × 2 + 三产 GDP 占比 × 3。

2. 解释变量

智慧城市建设（did）。基于国家智慧城市试点政策的准自然实验，通过目标城市是否为试点单位，从而对该城市的智慧城市建设进行衡量，其中智慧城市试点政策为组别虚拟变量和政策实施时间虚拟变量的交互项。对于非试点城市，对应的组别虚拟变量和政策实施时间虚拟变量均为 0；对于试点城市，组别虚拟变量为 1，而政策实施时间虚拟变量在实施当年及以后年份设定为 1，其余年份为 0。

3. 中介变量

（1）城市创新能力（inn）。现有研究主要从城市专利的申请数或授权数衡量城市的创新能力，但专利的申请数或授权数往往存在较多缺失值，可能导致回归结果受到异常值的显著影响。而且，城市专利的申请数或授权数普遍存在"专利泡沫"的现象，低质的实用新型和外观设计专利主要体现出实用性与新颖性，难以准确反映城市真实的创造特性。因此，本文参考程聪慧、钟燕（2023）的做法，使用基于国家知识产权局的专利数据、国家市场监督管理局的企业注册资本数据综合测算的城市创新指数对城市创新能力进行衡量。

（2）城市金融发展（fin）。金融发展主要表现为金融交易规模的扩大和金融产业的高度化带来金融效率的持续提高。金融交易规模的扩大反映为城市金融资产规模占总体实物资产的比重，而金融产业效率的持续提高也将带动城市金融业务在本地和邻地的广泛延伸，从而进一步推动城市金融产业规模的增长。因此，参考常皓亮（2023）、谢丽娟等（2023）的做法，通过城市金融机构年末存贷款余额与 GDP 之比衡量城市金融发展水平。

（3）城市产业结构（ind）。产业结构是指农业、工业和服务业在地区经济结构中所占的比重。一般来说，产业结构主要通过反映各产业之间均衡协调的产业结构合理化指数或反映产业结构朝着"服务化"过程升级的产业结构高级化指数进行衡量。本文主要考虑的是智慧城市建设情境下新一代信息技术的运用所推动的企业生产效率的提升和新兴产业的发展，因此，参考钟坚、王锋波（2022）的做法，使用产业结构高级化指数衡量城市产业结构。

4. 控制变量

借鉴方慧、周晓宇（2022）和湛泳、李珊（2022）等研究，本文选择城市层面的控制变量具体包括：一是人口规模（pop），以城市年末户籍人口衡量，取对数处理；二是交通便利性（inf），以城市每平方公里道路长度衡量，取对数处理；三是人均资本存量（cap），以城市户籍人口平均拥有的资本存量水平进行衡量，取对数处理；四是财政支出水平（gov），以地方财政一般预算内支出衡量，取对数处理。

（三）变量描述性统计

从表 2 的变量描述性统计来看，城市经济韧性的最大值为 0.857，最小值为 0.008，标准差达到 0.091，说明城市之间的经济韧性存在明显差异，城市经济发展水平、人口规模等特征差异导致各城市经济系统在应对内外部风险冲击时呈现不同的韧性表现。同时，从标准差来看，众多变量也均在城市个体间表现出明显的差异，说明控制变量的选取具有合理性。

表 2　　　　　　　　　　　　变量描述性统计

变量类型	变量符号	变量名称	观测值	均值	标准差	最小值	最大值
被解释变量	score	城市经济韧性	2769	0.122	0.091	0.008	0.857
解释变量	did	智慧城市试点	2769	0.239	0.426	0.000	1.000
中介变量	inn	城市创新能力	2769	5.272	13.487	0.010	219.333
	fin	城市金融发展	2769	2.089	0.780	0.560	6.905
	ind	城市产业结构	2769	237.156	13.206	172.140	281.580

续表

变量类型	变量符号	变量名称	观测值	均值	标准差	最小值	最大值
控制变量	pop	人口规模	2769	5.793	0.662	2.923	7.138
	inf	交通便利性	2769	5.940	1.267	1.955	9.708
	cap	人均资本存量	2769	11.413	0.773	9.135	13.643
	gov	财政支出水平	2769	14.503	0.685	11.470	16.313

四、实证结果分析

（一）基准回归结果

为评估智慧城市建设对城市经济韧性的政策效果，对式（1）进行回归，回归中均使用聚类稳健标准误，以缓解样本异方差问题，基准回归结果见表 3。表 3 列（1）中未加入控制变量以及时间固定效应和个体固定效应，智慧城市建设在 1% 水平下显著为正，初步表明智慧城市建设对城市经济韧性的提升作用；列（2）中控制了时间固定效应和个体固定效应，智慧城市建设依然显著为正，而且系数相对于未双向固定前有明显减小，表明采用双向固定效应能够有效缓解随时间变化量和随个体变化量对智慧城市政策效果评估的干扰；列（3）至列（6）中逐步加入人口规模、交通便利性、人均资本存量、财政支出水平等因素，智慧城市建设仍在 1% 水平下显著为正，表明智慧城市建设的确对城市经济韧性提升具有明显的促进效应。

表 3　　　　　　　　　　　　　　基准回归结果

变量	（1）	（2）	（3）	（4）	（5）	（6）
did	0.0761*** (0.0051)	0.0246*** (0.0031)	0.0234*** (0.0030)	0.0231*** (0.0030)	0.0226*** (0.0030)	0.0243*** (0.0030)
pop			0.1402*** (0.0231)	0.1543*** (0.0218)	0.1587*** (0.0213)	0.1212*** (0.0199)
inf				0.0214*** (0.0042)	0.0201*** (0.0042)	0.085*** (0.0040)
cap					0.0146*** (0.0056)	0.0004 (0.0058)
gov						0.0595*** (0.0061)

续表

变量	（1）	（2）	（3）	（4）	（5）	（6）
_cons	0.1042 *** (0.0015)	0.2090 *** (0.0129)	− 0.7143 *** (0.1532)	− 0.9521 *** (0.1470)	− 1.1371 *** (0.1542)	− 1.5816 *** (0.1469)
时间固定效应	否	是	是	是	是	是
个体固定效应	否	是	是	是	是	是
N	2769	2769	2769	2769	2769	2769
R^2	0.1260	0.8663	0.8720	0.8742	0.8748	0.8802

注：*** 表示回归系数在 1% 的置信水平下显著，括号内为城市层面的聚类稳健标准误。

从控制变量的回归结果来看，人口规模和交通便利性对城市经济韧性的提升呈现显著的促进作用。人口规模越大意味着城市经济拥有更大的市场体量，市场需求的旺盛和劳动力市场的有力供给有助于缓解内外部冲击对经济系统供需两端的负面影响，实现城市经济的快速复苏和持续增长。区域交通网络密集度越高，越有利于资源汇集和产业集聚，进而促进知识和技能外溢，提高区域创新效率，为城市经济韧性的增强提供技术支撑。人均资本存量虽然对城市经济韧性也呈现正向作用，但效果并不显著。财政支出水平会显著增强城市经济韧性，原因主要在于地方财政支出能推动地区公共服务、社会保障、交通运输等向好发展，以建设基础设施、改善营商环境、扶持战略产业等为核心的财政支出将为城市经济韧性的长期增长提供内源动力。

（二）平行趋势检验

双重差分法的使用需要保证被解释变量在处理组和对照组中具有相同的演化趋势，因此，本文需要考察城市经济韧性是否在两组样本中具有平行趋势的特征。除此之外，由于试点城市基础设施、实施强度等条件的不同，智慧城市试点的政策效果可能存在滞后性，导致智慧城市建设对城市经济韧性呈现动态效应。基于以上两点原因，本文借鉴 Beck et al.（2010）的方法，使用事件分析法对样本开展平行趋势检验，构建动态模型如下：

$$score_{it} = \beta_0 + \sum_{k \geqslant -4}^{8} \beta_k D_{it}^k + \sum \delta_j X_{it} + \gamma_t + \mu_i + \varepsilon_{it} \tag{5}$$

其中，D_{it}^k 表示智慧城市试点政策这一事件的虚拟变量，具体说明如下：假定 i 城市被批准为智慧城市试点地区的年份为 $time_i$，令 $k = year - time_i$。如果 $k \leqslant -4$，则定义 $D_{it}^{-4} = 1$，否则为 0（为避免多重共线性，将 $k = -6$，-5 归并到 -4）；当 $k = -3$，-2，…，7，8 时，相应的 $D_{it}^k = 1$，否则为 0。其他变量与基准回归模型含义一致。模型中，将智慧城市试点政策设定当年作为基准年份，并通过图示法对政策前的平行趋势和政策后的动态效应进行检验。

从图2平行趋势检验结果来看，在试点政策实施之前，处理组和对照组的城市经济韧性并不存在显著区别，满足政策实施前的平行趋势假设。同时，在智慧城市试点政策实施之后，智慧城市建设的政策效果开始显现，而且随着实施时间的推移，技术效应、成本效应和结构效应不断累积加强，智慧城市建设的规模效应凸显，对城市经济韧性的提升作用呈现显著增强的趋势。由此说明，智慧城市建设对城市经济韧性的影响不存在缓冲期和消化期，且政策效果的展现具有持续性和不断增强的特征。

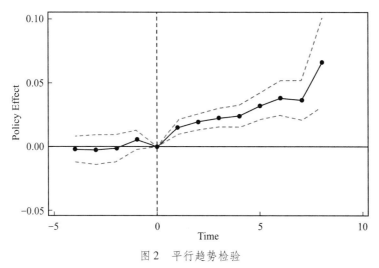

图2　平行趋势检验

注：实现为逐渐估计系数 β_k，虚线是估计参数的95%上下置信区间。

（三）稳健性检验

基准回归结果表明，智慧城市建设能够显著增强试点城市经济韧性。为了缓解内生性问题、排除不可观测因素、变量测算误差、其他相似政策等对结论的干扰，本文通过 PSM – DID、安慰剂检验、替换被解释变量、排除相似政策干扰以及连续变量缩尾处理等多个维度进行稳健性检验，确保研究结果的可靠性。

1. PSM – DID

为了充分体现智慧城市建设的政策效果，相关部门在试点单位的确认过程中，可能会偏向于选择人口较多、投资环境较好、交通更为便利的一批具有比较优势的城市进行试点，虽然本文已将具有较高经济和行政地位的城市排除在样本之外，但智慧城市试点的选择依然可能受到非随机性因素的影响。因此，为缓解样本选择性偏误造成的内生性问题，准确评估智慧城市建设对城市经济韧性的政策效应，本文参考 Heckman et al.（1998）以及王锋、葛星（2022）的研究，运用 PSM – DID 方法缓解样本选择性偏误，选择人口规模、交通便利性、人均资本存量和财政支出水平等城市的特征条件作为协变量。

为增强 PSM – DID 的准确性，本文采用三种方式对样本进行匹配。第一，采用一对四近邻匹配法进行匹配。第二，采用半径匹配法进行匹配，卡尺选择 0.01。第三，采用核匹配法进行匹配。以上三种方法中，所有变量在匹配后的标准化偏差均显著下降。同时，在共同支撑检验中，绝大多数观测值均落在了共同取值范围，说明 PSM – DID 的使用是合适的。表 4 汇报了三种匹配方法下的 DID 回归结果，结果均表明智慧城市建设能够提升城市经济韧性。

表 4   PSM – DID 回归结果

变量	邻近匹配法	半径匹配法	核匹配法
did	0.0152 *** (0.0028)	0.0194 *** (0.0027)	0.0195 *** (0.0027)
控制变量	是	是	是
时间固定效应	是	是	是
个体固定效应	是	是	是
N	2395	2730	2732
R^2	0.8757	0.8734	0.8735

注：*** 表示回归系数在 1% 的置信水平下显著，括号内为城市层面的聚类稳健标准误。

2. 安慰剂检验

虽然本文控制了影响智慧城市建设政策效应的相关变量、时间固定效应和个体固定效应，并考察了模型可能存在的内生性问题，但仍有概率存在其他的非观测因素干扰智慧城市建设的估计结果。为此，借鉴 Cai et al. (2016) 以及刘伟明、周正清（2020）的研究，采取处理组随机化的方法，通过在样本中随机抽取 93 个城市作为虚拟的智慧城市试点名单，从而产生伪试点政策变量，再得到实施城市安慰剂的智慧城市试点政策对城市经济韧性影响的系数估计值，将此过程重复 500 次，最后绘制 500 个系数估计值的核密度分布和 p 值结果。

在图 3 安慰剂检验中，垂直虚线表示基准回归结果中智慧城市建设的估计系数 0.0243 所处的具体位置。水平虚线是 $p = 0.1$，散点若在水平虚线下方说明至少在 10% 的水平下显著，可以发现系数估计值和 p 值落在零值附近且服从正态分布，绝大多数的 p 值在水平虚线上方，说明绝大多数的回归结果并不显著，即智慧城市建设对城市经济韧性的政策效果几乎没有受到其他不可观测因素的影响。

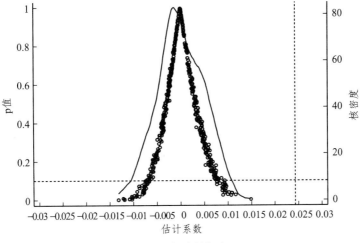

图 3　安慰剂检验

3. 替换被解释变量

城市经济韧性的测度除了通过构建评价指标体系外，部分学者也使用 Martin et al. (2016) 提出的敏感性指数法对城市经济韧性进行衡量，该方法使用就业率或地区生产总值的实际变化与预期变化的比较，得到城市经济在某时期的抵抗力或恢复力。参考苏任刚、赵湘莲（2022）的做法，使用地区生产总值计算城市经济韧性，具体测算如下：

$$\mathrm{uer}_t^i = \frac{(E_t^i - E_{t-1}^i)/E_{t-1}^i - (E_t^N - E_{t-1}^N)/E_{t-1}^N}{|(E_t^N - E_{t-1}^N)/E_{t-1}^N|} \tag{6}$$

其中，N 为城市全样本；uer_t^i 为 i 城市 t 年的城市经济韧性；E_t^i 为 i 城市 t 年的地区生产总值；E_t^N 为城市全样本 t 年的地区生产总值。表 5 的列（1）汇报了替换城市经济韧性测度方式后的回归结果，可以发现基准回归结的结论是稳健的。

表 5　　　　　　　　　　　　　　稳健性检验结果

变量	替换被解释变量	排除创新城市试点干扰	连续变量缩尾处理
	（1）	（2）	（3）
did	0.0996 * （0.0566）	0.0243 *** （0.0030）	0.0211 *** （0.0027）
控制变量	是	是	是
时间固定效应	是	是	是
个体固定效应	是	是	是

续表

变量	替换被解释变量	排除创新城市试点干扰	连续变量缩尾处理
	（1）	（2）	（3）
N	2769	2769	2769
R^2	0.2018	0.8802	0.8879

注：*、***分别表示回归系数在 10%、1% 的置信水平下显著，括号内为城市层面的聚类稳健标准误。

4. 排除相似政策干扰

在评估智慧城市建设对城市经济韧性的影响时，难以避免地会受到其他相似政策的干扰，导致对智慧城市建设政策效果的低估或者高估。通过梳理同期的相关政策，发现《国家发展改革委关于推进国家创新型城市试点工作的通知》即创新型城市试点政策可能造成基准回归的偏差。为排除创新型城市试点政策的干扰，参考王锋、葛星（2022）的做法，在基准回归中加入创新型城市试点政策的虚拟变量，用 innocity 表示。某城市当年若属于国家创新型城市试点，则 innocity 取 1，反之取 0。从表 5 的列（2）回归结果发现，无论是否加入创新型城市试点政策，智慧城市建设均能显著提升城市经济韧性。

5. 连续变量缩尾处理

为避免指标异常值对基准回归结果的影响，对所有连续变量进行首尾 1% 水平的缩尾处理，再重新对基准模型进行回归。表 5 的列（3）估计结果表明，在处理极端值后，智慧城市建设依然在 1% 的水平下显著为正，对城市经济韧性的提升具有促进作用。

五、进一步研究

（一）机制检验

智慧城市建设主要通过技术效应增强城市创新能力、成本效应促进城市金融发展、结构效应推动城市产业升级，进而强化城市经济韧性。本文通过加入智慧城市建设变量与机制变量交互项的方法，对影响机制进行检验，回归模型见式（2）至式（4）。同时，为缓解变量之间可能存在的多重共线性问题，对交互项变量进行了中心化处理。

1. 技术效应检验

表 6 中列（1）和列（2）是智慧城市建设技术效应的检验结果，回归结果表明，无论是否加入控制变量，智慧城市建设（did）与城市创新能力（inn）的交乘项系数均在 1% 水平下显著为正，说明智慧城市建设通过技术

效应能够推动企业内部创新环节的信息集成和数据共享，加快企业间的技术外溢，使创新主体以更低的成本获取知识与技术，赋能城市智慧化、数字化转型，进而整体提升城市创新水平，为城市经济系统抗风险能力和发展路径更新能力的增强提供技术性支撑。假说1得到验证。

表6　　　　　　　　　　　　　　　机制检验结果

变量	技术效应		成本效应		结构效应	
	（1）	（2）	（3）	（4）	（5）	（6）
did	0.0142 *** （0.0022）	0.0140 *** （0.0020）	0.0223 *** （0.0029）	0.0223 *** （0.0028）	0.0204 *** （0.0027）	0.0200 *** （0.0026）
did × inn	0.0027 *** （0.0002）	0.0027 *** （0.0002）				
did × fin			0.0112 ** （0.0045）	0.0103 ** （0.0039）		
did × ind					0.0010 *** （0.0002）	0.0011 *** （0.0002）
控制变量	否	是	否	是	否	是
时间固定效应	是	是	是	是	是	是
个体固定效应	是	是	是	是	是	是
N	2769	2769	2769	2769	2769	2769
R^2	0.9007	0.9135	0.8672	0.8809	0.8684	0.8825

注：**、***分别表示回归系数在5%、1%的置信水平下显著，括号内为城市层面的聚类稳健标准误。

2. 成本效应检验

表6中列（3）和列（4）汇报了智慧城市建设成本效应的检验结果，智慧城市建设（did）与城市金融发展水平（fin）的交乘项系数在5%水平下显著为正，说明智慧城市建设依托的新一代信息技术的应用，有助于发挥智慧城市建设的成本效应，有效促进金融企业便捷性、灵活性和高效性发展，强化城市金融业务往来，从而平滑城市经济系统面对外部冲击时的融资风险，提升城市经济韧性。假说2得到验证。

3. 结构效应检验

表6中列（5）和列（6）反映了智慧城市建设结构效应的回归结果，智慧城市建设（did）与城市产业结构情况（ind）的交乘项系数在有无控制变量情况下均为正值，且在1%水平下显著，说明智慧城市建设具有结构效应，有助于推动企业产出效率的提升和转型升级的推进，加快新兴产业对传统产业的替代，加速城市产业结构朝着"服务化"方向升级，从而构建联系更为

紧密、运行更为高效的产业网络，增强城市经济韧性。假说 3 得到验证。

（二）空间溢出效应

随着中国城镇化水平的不断提高以及数字技术在经济社会中愈加广泛的应用，城市空间单元之间的经贸往来、技术交流等较以往任何时期都更为紧密。面对内外部冲击时，城市经济的稳定将为所在地区的整体经济稳定提供积极的支撑。因此，智慧城市建设对城市经济韧性的政策效果可能在地理空间上产生溢出效应。本文通过构建空间权重矩阵，采用三类空间双重差分模型考察智慧城市建设的空间溢出效应。

空间滞后双重差分模型（SAR – SDID）：

$$score_{it} = \alpha_1 did_{it} + \rho W \times score_{jt} + \sum \beta_j X_{it} + \gamma_t + \mu_i + \varepsilon_{it} \tag{7}$$

空间误差双重差分模型（SEM – SDID）：

$$score_{it} = \alpha_1 did_{it} + \sum \beta_j X_{it} + \gamma_t + \mu_i + \pi_{it} \tag{8}$$

$$\pi_{it} = \delta W \pi_{jt} + \varepsilon_{it} \tag{9}$$

空间杜宾双重差分模型（SDM – SDID）：

$$score_{it} = \rho W \times score_{jt} + \alpha_1 did_{it} + \theta_1 W \times did_{jt} + \sum \beta_j X_{it}$$
$$+ \sum \sigma_j W \times X_{jt} + \gamma_t + \mu_i + \varepsilon_{it} \tag{10}$$

其中，W 为空间权重矩阵，借鉴王旺、强皓凡（2023）的研究，使用经济距离矩阵作为空间权重矩阵，该矩阵通过样本期内城市人均 GDP 均值之间差值绝对值的倒数构成，其余变量与基准回归模型含义一致。

表 7 汇报了智慧城市建设空间溢出效应的检验结果，三种空间双重差分模型下智慧城市建设的回归系数均在 1% 水平下显著为正，表明在控制了变量的空间相关性后，智慧城市建设对城市经济韧性仍具有显著的增强效应。同时，通过 SAR – SDID 模型和 SDM – SDID 模型效应的分解效果来看，智慧城市建设对试点地区的邻近城市存在削弱域内经济韧性的空间溢出效应，但是该空间溢出效应在 SAR – SDID 模型中具有显著性，在 SDM – SDID 模型中则不具有显著性，说明智慧城市建设虽然会对试点地区邻近城市的人力资本、金融业务、新兴产业等产生"虹吸效应"，抑制邻近城市经济韧性的提升，但由于试点城市智慧化建设整体仍处于初级阶段，这种消极的空间溢出效应并没有表现出一致的显著性效果。

表 7　　　　　　　　　　空间溢出效应检验结果

变量	SAR – SDID		SEM – SDID		SDM – SDID	
	（1）	（2）	（1）	（2）	（1）	（2）
did	0.0244 *** (0.0076)	0.0243 *** (0.0072)	0.0246 *** (0.0076)	0.0244 *** (0.0072)	0.0245 *** (0.0076)	0.0207 *** (0.0069)

续表

变量	SAR – SDID		SEM – SDID		SDM – SDID	
	（1）	（2）	（1）	（2）	（1）	（2）
直接效应	0.0248 *** (0.0079)	0.0246 *** (0.0074)			0.0247 *** (0.0079)	0.0210 *** (0.0071
间接效应	– 0.0034 ** (0.0015)	– 0.0024 * (0.0015)			0.0044 (0.0172)	– 0.0029 (0.0146)
总效应	0.0214 *** (0.0068)	0.0222 *** (0.0066)			0.0291 * (0.0176)	0.0181 (0.0151)
控制变量	否	是	否	是	否	是
时间固定效应	是	是	是	是	是	是
个体固定效应	是	是	是	是	是	是
N	2769	2769	2769	2769	2769	2769
R^2	0.2114	0.6131	0.2441	0.6136	0.2887	0.4103

注：*、**、*** 分别表示回归系数在 10%、5%、1% 的置信水平下显著，括号内为城市层面的聚类稳健标准误。

（三）异质性分析

通过理论分析和实证检验，智慧城市建设能显著提升城市经济韧性。然而，由于城市规模等内部特征的不同，智慧城市试点的政策效果可能存在显著的差异性。因此，本文从城市规模、区位、信息化水平等维度探究智慧城市建设对城市经济韧性的异质性政策效果。

1. 城市规模异质性

一般而言，与中小城市相比，大城市往往具有更雄厚的产业基础、更具发展潜力市场规模和消费需求，从而影响智慧城市试点政策对城市经济韧性的增强效果。因此，本文根据《国务院关于调整城市规模划分标准的通知》，以城区常住人口为依据①，将样本划分为大城市和中小城市两组。回归结果如表 8 中列（1）和列（2）所示，大城市和中小城市智慧城市试点政策均显著提升了城市经济韧性，但大城市智慧城市试点的政策效果明显强于中小城市。原因可能在于，大城市相较于中小城市具有更为成熟的智慧城市建设基础。大城市复杂的产业网络、庞大的消费市场形成了更加交织互联的经济

---

① 关于城市规模的划分，根据《国务院关于调整城市规模划分标准的通知》，以城区常住人口为依据，将城市划分为五类七档。城区常住人口 1000 万以上的城市为超大城市，500 万以上 1000 万以下的为特大城市，100 万以上 500 万以下的为大城市，50 万以上 100 万以下的为中等城市，50 万以下的为小城市。

体系网络，引致数字技术对城市创新、金融发展、产业升级的促进效应更为明显且高效。

表 8　　　　　　　　　　　　　　　异质性回归结果

变　量	城市规模异质性		城市区位异质性		城市信息化水平异质性	
	大城市	中小城市	东部城市	非东部城市	高信息化城市	低信息化城市
	（1）	（2）	（3）	（4）	（5）	（6）
did	0.0379 ***	0.0113 ***	0.0682 ***	0.0095 ***	0.0378 ***	0.0046 ***
	（0.0086）	（0.0021）	（0.0078）	（0.0018）	（0.0045）	（0.0012）
控制变量	是	是	是	是	是	是
时间固定效应	是	是	是	是	是	是
个体固定效应	是	是	是	是	是	是
N	468	2301	728	2041	1378	1391
R^2	0.8995	0.8765	0.9038	0.8800	0.8967	0.9188

注：*** 表示回归系数在 1% 的置信水平下显著，括号内为城市层面的聚类稳健标准误。

2. 城市区位异质性

中国东部地区较好的经济条件以及相对较小的行政区域面积使其具有更为便利的交通网络，而且位于沿海的区位优势也使其与国际交流更加频繁且密切，这种地理优势可能造成智慧城市建设的政策效果在区位上存在异质性。本文根据国家统计局的地区划分标准①，将样本城市划分为东部地区城市和非东部地区城市。从表 8 中列（3）和列（4）的回归结果可以发现，智慧城市建设对东部地区城市的经济韧性具有更为明显的促进效果。原因可能在于，东部地区更为便利的交通网络和沿海区位优势，使得该地区城市既能更为充分地利用东部地区较高质量的要素资源，也能更加便利地吸引国外要素资源进入，从而在智慧城市建设中实现优质的资源配置，更加明显地提升城市经济韧性。

3. 城市信息化水平异质性

智慧城市建设的着力点在于提高城市的数字化水平，而数字化又是信息化发展的高级阶段，因此，城市间不同的信息化基础可能会对智慧城市建设的政策效果产生异质性影响。借鉴蒋含明（2019）以及刘生龙、胡鞍钢（2010）的做法，采用邮电业务总量这一比较综合的指标来反映城市的信息

---

① 关于城市区位的划分，按照国家统计局的统计标准规范，东部地区包括北京、天津、河北、上海、江苏、浙江、福建、山东、广东、海南 10 个省份。

化水平，再通过中位数将样本分为高信息化城市和低信息化城市。回归结果如表 8 中列（5）和列（6）所示，对于高信息化水平的城市而言，智慧城市建设增强城市经济韧性的政策效果远强于低信息化水平的城市。原因可能在于，高信息化水平城市在推动数字产业化和产业数字化方面具备更有优势的资源禀赋和更加旺盛的市场需求，从而对智慧城市建设赋予更强的内生发展动力，强化智慧城市建设的政策效果。

六、结论及政策建议

智慧城市建设是提升城市经济韧性、实现经济高质量发展的重要举措。本文使用多期 DID 模型评估了智慧城市建设对城市经济韧性的政策效应，并进行了一系列深入研究，主要得出以下结论：第一，智慧城市建设对城市经济韧性具有显著的提升效应，而且政策效果的显现具有持续性和不断增强的特征，该结果通过了一系列稳健性检验。第二，智慧城市建设主要通过技术效应增强城市创新能力、成本效应促进城市金融发展、结构效应推动城市产业升级，进而提升城市经济韧性，并对邻近城市经济韧性存在抑制的空间溢出效应。第三，智慧城市建设对不同规模、区位和信息化水平的城市均具有显著的政策效果，其中，对大城市、东部城市以及高信息化水平城市经济韧性的增强呈现更加积极的促进效应。据此，提出以下政策建议：

（1）合理扩大智慧城市建设范围，提高试点建设质量。首先，应根据各城市实际发展情况，科学合理地扩大智慧城市试点范围，促进智慧城市在更大行政区域和市场规模下实现信息互联互通与数据共享交换，拓展数字技术在区域经济和产业发展中的高效渗透与多方互动，释放智慧化建设的规模经济和协同效应。其次，持续提升智慧城市建设的整体统筹规划和协调管理能力，以智慧城市建设指标为抓手，加强对各城市主体的实际指导，强化对城市智慧化发展的指导性、前瞻性，防止重复建设和滞后建设，提高试点建设质量。对不同城市采取梯形评估标准，以高标准高要求核验较发达城市的智慧化建设。例如，大城市应具备更敏感的大数据分析预测及风险预警能力，为增强经济韧性提供技术性支撑。

（2）完善金融支撑体系，强化创新对产业结构升级驱动力。一方面，城市政府应加大对智慧产业、数字产业的扶持，鼓励产业基金、股权投资发展，有序引导社会资本参与智慧城市建设，吸引大数据、人工智能等数字产业集聚。同时，鼓励金融企业先试先行，创新信贷模式和金融产品，推动金融机构和金融企业数字化转型，降低金融服务门槛。另一方面，拓展智能技术的创新模式和优选路径，加快大数据平台、物联网和人工智能技术的深入应用，扩大数字技术在城市智能化建设中的应用场景。同时，积极运用数字技术了解市场动态，及时推动产业向智能化方向发展，催生"互联网＋"、智慧服务等新兴产业，实现数字技术、产业升级和城市更新的有效融合，充分释放智慧化建设提升经济韧性的正向效应。

（3）因城施策推进智慧城市，助推区域协调发展。一方面，大城市、东部城市和高信息化水平城市应着力打造多级网络联动互通的城市更新组织模式，不断开拓并实践智慧化发展新思路。中小城市、中西部城市和低信息化水平城市应避免在智慧化建设中全盘铺开，加强对城市设施的智能集合。另一方面，应加大城市间空间关联，完善城市发展的知识和技术共享机制，加快较发达城市先进技术、优质要素的外向流动，从而解决中小城市、中西部城市和低信息化水平城市在新型城市化建设中资源配置低效等问题，推动区域的协调发展。

参 考 文 献

［1］常皓亮：《数字经济、绿色技术创新与碳排放强度——基于我国城市面板数据的经验研究》，载《商业研究》2023 年第 2 期。

［2］陈安平：《集聚与中国城市经济韧性》，载《世界经济》2022 年第 1 期。

［3］陈丛波、叶阿忠：《数字经济促进经济增长的城市异质性研究》，载《统计与信息论坛》2023 年第 4 期。

［4］程聪慧、钟燕：《科技人才政策影响城市创新的路径研究》，载《科研管理》2023 年第 3 期。

［5］程广斌、靳瑶：《创新能力提升是否能够增强城市经济韧性?》，载《现代经济探讨》2022 年第 2 期。

［6］楚尔鸣、唐茜雅：《智慧城市建设提升市域社会治理能力机制研究——来自中国智慧城市试点的准自然试验》，载《中南大学学报（社会科学版）》2022 年第 4 期。

［7］代新玲、刘伟：《产业数字化、技术创新与城市经济韧性》，载《中国流通经济》2022 年第 12 期。

［8］邓雅君、张毅：《智慧城市建设对促进中国转变经济发展方式的作用路径》，载《电子政务》2013 年第 12 期。

［9］丁建军、王璋、柳艳红、余方薇：《中国连片特困区经济韧性测度及影响因素分析》，载《地理科学进展》2020 年第 6 期。

［10］董宏伟、寇永霞：《智慧城市的批判与实践——国外文献综述》，载《城市规划》2014 年第 1 期。

［11］董宴廷、王洛忠：《智慧城市建设与城市公共服务水平——基于智慧城市试点的准自然试验》，载《城市问题》2021 年第 10 期。

［12］方慧、周晓宇：《海外人才回流对中国城市创新的影响研究——基于中国 256 个地级市的分析》，载《产业经济评论（山东大学）》2022 年第 3 期。

［13］巩灿娟、张晓青、徐成龙：《中国三大城市群经济韧性的时空演变及协同提升研究》，载《软科学》2022 年第 5 期。

［14］郭庆宾、汪涌：《城市发展因智慧而绿色吗?》，载《中国软科学》2022 年第 9 期。

[15] 何凌云、马青山：《智慧城市试点能否提升城市创新水平？——基于多期 DID 的经验证据》，载《财贸研究》2021 年第 3 期。

[16] 蒋含明：《外商直接投资知识溢出、信息化水平与技术创新能力》，载《江西财经大学学报》2019 年第 1 期。

[17] 赖晓冰、岳书敬：《智慧城市试点促进了企业数字化转型吗？——基于准自然实验的实证研究》，载《外国经济与管理》2022 年第 10 期。

[18] 刘生龙、胡鞍钢：《基础设施的外部性在中国的检验：1988—2007》，载《经济研究》2010 年第 3 期。

[19] 刘伟明、周正清：《中国的环境政策对经济高质量发展的影响研究——来自"双控区"试验的证据》，载《城市问题》2020 年第 12 期。

[20] 毛丰付、胡承晨、魏亚飞：《数字产业发展与城市经济韧性》，载《财经科学》2022 年第 8 期。

[21] 苏任刚、赵湘莲：《制造业升级、信息网络发展与城市经济韧性》，载《经济与管理》2022 年第 1 期。

[22] 王帆、章琳、倪娟：《智慧城市影响企业创新的宏观机制研究》，载《中国软科学》2022 年第 11 期。

[23] 王锋、葛星：《低碳转型冲击就业吗——来自低碳城市试点的经验证据》，载《中国工业经济》2022 年第 5 期。

[24] 王家庭、袁春来、马宁：《数字经济发展对产业结构、产业效率的影响：来自省级层面的经验证据》，载《中国科技论坛》2022 年第 12 期。

[25] 王旺、强皓凡：《产融合作能促进产业结构优化升级吗？——基于产融合作试点政策的准自然实验》，载《经济问题探索》2023 年第 5 期。

[26] 谢丽娟、丁焕峰、王露：《金融集聚与区域创新：空间效应与作用机制》，载《广东财经大学学报》2023 年第 2 期。

[27] 徐晓林、王妃萍、毛子骏、邹啟：《智慧城市建设能否提升基本公共服务供给？——基于双重差分法的实证分析》，载《社会政策研究》2022 年第 3 期。

[28] 徐圆、张林玲：《中国城市的经济韧性及由来：产业结构多样化视角》，载《财贸经济》2019 年第 7 期。

[29] 湛泳、李珊：《智慧城市建设、创业活力与经济高质量发展——基于绿色全要素生产率视角的分析》，载《财经研究》2022 年第 1 期。

[30] 张阿城、王巧、温永林：《智慧城市试点、技术进步与产业结构转型升级》，载《经济问题探索》2022 年第 3 期。

[31] 张振、付琼：《金融集聚能有效提升区域经济韧性吗？——基于产业结构的门限效应研究》，载《暨南学报（哲学社会科学版）》2022 年第 9 期。

[32] 钟坚、王锋波：《粤港澳大湾区金融业辐射对产业结构高级化的作用机制及效应》，载《广东财经大学学报》2022 年第 5 期。

[33] 朱金鹤、孙红雪：《数字经济是否提升了城市经济韧性？》，载《现代经济探讨》2021 年第 10 期。

[34] Beck, T., Levine, R., and Levkov, A., 2010: Big Bad Banks? The Winners and Losers from Bank Deregulation in the United States, *The Journal of Finance*, Vol. 65, No. 5.

［35］ Cai, X. , Lu, Y. , Wu, M. , and Yu, L. , 2016: Does Environmental Regulation Drive away Inbound Foreign Direct Investment? Evidence from a Quasi-natural Experiment in China, *Journal of Development Economics*, Vol. 123.

［36］ Christopherson, S. , Michie, J. , and Tyler, P. , 2010: Regional Resilience: Theoretical and Empirical Perspectives, *Cambridge Journal of Regions Economy and Society*, Vol. 3, No. 1.

［37］ Heckman, J. , Ichimura, H. , and Todd, P. , 1998: Performance of Matching as an Econometric Estimator, *The Review of Economic Studies*, Vol. 65, No. 2.

［38］ Martin, R. , Sunley, P. , Gardiner, B. , and Tyler, P. , 2016: How Regions React to Recessions: Resilience and the Role of Economic Structure, *Regional Studies*, Vol. 50, No. 4.

［39］ Martin, R. , 2012: Regional Economic Resilience, Hysteresis and Recessionary Shocks, *Journal of Economic Geography*, Vol. 12, No. 1.

The Enhancing Effect of Smart City Construction on Economic Resilience

——Internal Mechanisms and Empirical Evidence

Zhibin Zhang　Zhuo Chen　Ling Ou

Abstract: Safety is the premise of development, and development is the guarantee of safety. Enhancing urban economic resilience and better Coordinating development and security are realistic choices for high-quality economic development in the new era. Based on the quasi-natural experiment of national smart city pilot policy, this paper critically assesses whether smart city construction can enhance urban economic resilience using a multi-period Differences-in-Differences method using panel data of 213 Chinese cities from 2008 to 2020. It is found that smart city construction can significantly enhance urban economic resilience, and the findings pass multiple robustness tests such as PSM – DID, placebo test, replacement of explanatory variables, and exclusion of similar policy disturbances, and the policy effects are characterized by persistence and continuous enhancement. The mechanism test shows that smart city construction mainly improves urban economic resilience through the channels of enhancing urban innovation capacity, promoting urban financial development, and promoting urban industrial upgrading, and generates negative spatial spillover effects on neighboring regions. Heterogeneity analysis shows that the enhancement effect of smart city construction on the economic resilience of large cities, eastern cities and cities with high informatization level is more obvious. The study concluded that the scope of smart city construction should be reasonably expanded, the financial support system should be improved, and smart cities should be promoted according to city policies to help promote coordinated regional development.

Keywords：Smart City　Economic Resilience　Spatial Spillover　Urban Regeneration

JEL Classification：R11P25

基于熵权 TOPSIS 方法的我国中医药
旅游产业发展潜力研究

祁超萍[*]

摘　要： 随着居民对健康的日益重视，中医药旅游越来越受到欢迎。我国中医药旅游资源丰富，可开发的中医药旅游产品众多，但囿于诸多因素的影响，当前还处于发展初期。本文依据旅游系统模型构建了我国中医药旅游产业发展供给、需求、政策与保障四个维度的发展潜力评价指标。基于 2019 年 31 个省域的截面数据，采用熵权 TOPSIS 方法实证分析了我国中医药旅游产业发展潜力。研究结果显示，我国中医药旅游产业发展潜力各维度排名：需求潜力 > 政策潜力 > 供给潜力 > 保障潜力。采用 SPSS 27 软件，对中医药旅游产业供给潜力、需求潜力、政策潜力、保障潜力和综合潜力进行聚类分析，全国 31 个省域划分为五级中医药旅游产业发展潜力区——强势区、优势区、一般区、较弱区和弱势区。据此，提出四力并举全方位夯实中医药旅游产业发展基础，因地制宜充分发挥各省域中医药旅游产业优势，加强区域协作切实提高中医药旅游产业发展水平的政策建议。

关键词： 中医药旅游产业　发展潜力　熵权　TOPSIS

一、引　　言

过劳死、慢性病、肥胖……随着社会发展，各种健康问题不断出现，人们对身心健康的关注度也不断提升，因此中医药旅游正在成为人们追求健康生活的一种选择。中医药旅游是旅游者以强身健体、修身养性为目的，在闲暇时间到异地进行的以中医药为主题的旅游体验活动。国家和地方政府非常重视中医药旅游的发展，出台了一系列促进中医药旅游产业发展的相关政策和意见。2022 年 3 月，国务院办公厅印发的《"十四五"中医药发展规划》，强调要"拓展中医药健康旅游市场。鼓励地方结合本地区中医药资源特色，

* 本文受山东工商学院博士基金启动项目"山东省中医药文化与旅游产业融合模式及动力机制研究"（BS2021025）、青岛市社会科学规划研究项目"胶东经济圈中医药产业与旅游产业创新协同发展"（QDSKL2101424）资助。
感谢匿名审稿人的专业修改意见！
祁超萍：山东工商学院工商管理学院；地址：山东省烟台市莱山区滨海中路 191 号，邮编 264005；E-mail：48377248@qq.com。

开发更多体验性强、参与度高的中医药健康旅游线路和旅游产品，吸引境内外消费者。完善中医药健康旅游相关标准体系，推动中医药健康旅游高质量发展"。通过政策的大力推动，结合人们的健康养生需求，越来越多的省份将中医药服务与旅游活动结合起来，推出各具地方特色的中医药旅游产品。

中医药旅游产品虽很重要，但其只是中医药旅游产业的组成要素之一，属于产业供给内容。产业供给最重要的是满足需求，尤其是我国正处于老龄化阶段，中医药旅游产业的发展，可以更好地满足当前老年人口追求健康生活的需求。另外，随着中医药文化的推广与普及，爱美女性、中高收入层、受高等教育人群等，也将成为中医药旅游的潜在消费者。从根本上讲，中医药旅游产业是旅游产业的一种新型业态，是中医药产业与旅游产业、健康产业、文化创意等产业的有机融合，主要提供涵盖中医药养生保健、医疗康复、文化体验等主题的专项的旅游服务。旅游产业是中医药旅游产业发展的基础，是中医药产业焕发生机的重要方式与手段。中医药产业将赋予旅游产业新的内涵，成为旅游产业发展的新主题，新内容。中医药旅游是医疗旅游本土化的一种重要形式，从国际贸易的视角来看，发展中医药旅游是参与国际医疗旅游竞争的重要方式。因此，中医药旅游产业的发展，既是人们对于健康的追求，也是提高我国医疗旅游产业竞争力的需要。

虽然中医药旅游产业非常重要，但目前仍处于起步阶段，那么我国中医药旅游产业是否具有发展潜力？哪些方面具有发展潜力？各省域中医药旅游产业发展潜力是否存在差别？这些问题有待进一步研究。本文基于 2019 年的官方统计数据，探讨我国中医药旅游产业发展的供给潜力、需求潜力、政策潜力和保障潜力四个方面及其影响因素构成；并以上述四个维度的发展潜力为基础，探讨我国中医药旅游产业的综合发展潜力；同时，探究我国各省域中医药旅游产业的发展潜力，对 31 个省域中医药旅游产业发展潜力进行对比。通过数据分析，探寻省域之间发展潜力的差异，并将其聚类为五个等级的潜力区域。据此，提出中医药旅游产业发展的政策建议，从而促进我国中医药旅游产业的整体发展，塑造我国中医药旅游良好的目的地形象，带动入境医疗旅游的发展，提升我国医疗旅游的国际竞争力，为中医药产业与旅游产业结构的调整、优化与升级提供参考建议。

二、文　献　回　顾

中医药旅游研究主要集中于中医药旅游概念构建、资源描述、产品开发、产业融合、政策保障、解决对策等方面。王景明、王景和（2000）结合云南当地中医药产业的发展实际，提出开发中医药旅游市场和产品，将其作为满足人们精神需求，促进中医药和经济发展的重要途径。田广增（2005）提出了中医药旅游概念，"中医药旅游是旅游发展到一定阶段后，以中医药的深厚文化内涵、独特理论体系和内容为基础，以各种医疗和健身方法、药材观赏、购买和使用为基本吸引物而产生的一种新的旅游方式"。此后十余年，众多学者基本围绕我国中医药旅游资源和产品这两大主题进行研究和拓展。

从国内学者的研究来看，众多学者研究了我国中医药旅游发展存在的问题，从中也可以从一定程度上了解影响中医药旅游产业发展潜力的相关因素。其中，学者们关注较多的因素包括政府管理和监管（田广增，2005）、重视程度和总体规划（合理规划）（李梦瑶等，2016）等因素；从产业角度看，包括行业标准不完善，专业人才缺乏（师帅，2014），人员素质不高，客源结构单一，产品特色不突出，开发模式单一，营销能力不足，宣传力度不够，与客人互动不佳，资源配置（朱海东，2014），产业链（刁宗广，2010）等方面；从消费者角度看，存在消费的非理性等问题。在中医药旅游发展对策方面，学者们集中于中医药旅游产品、资源、市场、人才、政策法规、宣传、规划和基础设施等方面（徐娜，2012，黄雨婷等，2018，冯进、虢剑波，2013，姜太芹、姜太玲，2017）。

另外，朱琳（2013）提出影响西峡中医养生旅游发展的主要因素包含需求、供给和行业法规；孙超平等（2015）通过问卷调查，采用因子分析法以及多元方差分析法对中医药养生旅游决策的影响因素进行了分析，研究结果表明，中医药养生旅游决策主要受到旅游基础设施即服务因素、个人中医药养生旅游认知因素、旅游动机因素、旅游决策环境因素、目的地中医药养生产品与技术因素、社会群体支持因素和个人社会经济因素等方面的影响；郑强等（2017）提出影响中医药旅游发展的主要因素为旅游者认知、目的地环境和政策支持；肖岳峰、傅倩楠（2020）探讨了影响桂林康养研学旅行的主要因素，如城市知名度、环境气候、旅游产品、交通、中草药资源、相关政策、少数民族医养文化等；张玉峰（2022）强调了中医药资源对中医药旅游发展的重要性。

一些学者从不同层次对中医药旅游产业进行了研究，可以分为微观、中观和宏观三大类。微观视角主要是研究中医药旅游者决策等，中观视角主要是研究中医药旅游产业，如中医药旅游景区、中医药旅游资源等；宏观视角，如中医药旅游发展战略等。但是中医药旅游产业视角的研究相对薄弱，尤其是中医药旅游产业发展潜力、中医药旅游产业竞争力等，尚未有系统研究。仅有少量的文献探讨了中医药文化与旅游产业的融合：如北京中医药"老字号"文化旅游资源调查与分析（张其成、罗浩，2020）、甘肃省中医药文化旅游产业发展策略研究（罗中华等，2016）等。绝大多数学者是用定性的方法来讨论影响中医药旅游产业的发展，较少有学者采用定量的方法进行研究。

不过，国内已有学者针对旅游产业发展潜力进行研究，如针对我国省域旅游业发展潜力（曹新向，2007），区域旅游持续发展潜力（马勇、董观志，1997），我国区域旅游产业发展潜力的时空差异（丁建军、朱群惠，2012）等方面的研究；王兆峰（2008）构建了区域旅游产业发展潜力评价指标。国外学者关于旅游潜力的研究，包含针对小型文化和遗产景点旅游潜力的研究（McKercher and Ho，2011），对体育旅游潜力进行的评价（Karadeniz and Güdük，2020），对埃塞俄比亚南奥莫地区旅游潜力、制约因素和自然属性的研究（Gedecho and Guangul，2017）。对影响撒哈拉以南非洲许多国家旅游发展潜力抑制因素的研究（Ankomah and Crompton，1990），对开发非洲旅游业潜力的前景和问题的研究（Teye，1987）等。研究方法方面，有因子分析法（丁悦等，2010），模糊综合评价法（袁明达、王兆峰，2009），民族志方法（Okonkwo，2015），多层次灰色方法（石丹、杨慧，2019）等。运用熵权 TOPSIS 进行旅游产业发展评价已有一定的探索，如用于山西省（田媛、钟晖，2022）和沿海省份旅游产业发展的评价（张广海等，2013）等。这些研究，为我国中医药旅游产业发展潜力的研究奠定了基础。

　　当前，我国社会老龄化比例持续升高，慢性病患者数量较多，每年医疗花费巨大。中医药文化的普及是解决上述社会问题的一剂良药。中医药文化在我国源远流长，中医药旅游是传播中医药文化的重要手段。为了研究中医药旅游产业发展的潜力及其影响因素，本文基于 2019 年中国省级截面数据，使用熵权 TOPSIS 法进行实证分析，创新点体现在以下三个方面：第一，构建中医药旅游产业发展潜力的评价指标体系，弥补现有文献研究的不足；第二，使用熵权 TOPSIS 方法进行客观赋权，避免专家赋权的主观性，从而找出影响中医药旅游产业发展潜力的重要因素；第三，通过对省域中医药旅游产业四个维度发展潜力及综合发展潜力的全面比较，找出具有突出发展潜力的省域，从而获得值得借鉴的发展经验。

三、研究设计

　　在学者们早期关于旅游产业发展潜力研究的基础上，依托吴必虎（1998）提出的旅游系统模型，参考相关统计数据（我国的香港、澳门和台湾地区由于数据缺失不包括在内），尝试对我国中医药旅游产业发展潜力进行探讨。

（一）中医药旅游产业发展潜力评价指标体系的构建

　　中医药旅游产业发展潜力具有全面性、动态性和多样性的特点，对中医药旅游产业发展潜力进行评价的目的在于描述并反映当地未来的中医药旅游产业发展潜力。当地未来中医药旅游产业发展的关键因素是实现各个子系统的协调发展，从而实现整合，切实增强中医药旅游产业发展的综合竞争力。指标体系的建立遵循科学性和可操作性原则、系统性和全面性原则以及定性和定量相结合的原则。

吴必虎于 1998 年提出的旅游系统模型包含四个组成部分，分别是客源市场系统、目的地系统、出行系统和支持系统。本文以该模型为基础，进行了适当的调整。具体调整如下：客源市场系统主要指中医药旅游产业需求，包含人口类别指标和经济能力指标；目的地系统主要指中医药旅游产业供给，包含中医药旅游资源、设施和服务，具体指以 A 级旅游景区、博物馆和中医药资源为代表的资源，以酒店、旅行社和中医医疗机构、床位等为代表的设施，以旅游从业人员和中医药从业人员为代表的服务；出行系统主要指中医药旅游产业保障，包含交通、信息服务等，具体指标包含营运里程、旅客周转量、森林覆盖率、移动电话普及率等；支持系统指中医药旅游产业政策，以中医药事业经费、旅游经费投入、地方环保财政支出、地方教育财政支出等为代表。

中医药旅游产业发展潜力是一个复杂的系统，由于中医药旅游产业在国内还处于初期发展阶段，因此更多的是参考旅游产业发展潜力的相关文献，将中医药旅游产业发展潜力分为不同的组成部分。根据中医药旅游资源特征及中医药旅游产业实际发展状况，并充分考虑数据统计及获取的可能性，采用频度统计与筛选、专家咨询等方法选择和确定评价指标体系，构建符合我国实际的中医药旅游产业发展潜力评价指标体系（见表 1）。

表 1 　　　　　　　　　　　中医药旅游产业发展潜力评价指标体系

指标层	要素层	序号	因子层	单位	指标属性
中医药旅游产业供给潜力	资源要素	S1	博物馆	个	+
		S2	A 级旅游景区	个	+
		S3	中医药旅游资源	个	+
		S4	中药材播种面积	千公顷	+
	机构设施要素	S5	旅行社	个	+
		S6	星级饭店	个	+
		S7	中医类医院机构	个	+
		S8	万人口中医类医院床位数	张	+
	服务要素	S9	旅行社从业人员	人	+
		S10	星级饭店从业人员	人	+
		S11	A 级旅游景区从业人员	人	+
		S12	中医类医院卫生技术人员	人	+
		S13	万人口中医执业（助理）医师数	人	+

续表

指标层	要素层	序号	因子层	单位	指标属性
中医药旅游产业需求潜力	人口潜力	D1	人口数	万人	+
		D2	城镇人口	人	+
		D3	65 岁及以上人口数（人口抽样调查）	人	+
		D4	女性人口数（人口抽样调查）	人	+
		D5	每十万人口高等院校在校生人数	万人	+
		D6	国内旅游人次数	人	+
		D7	国际旅游人次数	人次	+
	经济潜力	D8	GDP	人次	+
		D9	人均 GDP	元	+
		D10	人均可支配收入	元	+
		D11	全体居民人均消费支出	元	+
		D12	居民交通通信消费支出	元	+
		D13	教育文化娱乐消费支出	元	+
		D14	居民医疗保健消费支出	元	+
中医药旅游产业政策支持潜力	中医药与旅游政策	P1	文化和旅游事业费	万元	+
		P2	文化和旅游事业费占财政支出比重	%	+
		P3	中医机构财政拨款	万元	+
		P4	中医机构财政拨款占卫生健康拨款比例	%	+
	其他政策	P5	地方财政科学技术支出	亿元	+
		P6	地方财政教育支出	亿元	+
		P7	地方财政交通运输支出	亿元	+
		P8	地方财政公共安全支出	亿元	+
		P9	地方财政环境保护支出	亿元	+
中医药旅游产业保障潜力	环境保障	G1	城市绿地面积	万公顷	+
		G2	森林覆盖率	%	+
		G3	空气质量达到及好于二级的天数	天	+
	基础设施保障	G4	移动电话普及率	部/百人	+
		G5	移动互联网用户	万户	+
		G6	公路和铁路里程	万公里	+
		G7	旅客周转量	亿人公里	+
		G8	私人小型载客汽车拥有量	万辆	+
		G9	每万人拥有公共厕所	座	+
	其他保障	G10	国内专利申请授权量	项	+
		G11	城镇基本医疗保险年末参保人数	万人	+
		G12	城乡居民社会养老保险参保人数	万人	+

（二）数据来源与数据处理

1. 数据来源

由于新冠疫情时期，全国经济及产业受到一定的影响，因此本文的分析主要基于 2019 年的数据。原始数据来源于《中国统计年鉴》（2020），《中国文化文物和旅游统计年鉴》（2020），《中医药统计摘编》（2019），《中国农村统计年鉴》（2020）等。

2. 数据处理

对原始数据进行处理，具体步骤如下：

（1）数据归一化处理。

由于上述指标存在不同的量纲，对综合评价具有不利的影响，因此，本研究采用归一化来规范评价指标，即，在决策矩阵 $X = (X_{ij}) m \times n$ 中，对于第 i 个省的第 j 项指标 X_{ij}，令：

$$Y_{ij} = \frac{X_{ij} - X_{jMin}}{X_{jMax} - X_{jMin}} (i = 1, 2, \cdots, m), (j = 1, 2, \cdots, n) \quad (1)$$

式中，X_{jMin} 表示第 j 项指标的最小值；X_{jMax} 表示第 j 项指标的最大值。

（2）计算信息熵值。

应用熵值法计算第 j 项指标的熵为 e_j。

$$e_j = - k \sum_{i=1}^{m} b_{ij} \ln b_{ij} \quad (2)$$

为了使 $0 \leqslant e_j \leqslant 1$，通常采用 $K = \frac{1}{\ln m} > 0$，其中 b_{ij} 是标准化后第 i 个省域第 j 个指标的值。

（3）计算差异性系数。

依据 e_j 来计算 g_j，计算公式如下：

$$g_j = 1 - e_j \quad (3)$$

（4）计算熵权。

将 g_j 归一化后，得到 W_j 作为各指标的权重，则有：

$$W_j = \frac{g_j}{\sum_{j=1}^{n} g_j} = \frac{1 - e_j}{n - \sum_{j=1}^{n} e_j}, j = 1, 2, \cdots, n \quad (4)$$

（5）确定加权规范化矩阵。

熵权乘以 B 获得的加权规范化矩阵 D：

$$D = |D_{ij}| m \times n = W_j \times b_{ij} \quad (5)$$

（6）确定正、负理想解。

从 D 中提取最大值和最小值来表示正理想解和负理想解，公式为：

$$D^{+} = \{ MaxT_{ij} | i = 1, 2, \cdots, m \} \quad (6)$$

$$D^- = \{ \mathrm{MinT_{ij}} \mid i = 1,\ 2,\ \cdots,\ m \} \tag{7}$$

（7）计算每个评估对象到正负理想解的距离 N。

式中，N^+ 越小，评价对象越接近正理想解，则产业发展潜力越好；N^- 越小，评价对象越接近负理想解，则产业发展潜力越差。

$$N_i^+ = \sqrt{\sum_{j=1}^{m} (T_{ij} - T_{j+})}\,(i = 1,\ 2,\ \cdots,\ m) \tag{8}$$

$$N_i^- = \sqrt{\sum_{j=1}^{m} (T_{ij} - T_{j-})}\,(i = 1,\ 2,\ \cdots,\ m) \tag{9}$$

（8）计算相对贴近度。

C 表示评价对象与最优方案的接近程度，取值在 0 和 1 之间，越接近 1，说明越接近最优方案；反之，该值越接近 0，表示该方案越接近最劣水平。

$$C_i = \frac{N_i^-}{N_i^+ + N_i^-} \tag{10}$$

四、中医药旅游产业发展潜力测评

本文运用熵权 TOPSIS 方法，利用构建的中医药旅游产业发展潜力评价指标体系，结合 2019 年全国 31 个省域的统计数据（我国香港、澳门、台湾地区除外），对中医药旅游产业的发展潜力进行全面、系统地分析，分别对中医药旅游产业供给潜力、需求潜力、产业政策潜力和环境保障潜力及综合发展潜力进行分组评价和分析。

熵权 TOPSIS 是熵权法（熵值法）与 TOPSIS 法的结合运用，其计算共分为两步。第一，将样本数据进行归一化处理；第二，使用熵权法计算权重值，并将数据进行加权得到新数据（算法自动完成）。

（一）中医药旅游产业供给潜力分析

1. 中医药旅游产业供给潜力指标分析

为了更加直观地看出中医药旅游产业供给潜力指标的表现状况，以熵权值为依据，对指标进行排序，以此来反映指标内容对于中医药旅游产业供给潜力的重要程度，如表 2 所示。

表 2　　　　　　　中医药旅游产业供给潜力指标的熵值与熵权值

排序	代码	指标	信息熵值 e	信息效用值 d	权重系数 w（%）	因子潜力值
1	S10	星级饭店从业人员（万人）	0.8856	0.1144	11.87	0.119
2	S9	旅行社从业人员（人）	0.8874	0.1126	11.67	0.117

续表

排序	代码	指标	信息熵值 e	信息效用值 d	权重系数 w（%）	因子潜力值
3	S4	中药材播种面积（千公顷）	0.8982	0.1018	10.56	0.106
4	S11	A 级旅游景区从业人员（人）	0.9197	0.0803	8.33	0.083
5	S5	旅行社（个）	0.9267	0.0733	7.61	0.076
6	S1	博物馆（个）	0.9311	0.0689	7.15	0.072
7	S2	A 级旅游景区（个）	0.9324	0.0676	7.01	0.070
8	S7	中医类医院机构（个）	0.9335	0.0665	6.90	0.069
9	S12	中医类医院卫生技术人员（人）	0.9362	0.0638	6.61	0.066
10	S13	万人口中医执业（助理）医师数（人）	0.9372	0.0628	6.51	0.065
11	S6	星级饭店（个）	0.9437	0.0563	5.83	0.058
12	S3	中医药类资源	0.9491	0.0509	5.28	0.053
13	S8	万人口中医类医院床位数（张）	0.9549	0.0451	4.68	0.047

从表 2 可知，利用熵权法后加权生成的数据对 31 个省域的 13 个指标进行 TOPSIS 分析。在 13 个指标中，旅游产业从业人员（即星级饭店从业人员、旅行社从业人员和 A 级旅游景区从业人员）的潜力值分别处于第 1 位、第 2 位和第 4 位，值为 0.119 和 0.117 和 0.083。人力资源的数量和质量，会直接影响产业的发展。上述三个要素的潜力值最高，说明旅游从业人员在中医药旅游产业发展中起着重要作用。中医机构从业人员即中医类医院卫生技术人员和万人口中医执业（助理）医师数的潜力值位于第 9 位和第 10 位，说明当前的中医药旅游多数还是以旅游为主，中医药方面参与较少。中药材播种面积列第 3 位，说明中药材之于中医药旅游产业的重要性。中药材属于中医药农业，位于中医药产业链的上游，是中医药工业和中医药产业发展的重要基础。许多中药材花卉还具有观赏性，如牡丹、芍药等；还有些中药材可以开发采摘体验活动，如金银花等。中医药产业是中医药旅游产业两大构成系统之一，中医药旅游产业的发展离不开中药材产业的支持。另外，万人口中医类医院床位数的潜力值排在最后，从一定程度上说明中医药因其独具特色的简便廉验，多以短期体验为主，住院较少。

2. 各省域中医药旅游产业供给潜力评价

产业供给潜力水平越高，说明越能为中医药旅游产业未来的发展提供足够的资源、设施和服务支持。供给潜力值越大，表明该省域供给潜力水平越高，反之，则供给潜力水平越低。为了能够更加直观看出我国各省域中医药旅游产业供给潜力状况，依据潜力值进行排序，如表 3 所示。

表 3　　　　　　　　　中医药旅游产业供给潜力的省域排序

排序	省域	正理想解距离 D	负理想解距离 D −	相对接近度 C
1	山东	0.151	0.190	0.557
2	广东	0.157	0.187	0.544
3	浙江	0.148	0.168	0.531
4	云南	0.168	0.168	0.499
5	四川	0.168	0.157	0.483
6	江苏	0.171	0.151	0.468
7	北京	0.188	0.161	0.462
8	河南	0.178	0.145	0.448
9	湖北	0.187	0.132	0.414
10	湖南	0.185	0.128	0.408
11	陕西	0.194	0.121	0.385
12	甘肃	0.216	0.132	0.379
13	河北	0.198	0.109	0.355
14	内蒙古	0.212	0.103	0.326
15	安徽	0.203	0.098	0.325
16	贵州	0.222	0.103	0.317
17	广西	0.212	0.091	0.300
18	重庆	0.221	0.088	0.285
19	上海	0.232	0.090	0.278
20	辽宁	0.221	0.084	0.275
21	福建	0.220	0.077	0.259
22	江西	0.224	0.076	0.254
23	黑龙江	0.231	0.078	0.251
24	山西	0.233	0.072	0.237
25	新疆	0.240	0.065	0.212
26	吉林	0.251	0.051	0.169
27	青海	0.260	0.053	0.168
28	天津	0.267	0.039	0.127
29	西藏	0.275	0.038	0.121
30	宁夏	0.271	0.035	0.115
31	海南	0.269	0.022	0.075

从表 3 可以看出，供给潜力值以 0.1 为档次进行分级，山东、广东、浙江居前三位，潜力值均超过 0.5；云南、四川、江苏、北京、河南、湖北、湖南，这七个省域潜力值均超过 0.4；陕西、甘肃、河北、内蒙古、安徽、贵州和广西，这七个省域潜力值均超过 0.3；重庆、上海、辽宁、福建、江西、黑龙江、山西和新疆，这八个省域潜力值均超过 0.2；吉林、青海、天津、西藏、宁夏和海南，这六个省域潜力值均低于 0.2，其中海南潜力值最低，为 0.075。

（二）中医药旅游产业需求潜力分析

1. 中医药旅游产业需求潜力指标分析

为了更加直观地看出中医药旅游产业需求潜力指标的状况，以熵权值为依据，对指标进行排序，以此来反映各指标对于中医药旅游产业需求潜力的重要程度，具体数据如表 4 所示。

表 4　　　　　　　中医药旅游产业需求潜力指标的熵值与熵权值

排序	指标代码	指标	信息熵值 e	信息效用值 d	权重系数 w（%）	因子潜力值
1	D5	入境旅游（人次）	0.825	0.175	16.77	0.168
2	D4	国内旅游（人次）	0.863	0.137	13.06	0.131
3	D8	人均可支配收入（元）	0.885	0.115	11.03	0.110
4	D10	居民交通通信消费支出（元）	0.886	0.114	10.92	0.109
5	D7	人均 GDP（元）	0.909	0.091	8.68	0.087
6	D6	GDP（亿元）	0.911	0.090	8.55	0.086
7	D9	全体居民人均消费支出（元）	0.915	0.085	8.09	0.081
8	D1	65 岁及以上人口数（人口抽样调查）（人）	0.927	0.073	7.01	0.070
9	D2	女性人口数（人口抽样调查）（人）	0.932	0.069	6.55	0.066
10	D3	每十万人口高等院校在校生人数（人）	0.959	0.041	3.89	0.039
11	D11	教育文化娱乐消费支出（元）	0.969	0.031	2.92	0.029
12	D12	居民医疗保健消费支出（元）	0.974	0.026	2.53	0.025

从表 4 得知，在 12 个指标中，入境旅游人次和国内旅游人次的潜在价值最大，因子潜力值分别为 0.168 和 0.131，说明中医药旅游产业的发展首先需要重视对现有旅游者中医药旅游需求的挖掘和引导。因子潜力值超过 0.1 的因素还有人均可支配收入和居民交通通信消费支出，可见收入水平对中医药旅游市场需求潜力有着重要影响，经济能力是保障中医药旅游需求实

现的重要前提和基础；而居民交通通信消费支出的潜力值位居前列说明，交通通信是中医药旅游需求实现的重要联结手段。处于第 5~7 位的潜力值均超过 0.08，属于经济要素，即任何一种类型的旅游，除了时间要素外，经济要素也同样重要。尤其是社会总财富与个人财富均在中医药旅游市场需求潜力中发挥重要的作用。处于第 8~10 位的是人口要素，社会总人口是游客的基数，而中医药旅游重要的客源包含老年人、女性，这是中医药旅游产业重要的潜在需求。处于第 10~12 位的每十万人口高等院校在校生人数、教育文化娱乐消费支出、居民医疗保健消费支出三个指标的潜力值较低，分别为 0.039、0.029 和 0.025，在中医药旅游产业需求潜力的发展中起到了微弱的作用，对于中医药旅游产业需求潜力来说影响较小。

2. 各省域中医药旅游产业需求潜力评价

产业需求潜力水平越高，说明越能为中医药旅游产业未来的发展提供足够的客源和消费支持。需求潜力值越大，表明该省域需求潜力水平越高，反之，则需求潜力水平越低。为了能够更加直观地看出我国各省域中医药旅游产业需求潜力的表现状况，依据需求潜力值进行排序，如表5所示。

表5　　　　　　　　　中医药旅游产业需求潜力的省域排序

排序	省域	正理想解距离 D	负理想解距离 D−	相对接近度 C
1	广东	0.118	0.247	0.677
2	江苏	0.154	0.205	0.571
3	北京	0.171	0.211	0.552
4	浙江	0.162	0.190	0.539
5	上海	0.183	0.209	0.533
6	福建	0.185	0.143	0.437
7	山东	0.200	0.147	0.424
8	辽宁	0.207	0.140	0.403
9	湖北	0.220	0.117	0.347
10	天津	0.248	0.118	0.323
11	湖南	0.226	0.107	0.321
12	四川	0.255	0.099	0.279
13	河南	0.276	0.092	0.250
14	重庆	0.251	0.082	0.246
15	陕西	0.253	0.078	0.234
16	安徽	0.263	0.080	0.233
17	河北	0.276	0.076	0.215

续表

排序	省域	正理想解距离 D	负理想解距离 D−	相对接近度 C
18	内蒙古	0.275	0.063	0.187
19	云南	0.274	0.057	0.173
20	广西	0.276	0.054	0.163
21	江西	0.283	0.052	0.154
22	海南	0.279	0.046	0.143
23	吉林	0.285	0.045	0.137
24	黑龙江	0.292	0.044	0.132
25	宁夏	0.296	0.044	0.130
26	贵州	0.291	0.039	0.118
27	山西	0.294	0.039	0.117
28	新疆	0.298	0.033	0.099
29	青海	0.303	0.03	0.089
30	甘肃	0.308	0.026	0.077
31	西藏	0.315	0.01	0.030

中医药旅游市场需求潜力水平越高说明该省域对中医药旅游产业发展需求越多，能够提供足够大的市场，刺激中医药旅游产业的发展。从表5对潜力值（相对接近度）的观察可以看出，各省域在需求潜力方面的排序与分布，潜力值越大，表明该省域的需求潜力水平越高；反之，需求潜力水平则越低。总体上看，全国省域之间需求潜力差距较大，排名第1位的广东潜力值为0.677，最后1位的西藏潜力值为0.030，前者是后者的22.57倍。需求潜力较强的省域如广东、江苏、北京、浙江、上海，潜力值超过0.5；福建、山东和辽宁，潜力值超过0.4；湖北、天津、湖南的潜力值超过0.3；四川、河南、重庆、陕西和安徽，潜力值超过0.2；内蒙古等10个省域的潜力值超过0.1；而需求潜力值低于0.1的省域包含新疆、青海、甘肃和西藏。

（三）中医药旅游产业政策支持潜力分析

1. 中医药旅游产业政策支持潜力指标分析

为了更加直观地看出中医药旅游产业政策支持潜力指标的状况，以熵权值为依据，对指标进行排序，以此来反映指标内容对于中医药旅游产业政策支持潜力的重要程度，如表6所示。

表 6　　　　　　　　中医药旅游产业政策支持潜力指标的熵值与熵权值

排序	指标代码	指标	信息熵值 e	信息效用值 d	权重系数 w（%）	因子潜力值
1	P5	地方财政科学技术支出（亿元）	0.846	0.154	22.13	0.221
2	P1	文化和旅游事业费（万元）	0.912	0.088	12.62	0.126
3	P3	中医机构财政拨款（万元）	0.924	0.076	10.97	0.110
4	P9	地方财政公共安全支出（亿元）	0.927	0.073	10.54	0.105
5	P6	地方财政教育支出（亿元）	0.928	0.073	10.44	0.104
6	P7	地方财政环境保护支出（亿元）	0.928	0.072	10.32	0.103
7	P2	文化和旅游事业费占财政支出比重（%）	0.936	0.064	9.21	0.092
8	P4	中医机构财政拨款占卫生健康拨款比例（%）	0.949	0.051	7.34	0.073
9	P8	地方财政交通运输支出（亿元）	0.955	0.045	6.44	0.064

依据潜力值对中医药旅游产业政策支持潜力的指标进行排名，以此来反映指标对于政策支持潜力的重要程度。通过表 6 可知，在 9 个指标中，地方财政科学技术支出的潜力值最大，值为 0.221，排名第 1 位。这表明科技支出在中医药旅游产业中发挥着重要作用，主要体现在科技支出是中医药产业高质量发展的重要前提，同时也是社会经济发展的重要推动力。排名第 2 位和第 3 位的分别是文化和旅游事业费、中医机构财政拨款，这充分说明国家及地方政府对中医药旅游产业的政策导向，对中医药旅游产业发展的重要意义。文化和旅游事业费占财政支出比重、中医机构财政拨款占卫生健康拨款比例潜力值较低，说明费用总额更重要。地方财政公共安全支出、地方财政教育支出、地方财政环境保护支出的潜力值差别较小，既说明公共安全、教育和环境保护对中医药旅游产业发展的重要作用，又显示出这三者重要程度的一致性。地方财政交通运输支出潜力值最低（0.064），表明全国交通基础设施相对比较完善，在中医药旅游产业发展过程中不是重要影响因素。

2. 各省域中医药旅游产业政策支持潜力评价

各省域的政策支持潜力值越大，表明该省域政策支持力度越强，反之，则政策支持力度越弱。为了能够更加直观地看出各省域中医药旅游政策支持潜力的表现状况，依据潜力值进行排序，如表 7 所示。

表 7　　　　　　　　中医药旅游政策支持潜力的省域排序

排序	省域	正理想解距离 D	负理想解距离 D-	相对接近度 C
1	广东	0.071	0.339	0.827
2	江苏	0.171	0.196	0.534

续表

排序	省域	正理想解距离 D	负理想解距离 D－	相对接近度 C
3	浙江	0.181	0.197	0.520
4	北京	0.224	0.141	0.386
5	上海	0.239	0.149	0.385
6	山东	0.240	0.129	0.349
7	四川	0.250	0.133	0.347
8	湖北	0.246	0.115	0.318
9	河南	0.263	0.111	0.297
10	云南	0.285	0.110	0.279
11	内蒙古	0.297	0.110	0.271
12	河北	0.282	0.104	0.269
13	安徽	0.273	0.096	0.260
14	山西	0.295	0.090	0.233
15	湖南	0.280	0.085	0.232
16	陕西	0.292	0.088	0.231
17	吉林	0.306	0.090	0.227
18	福建	0.290	0.084	0.224
19	江西	0.288	0.074	0.204
20	青海	0.332	0.080	0.195
21	甘肃	0.313	0.073	0.188
22	重庆	0.304	0.067	0.180
23	贵州	0.303	0.066	0.178
24	新疆	0.312	0.063	0.169
25	广西	0.307	0.060	0.164
26	宁夏	0.338	0.063	0.156
27	天津	0.316	0.055	0.149
28	黑龙江	0.316	0.055	0.148
29	海南	0.335	0.048	0.124
30	西藏	0.340	0.047	0.121
31	辽宁	0.322	0.043	0.117

　　中医药旅游政策支持潜力水平越高说明该省域对中医药旅游产业发展出台的相关政策及政策执行的力度越大，从而越能够引导中医药旅游产业的发

展。从表 7 对潜力值（相对接近度）的观察可以看出，全国省域之间政策支持潜力水平存在较大差距，广东以 0.827 的潜力值遥遥领先，居第 1 位；其次是江苏和浙江，潜力值均超过 0.5；北京、上海、山东、四川和湖北，潜力值均超过 0.3；河南等 11 个省域，潜力值均超过 0.2；青海等 11 个省域，潜力值均超过 0.1；排名最后 5 位的是天津、黑龙江、海南、西藏和辽宁，潜力值低于 0.15。东北三省当中，有两个省排名后 5 位，从一定程度上反映出东北地区在促进中医药旅游产业发展过程中，相关政策较为滞后。

（四）中医药旅游产业保障潜力分析

1. 中医药旅游产业保障潜力指标分析

为了更加直观地看出中医药旅游产业保障潜力指标的表现状况，以熵权值为依据，对指标进行排序，如表 8 所示。

表 8　　　　　　中医药旅游产业保障潜力指标的熵值与熵权值

排序	指标代码	指标	信息熵值 e	信息效用值 d	权重系数 w（%）	因子潜力值
1	G10	国内专利申请授权量（项）	0.832	0.168	17.64	0.176
2	G1	城市绿地面积（万公顷）	0.901	0.099	10.38	0.104
3	G12	城乡居民社会养老保险参保人数（万人）	0.906	0.094	9.90	0.099
4	G8	私人小型载客汽车拥有量（万辆）	0.919	0.081	8.50	0.085
5	G7	旅客周转量（亿人公里）	0.922	0.078	8.16	0.082
6	G4	移动电话普及率（部/百人）	0.924	0.076	7.94	0.079
7	G11	城镇基本医疗保险年末参保人数（万人）	0.926	0.074	7.73	0.077
8	G5	移动互联网用户（万户）	0.931	0.069	7.24	0.072
9	G2	森林覆盖率（%）	0.937	0.063	6.61	0.066
10	G6	公路和铁路里程（万公里）	0.946	0.054	5.63	0.056
11	G9	每万人拥有公共厕所（座）	0.947	0.053	5.54	0.055
12	G3	空气质量达到及好于二级的天数	0.955	0.045	4.72	0.047

从表 8 可以看出，第一，国内专利申请授权量的潜力值最高，且领先第二位 0.072，与政策支持潜力一致，反映出科技创新的重要性；第二，城市绿地面积，揭示出生态环境对中医药旅游产业发展的重要保障；第三，城乡居民社会养老保险参保人数，意味保险对中医药旅游产业发展的重要性。但同样是生态环境因素之一的森林覆盖率的潜力值相对比较低，位于倒数第 4 位，与城市绿地面积相比，揭示出城市生态环境日益重要。公路和铁路里

程，每万人拥有公共厕所、空气质量达到及好于二级的天数这三项的潜力值不高，位于最后，揭示出我国交通类基础设施的差异正逐渐缩小，公共厕所类基础设施也达到了一定的水平，空气质量正趋于好转。

2. 各省域中医药旅游产业保障潜力评价

为了能够更加直观地看出各省域中医药旅游产业保障潜力的状况，依据潜力值进行排序，如表 9 所示。

表 9 中医药旅游产业保障潜力的省域排序

排序	省域	正理想解距离 D	负理想解距离 D −	相对接近度 C
1	广东	0.084	0.276	0.767
2	江苏	0.142	0.181	0.561
3	浙江	0.163	0.161	0.497
4	山东	0.180	0.178	0.497
5	河南	0.201	0.172	0.462
6	四川	0.206	0.138	0.402
7	河北	0.217	0.130	0.374
8	湖南	0.222	0.128	0.365
9	安徽	0.219	0.118	0.349
10	湖北	0.225	0.110	0.328
11	福建	0.228	0.110	0.325
12	北京	0.239	0.108	0.311
13	云南	0.244	0.110	0.310
14	江西	0.238	0.106	0.309
15	广西	0.245	0.104	0.297
16	贵州	0.246	0.096	0.281
17	陕西	0.239	0.091	0.275
18	上海	0.250	0.089	0.262
19	辽宁	0.242	0.085	0.261
20	内蒙古	0.262	0.085	0.246
21	重庆	0.250	0.080	0.242
22	黑龙江	0.259	0.077	0.229
23	海南	0.283	0.077	0.213
24	吉林	0.263	0.070	0.209
25	山西	0.263	0.061	0.187

续表

排序	省域	正理想解距离 D	负理想解距离 D−	相对接近度 C
26	甘肃	0.269	0.061	0.184
27	西藏	0.296	0.066	0.183
28	新疆	0.273	0.057	0.172
29	青海	0.293	0.052	0.152
30	宁夏	0.290	0.049	0.143
31	天津	0.281	0.034	0.107

中医药旅游产业保障潜力水平越高说明该省域对旅游产业保障性越高，从而越能够保障中医药旅游产业的发展。从表 9 对潜力值（相对接近度）的观察可以看出各省域在保障潜力方面的排序，潜力值越大，表明该省域的保障潜力水平越强；反之，保障潜力水平则越弱。总体上讲，全国省域之间保障潜力水平存在较大差距，广东以 0.767 的潜力值遥遥领先，居第 1 位；其次是江苏，潜力值为 0.561；浙江、山东、河南和四川，潜力值均超过 0.4；河北等 8 个省域的潜力值超过 0.3；广西等 10 个省域的潜力值超过 0.2；排名最后 7 位的是山西、甘肃、西藏、新疆、青海、宁夏和天津，潜力值均低于 0.2，其中有 5 个省域位于西部地区。上述数据说明，从整体来看，西部地区基础保障方面的条件还比较欠缺。

（五）中医药旅游产业综合发展潜力分析

将各省域中医药旅游产业供给潜力、需求潜力、政策支持潜力和保障潜力 4 个维度的相对贴近度作为基础数据，再次运用熵权 TOPSIS 法重复前述步骤，计算出中医药旅游产业发展潜力评价指标的熵权值和相对贴近度，以此为依据对中医药旅游产业发展潜力进行综合评价。

1. 中医药旅游产业综合发展潜力指标分析

为了更加直观地看出中医药旅游产业综合发展潜力评价指标的表现状况，以熵权值为依据，对指标潜力进行排序，如表 10 所示。

表 10　　　　　中医药旅游产业综合发展潜力指标的熵值与熵权值

排序	项目	信息熵值 e	信息效用值 d	权重系数 w（%）	潜力值
1	需求潜力	0.945	0.056	38.42	0.384
2	政策潜力	0.965	0.036	24.63	0.246
3	供给潜力	0.973	0.027	18.51	0.185
4	保障潜力	0.973	0.027	18.44	0.184

依据潜力值对中医药旅游产业综合发展潜力指标进行排名，以此来反映指标对于中医药旅游产业发展潜力的重要程度。在 4 个层面的指标中，中医药旅游产业需求潜力值最大（0.384），其余依次为中医药旅游产业政策潜力（0.246）、中医药旅游产业供给潜力（0.185）和中医药旅游产业保障潜力（0.184）。在四个潜力指标当中，保障潜力值和供给潜力值偏低。因此：

（1）中医药旅游产业需求潜力是影响其未来发展的关键因素。近年来，随着人们生活水平的提高，人们对健康的关注度越来越高。无论是老年人还是中青年人，都非常注重中医药养生。因此，中医药养生需求持续增长。同时，近年来旅游业的快速发展，也带动了中医药旅游需求。

（2）中医药旅游产业正处于发展初期，需要政策的大力支持与引导。因此，是否能够出台促进中医药旅游产业发展的相关政策，尤其是具体的实施细则是决定我国中医药旅游产业未来发展的重要因素。

（3）我国中医药旅游资源无论是总量还是种类都非常丰富，供给潜力较低反映出尚有众多优良的中医药资源未能有效开发，而且中医药旅游产品类型单一，多以观光游览型的浅层次为主。中医药旅游景区缺乏特色，形成同质竞争局面，未来的中医药旅游市场必然是以深度体验和参与型中医药旅游产品为主导。

（4）随着"两山理论"进一步应用于实践，各省域非常关注环境保护与可持续发展，各旅游目的地环境日益向好，生态环境的保障潜力较高。另外，国家对基础设施尤其是交通基础设施的投入，极大地促进了远程旅游的发展。

2. 各省域中医药旅游产业综合发展潜力分析

为了能够更加直观地看出中医药旅游产业综合发展潜力的表现状况，依据综合潜力值进行省域排序，如表 11 所示。

表 11　　　　　　中医药旅游产业综合发展潜力的省域排序

排序	省域	供给潜力值	需求潜力值	政策潜力值	保障潜力值	综合潜力值
1	广东	0.544	0.677	0.827	0.767	0.993
2	江苏	0.468	0.571	0.534	0.561	0.735
3	浙江	0.531	0.539	0.520	0.497	0.701
4	北京	0.462	0.552	0.386	0.311	0.607
5	上海	0.278	0.533	0.385	0.262	0.564
6	山东	0.557	0.424	0.349	0.497	0.553
7	福建	0.259	0.437	0.224	0.325	0.454
8	湖北	0.414	0.347	0.318	0.328	0.434
9	四川	0.483	0.279	0.347	0.402	0.414

续表

排序	省域	供给潜力值	需求潜力值	政策潜力值	保障潜力值	综合潜力值
10	辽宁	0.275	0.403	0.117	0.261	0.395
11	湖南	0.408	0.321	0.232	0.365	0.392
12	河南	0.448	0.250	0.297	0.462	0.382
13	安徽	0.325	0.233	0.260	0.349	0.311
14	河北	0.355	0.215	0.269	0.374	0.310
15	云南	0.499	0.173	0.279	0.310	0.305
16	天津	0.127	0.323	0.149	0.107	0.304
17	陕西	0.385	0.234	0.231	0.275	0.302
18	重庆	0.285	0.246	0.180	0.242	0.274
19	内蒙古	0.326	0.187	0.271	0.246	0.258
20	广西	0.300	0.163	0.164	0.297	0.216
21	江西	0.254	0.154	0.204	0.309	0.210
22	贵州	0.317	0.118	0.178	0.281	0.188
23	甘肃	0.379	0.077	0.188	0.184	0.174
24	吉林	0.169	0.137	0.227	0.209	0.164
25	黑龙江	0.251	0.132	0.148	0.229	0.162
26	山西	0.237	0.117	0.233	0.187	0.161
27	海南	0.075	0.143	0.124	0.213	0.137
28	宁夏	0.115	0.130	0.156	0.143	0.119
29	新疆	0.212	0.099	0.169	0.172	0.118
30	青海	0.168	0.089	0.195	0.152	0.104
31	西藏	0.121	0.030	0.121	0.183	0.047
	均值	0.323	0.269	0.267	0.306	0.338

　　由表 11 可知，各省域中医药旅游产业综合发展潜力的评价结果介于 0.047~0.993。中医药旅游产业综合发展潜力排名前 6 位的是广东、江苏、浙江、北京、上海和山东，综合潜力值均超过 0.5，全部为东部地区省域；福建、湖北和四川潜力值超过 0.4；辽宁等 8 个省域的潜力值超过 0.3；重庆、内蒙古、广西和江西 4 个省域的潜力值超过 0.2；排名后 10 位的是贵州、甘肃、吉林、黑龙江、山西、海南、宁夏、新疆、青海和西藏，综合潜力值均低于 0.2，基本都是位于西部地区和东北地区的省域。中医药旅游产

业综合发展潜力值，排名第 1 位的广东为 0.993，最后 1 位的西藏为 0.047，前者是后者的 21 倍，差距巨大。

从整体来看，4 个单项潜力值皆高于均值的省域是广东、江苏、浙江、北京、山东、湖北和四川；3 个单项潜力值皆高于均值的省域是湖南、河南、河北和云南；2 个单项潜力值皆高于均值的省域分别是上海、福建、安徽和内蒙古；只有 1 个单项潜力值高于均值的省域是辽宁、天津、陕西、江西和甘肃。有 11 个省域的 4 个单项潜力值都在均值以下。

省域间、区域内、区域间中医药旅游产业发展潜力的差异如表 12 所示①。通过变异系数可以看出，省域之间的差异：需求潜力 > 综合潜力 > 政策潜力 > 保障潜力 > 供给潜力；区域之间的差异：保障潜力 > 政策潜力 > 综合潜力 > 供给潜力 > 需求潜力。从区域内的差异比较来看，供给潜力差异：东部 > 西部 > 中部 > 东北；需求潜力差异：东北 > 西部 > 东部 > 中部；政策潜力差异：东部 > 东北 > 西部 > 中部；保障潜力差异：东部 > 西部 > 中部 > 东北；综合潜力差异：东北 > 西部 > 东部 > 中部。由此可以看出，我国中医药旅游产业发展潜力省域间差异较大，尤其是需求潜力差异最大；区域内差异以东部区域内差异相对最大，供给潜力、政策潜力和保障潜力都是以东部区域内差异最大，需求潜力以东北区域内差异最大。相对而言，区域之间供给潜力和需求潜力差异较小，政策潜力和保障潜力差异较大。从综合潜力差异来看，省域间 > 东北区域内 > 西部区域内 > 东部区域内 > 中部区域内 > 区域之间。

表 12　省域间、区域内及区域间中医药旅游产业发展潜力差异（变异系数）

差异类别	供给潜力	需求潜力	政策潜力	保障潜力	综合潜力
省域间差异	0.421	0.636	0.554	0.458	0.626
东部区域内差异	0.454	0.363	0.559	0.466	0.439
中部区域内差异	0.233	0.347	0.168	0.244	0.314
西部区域内差异	0.408	0.474	0.309	0.307	0.480
东北区域内差异	0.194	0.565	0.346	0.092	0.557
区域之间差异	0.167	0.134	0.313	0.410	0.196

---

① 区域的划分根据《中共中央 国务院关于促进中部地区崛起的若干意见》《国务院办公厅转发国务院西部开发办关于西部大开发若干政策措施的实施意见的通知》以及党的十六大报告的精神：
东部包括：北京、天津、河北、上海、江苏、浙江、福建、山东、广东和海南。
中部包括：山西、安徽、江西、河南、湖北和湖南。
西部包括：内蒙古、广西、重庆、四川、贵州、云南、西藏、陕西、甘肃、青海、宁夏和新疆。
东北包括：辽宁、吉林和黑龙江。
我国的香港、澳门和台湾地区由于数据缺失不包括在内。

五、我国中医药旅游产业发展潜力分区

聚类分析是通过数据建模简化数据的一种方法，聚类分析是一种探索性的分析，在分类的过程中，不需要事先给出分类标准，聚类分析能够从样本数据出发，自动进行分类。

（一）我国中医药旅游产业发展潜力分区

为了进一步观察中医药旅游产业发展潜力的分布和发展特征，并对中医药旅游产业发展潜力进行综合判断，使用 SPSS 27 软件，选择系统聚类、组间联结、平方欧氏距离的方法，对 31 个省域的各单项发展潜力及综合发展潜力分别进行聚类，分区结果如表 13 所示。

表 13　　　　　　　　　　　我国中医药旅游产业发展潜力分区

潜力区类型	Ⅰ级潜力区（强势区）	Ⅱ级潜力区（优势区）	Ⅲ级潜力区（一般区）	Ⅳ级潜力区（较弱区）	Ⅴ级潜力区（弱势区）
供给潜力	山东、广东、浙江、	云南、四川、江苏、北京、河南	湖北、湖南、陕西、甘肃、河北	内蒙古、安徽、贵州、广西、重庆、上海、辽宁、福建、江西、黑龙江、山西	新疆、吉林、青海、天津、西藏、宁夏、海南
需求潜力	广东	江苏、北京、浙江、上海、福建、山东、辽宁	湖北、天津、湖南、四川、河南、重庆、陕西、安徽、河北	内蒙古、云南、广西、江西、海南、吉林、黑龙江、宁夏、贵州、山西	新疆、青海、甘肃、西藏
政策潜力	广东	江苏、浙江、北京、上海、山东、四川	湖北、河南、云南、内蒙古、河北、安徽	山西、湖南、陕西、吉林、福建、江西、青海、甘肃	重庆、贵州、新疆、广西、宁夏、天津、黑龙江、海南、西藏、辽宁
保障潜力	广东	江苏、浙江、山东、河南	四川、河北、湖南、安徽、湖北、福建、北京、云南、江西、广西	贵州、陕西、上海、辽宁、内蒙古、重庆、黑龙江、海南、吉林	山西、甘肃、西藏、新疆、青海、宁夏、天津
综合潜力	广东	江苏、浙江、北京、上海、山东	福建、湖北、四川、辽宁、湖南、河南	安徽、河北、云南、天津、陕西、重庆、内蒙古	广西、江西、贵州、甘肃、吉林、黑龙江、山西、海南、宁夏、新疆、青海、西藏

通过数据分析及聚类，31 个省域共划分为五个潜力区，分别是Ⅰ级潜力区、Ⅱ级潜力区、Ⅲ级潜力区、Ⅳ级潜力区和Ⅴ级潜力区。Ⅰ级潜力区为发展潜力强势区，聚类结果显示广东省的中医药旅游产业发展潜力非常突出，所有层面以及综合潜力指标的聚类结果都在Ⅰ级潜力区。Ⅱ级潜力区即中医药旅游产业发展潜力优势区，以江苏、浙江、北京、上海、山东等省域为代表；Ⅲ级潜力区即中医药旅游产业发展较优区，以四川、河北、湖南、湖北、安徽等省域为代表；Ⅳ级潜力区即中医药旅游产业发展潜力一般区，以内蒙古、云南、广西、江西等省域为代表；Ⅴ级潜力区即中医药旅游产业发展潜力弱势区，以宁夏、新疆、青海、西藏等省域为代表。除了广东省以外，其他省域的各项潜力值在四个潜力区的分布并不固定。

（二）我国中医药旅游产业发展潜力不同区域的特征

1. 中医药旅游产业发展潜力强势区

除了供给潜力外，中医药旅游产业发展潜力强势区只有广东一个省域，充分表明广东省具有巨大的中医药旅游产业发展潜力。第一，广东位于东南沿海，区位优势明显，交通发达，可进入性强，在吸引国内外游客方面拥有得天独厚的优势；第二，广东经济发达，良好的经济发展为中医药旅游产业的发展奠定了基础；第三，广东省拥有众多知名度高的中医药老字号企业，中医药工业发达，具备中医药工业旅游的发展潜力；第四，广东出台了一系列中医药旅游产业发展的政策及实施细则，充分引导了中医药旅游产业的发展。广东的政策潜力值在全国非常突出，以 0.827 的值领先，在所有潜力值中，与第二位的差距是最大的。可以看出，广东是我国中医药旅游产业发展的领头羊之一，其政策助推中医药旅游产业发展的经验值得众多省域借鉴。

2. 中医药旅游产业发展潜力优势区

中医药旅游产业发展潜力优势区包含的省域在四个维度并不完全一致，以综合发展潜力为例，包含江苏、浙江、北京、上海和山东。这些省域均位于我国东部沿海区域，经济发达，交通便利，人口众多，旅游产业发达，居民收入水平高，拥有良好的中医药健康意识。其中，北京在供给潜力、需求潜力和政策潜力方面均有一定的优势。北京市集中了我国重要的中医药科研院所，中医医疗实力雄厚，名中医数量众多，在国际上有很强的知名度。另外，作为国家首都，北京率先推出中医药文化旅游示范基地的评选，依托知名旅行社推出具有中医药特色的中医药康养旅游线路，东城区举全区合力加快推进"中医药文化之城"建设等等，均促进了中医药旅游产业的发展。

3. 中医药旅游产业发展潜力一般区

以综合潜力为例，中医药旅游产业发展潜力一般区包含福建、湖北、四川、辽宁、湖南和河南等省域。能够看出，这个区域主要以中部地区省域为主，主要特征是供给潜力和保障潜力较好，但是需求潜力和政策潜力一般。

尤其是湖北省和河北省，四个单项潜力均在中医药旅游产业发展潜力的一般区。湖北省既是"医药双圣"李时珍的故里，又拥有丰富的中医药资源，尤其是蕲春的艾草享誉世界。另外，河南禹州、安徽亳州、河北安国，是中国著名的四大药都之一。这些省域也都是中药材，甚至是道地药材的重要产区。但由于其需求潜力和政策潜力稍弱，中医药旅游产业发展潜力位于中等水平。

4. 中医药旅游产业发展潜力较弱区

中医药旅游产业发展潜力较弱区包含贵州、陕西、辽宁、内蒙古、重庆、黑龙江、海南、吉林等省域。可以看出，这些省域在一个或两个单项潜力值方面具有一定的优势，如天津的需求潜力，陕西、内蒙古和甘肃的供给潜力，江西的保障潜力等。另外，内蒙古在政策潜力方面也具有一定的优势，这源于国家对民族医药发展的扶持政策。近年来，国家和内蒙古自治区不仅投入大量的资金加强蒙医中医医院基础设施建设，优势重点专科建设，适宜技术服务能力建设，还积极促成蒙医中医医院通过国家二、三级医院等级评审，不断提升蒙中医药服务能力和水平。2019年内蒙古中医机构财政拨款占卫生健康拨款比例达到13.27%，居全国第1位。

5. 中医药旅游产业发展潜力弱势区

中医药旅游产业发展潜力弱势区包含宁夏、青海、新疆和西藏等省域。可以看出，这些省域均位于西部地区，虽然在中医药和民族医药方面具有一定的特色，但由于其区位不占优势，基础设施和服务等方面与前面几个潜力区的省域相比也存在较大差距。加之其经济发展水平在全国也处于靠后的位置，因此这些省域的中医药旅游产业，还需要国家及地方政府加大扶持的力度。

六、研究结论及政策启示

（一）研究结论

通过上述实证分析，得出以下结论：

（1）通过对我国中医药旅游产业发展潜力的定量计算，发现在四个层面的潜力指标中，中医药旅游产业需求潜力（0.384）>中医药旅游产业政策支持潜力（0.246）>中医药旅游产业供给潜力（0.185）>中医药旅游产业保障潜力（0.184）。从中医药旅游产业综合发展潜力来看，除广东之外，我国其余30个省域中医药旅游产业综合发展潜力值偏低。广东省的中医药旅游产业发展潜力值（0.993）遥遥领先于其他省域，远超过第二位江苏的0.735，是最后一位西藏的21倍。

（2）从中医药旅游产业发展潜力的空间差异来看，我国中医药旅游产业发展潜力的省域间差异较大，尤其是需求潜力差异最大；区域内差异当中，供给潜力、政策潜力和保障潜力都是以东部区域内差异最大，需求潜力以东北区域内差异最大。相对而言，区域之间供给潜力和需求潜力差异较小，政策潜力和保障潜力差异较大。从综合潜力来看，省域间差异＞东北区域内差异＞西部区域内差异＞东部区域内差异大于中部区域内差异＞区域之间差异。

（3）从中医药旅游产业发展的空间分布来看，我国中医药旅游产业发展潜力在空间上分为 5 级，分别是中医药旅游产业发展潜力强势区，以广东省为代表；中医药旅游产业发展潜力优势区，以江苏、浙江、北京、上海、山东等省为代表；中医药旅游产业发展潜力一般区，以河北、湖南、安徽、湖北等省域为代表；中医药旅游产业发展潜力较弱区，以内蒙古、云南、广西等省区为代表；中医药旅游产业发展潜力弱势区，以宁夏、新疆、青海、西藏等省域为代表。

（二）政策启示

第一，四力并举，夯实中医药旅游产业发展基础。当前，中医药旅游产业需求潜力相对较高，在保证需求潜力继续发展的前提下，重点提升供给潜力、政策潜力和保障潜力。因此，在中医药旅游产业需求潜力方面，要促进地方经济发展，加大中医药文化知识的宣传与普及，提升民众对中医药文化的认知与认可，提升中医药旅游产业发展的需求潜力；在中医药旅游产业供给潜力方面，要深挖中医药旅游资源，大力培养中医药旅游复合型人才，加大中医药旅游基础设施的投入；在中医药旅游产业政策潜力方面，要认真学习广东、北京等省域的政策支持经验，以政策引领，产业协同的方式，大力开发适宜的中医药旅游产品、线路等；在中医药旅游产业保障潜力方面，要持续推进"绿水青山就是金山银山"的生态文明发展理念，为中医药旅游的发展创造良好的环境条件。同时，进一步推进网络、交通设施、信息无障碍服务的发展等。

第二，因地制宜，充分发挥各省域中医药旅游产业优势。中医药旅游产业发展潜力的提升，需要从产生差异化的四个原因着手，发挥各自优势，弥补不足。中医药旅游产业发展潜力强势型的广东，应着力开发一批具有竞争力的、品牌形象突出的中医药旅游产品；中医药旅游产业发展潜力优势型的省域，应该制定因地制宜的发展战略，努力提高省域中医药旅游的服务能力、中医药旅游产业社会支持力和保障力；中医药旅游产业发展一般型和较弱型的省域，应立足于本省域的优势条件，如丰富的中药材资源，中华老字号中医药企业，知名的中医药博物馆等，通过一点带动中医药旅游产业的全方位发展；中医药旅游产业发展潜力较弱型和弱势型的省域，则需要针对本省域的区位、中医药旅游资源特色和客源市场的需求，开发出具有本地特色的、有吸引力的中医药旅游资源，同时也必须要大力提高本地区的中医药旅游综合形象，改善中医药旅游环境，提升中医药旅游企业的经营管理水平。

第三，加强区域协作，切实提升全国中医药旅游产业发展水平。在各省域中医药旅游产业发展到一定水平后，树立中医药旅游产业的区域合作意识，加强全国 31 个省域的中医药旅游产业协作，建立中医药旅游产业合作联盟，实现东西部资源共享、优势互补、互利共赢。只有各个省域的中医药旅游产业潜力得到了有效提升，区域中医药旅游产业协调有序发展，才能真正缩小省域之间、区域之间中医药旅游产业发展潜力的差异，最终提高全国中医药旅游产业的发展潜力和竞争力。

参 考 文 献

［1］曹新向：《中国省域旅游业发展潜力的比较研究》，载《人文地理》2007 年第 1 期。

［2］丁建军、朱群惠：《我国区域旅游产业发展潜力的时空差异研究》，载《旅游学刊》2012 年第 2 期。

［3］丁悦、宋金平、赵西君：《基于因子分析的青海旅游产业发展潜力评估》，载《青海社会科学》2010 年第 6 期。

［4］罗中华、云立新、王志宏、李靖、张翔：《甘肃省中医药文化旅游产业发展策略研究》，载《中国中医药信息杂志》2016 年第 2 期。

［5］马勇、董观志：《区域旅游持续发展潜力模型研究》，载《旅游学刊》1997 年第 4 期。

［6］石丹、杨慧：《基于多层次灰色方法的生态旅游发展潜力评价及实证研究》，载《中国农业资源与区划》2019 年第 2 期。

［7］田广增：《我国中医药旅游发展探析》，载《地域研究与开发》2005 年第 6 期。

［8］田媛、钟晖：《基于 TOPSIS 的山西省旅游业发展潜力研究》，载《山西师范大学学报（自然科学版）》2022 年第 2 期。

［9］王景明、王景和：《对发展中医药旅游的思考与探索》，载《经济问题探索》2000 年第 8 期。

［10］王兆峰：《区域旅游产业发展潜力评价指标体系构建研究》，载《华东经济管理》2008 年第 10 期。

［11］吴必虎：《旅游系统：对旅游活动与旅游科学的一种解释》，载《旅游学刊》1998 年第 1 期。

［12］肖岳峰、傅倩楠：《桂林发展康养研学旅行的思考》，载《社会科学家》2020 年第 2 期。

［13］袁明达、王兆峰：《基于 FCE 的大湘西旅游业发展潜力评价研究》，载《科技与管理》2009 年第 4 期。

［14］张广海、刘真真、李盈昌：《中国沿海省份旅游产业发展水平综合评价及时空格局演变》，载《地域研究与开发》2013 年第 4 期。

［15］张其成、罗浩：《北京中医药"老字号"文化旅游资源调查与分析》，载《中医杂志》2020 年第 12 期。

[16] Ankomah, P. K. and Crompton, J. L. , 1990: Unrealized Tourism Potential: The Case of Sub – Saharan Africa, *Tourism Management*, Vol. 11, No. 1.

[17] Gedecho, K. E. and Guangul, T. A. , 2017: TourismPotential and Constraints: Considering the Natural and Cultural Attractions of South Omo, Ethiopia, *African Journal of Hospitality*, *Tourism and Leisure*, Vol. 6, No. 1.

[18] Karadeniz, E. and Güdük, T. , 2020: Evaluation of Mersin Province Sports Tourism Potential by SWOT analysis, *Journal of Tourism Theory and Research*, Vol. 6, No. 2.

[19] McKercher, B. and Ho, P. S. Y. , 2011: Assessing the Tourism Potential of Smaller Cultural and Heritage Attractions, *Journal of Sustainable Tourism*, Vol. 14, No. 5.

[20] Okonkwo, E. , 2015: Religious Activities and their Tourism Potential in Sukur Kingdom, Nigeria, *International Journal of Religious Tourism and Pilgrimage*, Vol. 3, No. 1.

[21] Teye, B. V. , 1987: Developing Africa's Tourism Potential Prospects and Issues, *Tourism Recreation Research*, Vol. 12, No. 1.

Research on the Development Potential of Traditional Chinese Medicine Tourism Industry in China

—Based on Entropy Weight TOPSIS

Chaoping Qi

Abstract: With the increasing attention of residents to health, TCM tourism is becoming more and more popular. China is rich in traditional Chinese medicine tourism resources, and there are many TCM tourism products that can be developed, but it is still in the early stage of development due to the influence of many factors. Based on the tourism system model, this paper constructs the development potential evaluation indicators of supply, demand, policy and guarantee for the development of TCM tourism industry. Based on the cross-sectional data of 31 provinces in 2019, the entropy weight TOPSIS method was used to empirically analyze the development potential of TCM tourism industry. The results show that the development potential of each dimension ranking demand potential > policy potential > supply potential > guarantee potential of TCM tourism industry. Using SPSS27 software, supply potential, demand potential, policy potential, guarantee potential and comprehensive potential of the TCM tourism industry were clustered and analyzed, and the 31 provinces in the country were divided into five levels of TCM tourism industry development potential areas-strong area, advantage area, general area, weaker area and the vulnerable area. Accordingly, the four forces are put forward to consolidate the foundation simultaneously for the development of the TCM tourism industry in an all-round way, give full play to the advantages of the TCM tourism industry in various provinces in accordance with local conditions, strengthen regional cooperation, and effectively improve the development level of the TCM tourism industry.

Keywords：Traditional Chinese Medicine Tourism Industry　Development Potential　Entropy Weight　TOPSIS

JEL Classification：Z310　Z320

| 第 22 卷第 3 辑 | 产业经济评论（山东大学） | Vol. 22　No. 3 |
| 2023 年 9 月 | Review of Industrial Economics | September 2023 |

情感计算风险在数字行政治理中的扩张及其规制

高天书[*]

摘　要： 情感计算技术的运用有助于辅助政府提升服务能力，促进数字行政治理的能力提升与体系优化。基于国家治理对情感治理的重视，数字行政治理也必须着重关切情感计算之于行政治理的意义。但囿于技术本身的特质与技术被滥用的可能，情感计算在数字行政治理中也存在诸多风险。需要在明确情感计算技术的运行逻辑基础之上，就其在数字行政治理中的风险点进行归纳、分析或者是预测，并在行政法治原则之下从技术本身以及技术运用两个层面上，通过法律手段规避其可能存在的风险。为此，在针对情感计算技术本身上，需要为情感计算逻辑嵌入人机情感协同的规训维度、为情感计算迭代增设合理性与正当性要求。在技术的运用上，需要为信息权益保护赋予情感数据规制手段、为数字行政治理设置应用情感计算的标准与限度以及为情感计算应用划清价值底线与伦理禁区。

关键词： 数字政府　行政法治　情感计算　公民隐私　权力膨胀

一、问题的提出

党的十九大提出了"智慧社会"这一概念，以顺应互联网、区块链、大数据、人工智能等高新技术的快速发展（帅奕男，2021）。在国家和政府治理领域中，建立"数字政府"或"数字法治政府"的呼声也越发高涨。在 2023 年发布的《中国法治政府评估报告（2021—2022）》中，"数字法治政府"成为新增的法治政府评估一级指标，而"智能高效"则属于该指标体系中的观察点之一（中国政法大学法治政府研究院，2023）。在此种智慧化、智能化的转型趋势下，情感计算已然成为数字行政治理的关键性技术，行政治理的智慧化转型需要依赖于对情感治理的数字化发展。虽然目前各类人工智能体已经具备了一定的自主交互能力（何明升，2022），但缺失情感要素（主要是情感感知与情感反馈）的智能体始终无法实现真正的"智慧化"。尤其在"情理社会"中，仅关注科学性、知识性和合法性的机械行政治理是

---

　*　感谢匿名审稿人的专业修改意见！

　　高天书：中国政法大学"2011 计划"司法文明协同创新中心；地址：北京市海淀区西土城路 25 号，邮编 100088；E-mail：gts1997@126.com。

无法满足行政治理的现实需求的。基于国家治理对情感治理的重视，数字行政治理也必须着重关切情感计算之于行政治理的意义。因此，部分政府平台已经逐步将情感计算或"数据画像"纳入公共安全防范系统、应急管理决策系统和基层网格化治理系统的建设中（马平川，2023），以推动行政治理的智慧化转型。

我国对新兴技术的规制多采用回应型立法模式，即先给予新兴技术足够的发展空间，只有这些技术问题积累到一定程度且足够显著时才开始反思规制路径。实际上，上述特点在情感计算的发展与应用过程同样存在甚至更加突出，本文认为，这是由情感计算在行政治理中的一些特殊性所决定的。

一方面，情感计算在行政法中的应用是一个前沿领域。目前，关于情感计算的研究多是立足于技术层面展开探讨，从法律视角切入对情感计算的主要风险与规制路径的研究仍然较少。以"情感计算"并含"法律"为关键词在中国知网进行检索，发现与该主题直接相关的文章仅有 2 篇①，且该 2 篇文章主要是聚焦于法理层面对情感计算可能带来的法律风险以及规制路径进行分析与构建。截至当下，仍然未有研究专门关注于情感计算在行政治理当中所可能产生的问题。这说明，关于情感计算的法律研究尤其是行政治理的研究仍然十分薄弱，并不能为实践应用提供充分的理论供给，指引其在正确的轨道上合理运行。实际上，我国是世界上情感计算主要的研发和应用国家之一，目前关于情感计算的应用已分布多个行业，包括医疗、教育、商业、就业、执法等。但因法律研究滞后于高速发展的科学技术，使技术发展不受规制与约束，在行政治理过程中极大地"溢出"了法治轨道，并由此引发了一系列问题：包括危及人的自由与尊严造成人的客体化、权力行使溢出侵犯公民隐私权等。那么，如何保障情感计算得恰当、合理、准确应用都是亟待理论予以解答的问题。

另一方面，情感计算在行政治理中的应用还是一门科学理解人类情感的交叉学科。这要求在对其研究时不仅需要具备专业的法律知识予以支撑，还需要同时掌握计算科学、心理科学与认知科学等方面的知识，这无疑会给行政法学研究者带来一定的挑战。当行政法研究者对情感计算的具体运行逻辑和设计原理缺乏清晰认知时，并不能及时准确发现应用问题，并基于其提出质疑与构建合理的技术路径予以规制。可以说，相关研究人员综合知识储备的不足进一步加剧了实践需求与理论供给之间的失衡状态，两者之间的良性运转状态一时无法实现。此外，情感计算还要求对一些传统概念进行反思，比如，情感信息到底是属于敏感信息还是一般信息，其所分属的信息层级不同，行政治理的使用要求和程序也相应不同；又如，情感计算在行政治理当

---

① 此两篇文章分别为，王禄生：《情感计算的应用困境及法律规制》，载《东方法学》2021 年第 4 期；褚婧一：《情感计算的信息隐私法律风险及其应对》，载《交大法学》2023 年第 3 期。

中的运用会因伦理、技术等方面的困境而折损公众对政府的信任度，如何维护和强化行政治理的权威性、公信力也是亟待重视的问题。

基于此，就需要在明确情感计算技术的运行逻辑基础之上，就其在数字行政治理中的风险点进行归纳、分析或者是预测，并在行政法治原则之下从技术本身以及技术运用两个层面上通过法律手段规避其可能存在的风险，促进我国政府服务能力的提升，加快政府治理体系与治理能力现代化建设。

二、数字行政治理中情感计算的应用现状

自"情感计算"（affective computing）这一术语在 20 世纪被 R. W. Picard（1997）提出以来，有关该项技术的理论研究与实践应用便不断涌现。我国 2019 年发布的一篇报告将情感计算列为人工智能的分支，并系统性地介绍了其主要适用范围，包括课堂教学、情绪监测、医疗康复、舆情监控等①。近年来，情感计算业已被广泛地应用于医疗、教育、就业、商业、执法等诸多领域之中（王禄生，2021；龚善要，2022；岳远雷、徐着雨，2022）。与此类似，对于作为人工智能技术的情感计算而言，它对行政治理的嵌入也意味着人类智能体与人工智能体同时成为政务服务的提供者（王张华、颜佳华，2020），从而使得人类在数字行政治理过程中能够充分运用技术治理逻辑来增强其治理能力。

（一）情感计算服务行政治理虚拟场景搭建

目前，情感计算在虚拟场景中的应用主要存在于司法活动中。例如，2019 年 6 月 27 日搜狗与北京互联网法院联合推出了全球首个"AI 虚拟法官"，其依托数字分身技术，能够快速学习用户的表情、声音等特征，并进行高度拟真化的反馈。虽然在这种拟真式的智慧诉讼服务中，情感计算只是为合成个性化语音和完成人脸表情建模服务的，其本身并不直接面向用户情感状态的感知与分析，但类似技术的兴起却意味着情感维度已经可以通过情感计算被纳入虚拟场景搭建的过程之中。在可预见的未来，实时性、具象化、沉浸式的法律交往和协作已经呼之欲出：参与者的各种生理信号都可以通过情感计算技术进行特征提取与情绪展示，使得虚拟场景中的"数字分身"具备与现实相一致的情绪生成和表达能力。事实上，司法空间的"脱域化"同样适用于行政治理领域。数字技术的繁荣发展使传统的行政治理行动得以在虚拟场景中进行，数字空间或"元宇宙"（metaverse）为实现跨时空

---

① 参见清华大学人工智能研究院、北京智源人工智能研究院、清华－工程院知识智能联合研究中心：《人工智能之情感计算》（*Research Report of Affective Computing*），https：//static. aminer. cn/misc/pdf/emotion. pdf。

行政治理奠定了基础。在搭建虚拟行政治理空间的过程中，情感计算能够有效复现参与者内心情感状态，从而使被建构出的虚拟场景更具拟真性。基于此，国家权力的运作就摆脱了一般物理世界的约束，各项行动都能够在虚拟场景中展开，极大地提高了行政效率与治理便利性。

发挥此种服务功能的意向并非出于对情感计算司法应用的简单模仿，因为行政治理场域中的情感计算相较于司法而言更具有必要性。我国的政治生态讲求技术治理与情感治理并重，公民对政府的情感始终是国家与公民政治生活的起点和终点。行政管理者在面对具体行政治理情境时，要能够在移情过程中产生与他人经历上的一体感（王锋，2022）。近年来逐渐兴起的"情感治理"话语要求政府在公共治理中重视"人"及其情感的回归，这种对理性、制度和技术治理进行了深刻反思的倾向能够有效柔化行政治理中的刚性结构，成为国家治理体系的"润滑剂"。虽然情感治理的叙事通常由于"治理重心下沉"的需要而被局限在"社区治理"或"基层治理"等层面（王丽萍，2021），但现代社会的群体离散性导致这种情感联结的必要性已然不仅体现在社区治理中。作为整体的国家和各级政府都必须及时了解公民的情感动向，并明晰此种情感产生的原因。目前，该叙事方式或话语尚未扩展至更广的层面，原因之一就在于传统行政治理与尚未成熟的数字行政治理活动对情感的感受与认知存在障碍，人力、时间等资源的有限性导致情感治理无法彻底展开。

情感计算已经成为情感治理的另一条路径，它可以在技术层面上有效克服行政治理在获取、分析情感要素能力方面的阙如，使得行政治理活动能够不再囿于对主体外在行动的识别，而更能够直接深入主体的个性领域的情绪或情感维度（张新宝、葛鑫，2021）。一方面，通过情感计算技术，治理主体能够结合人类智能体与人工智能体的"双重智慧"，补强其在现实治理活动中对治理对象情感状态的认知能力，提供更具针对性和个性化的政务服务，从而极大地提升行政治理效能；另一方面，情感计算能够帮助治理活动中的各方参与者在虚拟场景中获得更真实、更具象化的体验，使治理者能够了解被治理者的真实情感反馈，透过传统的信息媒介接触治理对象行为背后隐藏的真实目的和深层情感需求，从而进行相应的行动或制度调整。此外，在理想的虚拟交互场景中，情感计算是针对治理者和治理对象双方同时进行的，这使得数字行政治理不仅能够满足各方的拟真性需求，还能完成对传统"面对面"式行政治理模式的超越。不同于以往"政府—公民"的单向度治理方式，奠基于情感计算技术的数字行政治理体系能够帮助参与者们获致立体的、双向的"情感蓝图"，从而"强化公职人员与群众之间的情感互动"（徐明强，2022），使治理活动的各方参与者之间能够在内在情绪或情感的层面形成紧密联系。基于此，情感治理与数字行政都能够在某种程度上超越现有的体系。对"人"及其情感的关切不仅要求治理者密切关注治理对象的情感状态，还要求被治理者能够适当理解治理者所肩负的责任。在此过程中，情感计算不仅为搭建一个和谐的虚拟治理场景提供可能性，还为数字行政治理活动设定了限制框架：情感计算使治理者消极的情感反应无所遁形，而为建构一个健康的行政治理面貌，各治理主体必须抱持诚恳的态度，否则便无法在情感计算中获得积极反馈。

（二）情感计算适配行政执法技术工具升级

对于行政执法而言，捕获特定主体主观情感状态的能力不仅是提升执法能力水平、实现行政执法效率的重要一环，更是提高行政治理过程中人民群众满意度的有效途径。然而，由于情感具有一定"神秘性"（王峰，2019），仅凭人类智能准确获知特定对象的完整情感状态较为困难。因此，在数字行政治理的背景下，借助情感计算适配行政执法技术工具升级实为必要。近年来，"阿尔法鹰眼"公司推出了运用情感计算技术的一系列产品，并且已经在北京、广州、杭州等地完成了项目试点测试。该系列产品的核心技术是基于前庭情感反射理论，通过视频动态分析精神生理参数来监测危险人物，即通过摄像头采集的人体面部视频流，分析头部和颈部微小肌肉振动的频率和振幅，计算出个人压力、侵略性和焦虑度等参数，甄别有自体原发性焦虑紧张状态的潜在可疑危险人员，并将受测人员的状态区分为"休息或安静状态""正常或平和状态""焦虑或紧张状态"和"激动或攻击状态"等，以辅助安检人员进行排查[①]。与此类似的技术或产品还包括"灵视多模态情绪研判系统"（针对审讯问询场景的业务系统)[②]、"审讯场景的无感知情绪检测分析系统"[③] 等。

由此观之，当前情感计算在行政执法中的应用主要聚焦于审讯问询或治安管理等场合，而上述技术或产品所体现出的适配意义体现在对行政执法多源数据融合能力和多模态（multimodel）情感分析能力的改善上。与单模态相比，多模态情感计算无论是在准确率还是效率上都具有显著优势（D'Mello and Kory，2015）。一般而言，情感计算的输入信号包括视频信号（或图像信号，包括肢体动作、面部表情、姿态特征等）、音频信号（或声音信号，包括音色、语调等）、文本信号（包括词性、词频、语词位置等）和生理信号（包括体温、脑电、皮肤电、心电、呼吸频率、眼动等）。人们往往能够通过单模态情感条件和特性分析出特定对象的情感状态，并进一步确认对象的情

---

① 参见《生物识别 3.0 时代，阿尔法鹰眼想用"情感计算"布局智慧安全》，36 氪，https：//www.sohu.com/a/137016839_114778。

② 参见《多维度识别情绪，这家公司要打造审讯问询的 Alpha Go》，亿欧，https：//www.sohu.com/a/303378512_115035。

③ 参见《太古计算行为分析技术，让生活更智能，更美好!》，太古计算，http：//www.taigusys.com/news/news145.html。

感或立场极性（即反对、支持或中立）（权学良等，2021；饶元等，2018；付心仪等，2020）。然而，情感识别的方式具有多样性，人们在日常生活中一般也会采取多模态的方式对情感进行感知，从而形成一个立体、全面、完整的认知结果①。在此过程中，人类在知性或能力上的局限性往往会导致情感计算结果出现偏差，而上述技术的应用则能够有效弥补这一短板。情感计算将多源数据进行融合，使数字行政治理主体能够统合分析受审讯、问询或管制者所提供的文本、语音、视频、生理信号等多模态信息，最大限度地复现执法对象的内心情感倾向与立场，极大地提高了识别的准确率，从而帮助执法人员排除外界干扰和主观偏见，作出更为准确和理性的决策。

以往的行政执法技术工具通常仅用于收集相关决策或行动所需的信息，而具体的分析与判断仍仰赖于执法人员的审慎决断。然而，当行政执法工作面临大量难以处理的数据，或公职人员因个人和职务原因而陷入消极状态（如身心疲倦、情绪低落等）时，相应的执法行动会受到极大的影响，行政相对人的切身利益也会因此受到波及。感知、判断特定主体的情感状态十分耗费精力，其对于执法人员的能力提出了极高的要求；而在审讯或长期的治安秩序维持过程中，执法工作效率更会随着时间跨度的延伸而逐渐降低。情感计算技术能够将上述负面影响降至最低，借助人工智能的持续性优势，替代部分耗时、耗力的人力活动，从而长久、高效地维持公共秩序。它不仅能够大幅降低执法人员的时间和精力损耗、提高行政效率，还可以借助相关技术产品提供的科学分析提升行政执法活动的合法性与合理性。同时，现代的人工智能与情感计算技术能够通过深度学习不断增强自身的独立分析和判断能力，而这也能够弥补人工智能体和人类智能体之间在决策能力上的差距，充分发挥人工智能之于人类智识的效能优势。基于此，情感计算虽然本质上仍属于行政治理的技术工具，但却已经初步具备了分享、执行人类智能的能力，它承担了部分实质性决断职责，并使行政执法技术工具从传统的"收集信息型"升级为"智能分析型"。

（三）情感计算推动行政治理的智慧化转型

一方面，情感计算使行政治理行动更具体化，使其能够更好地满足建设服务型政府的需要。党的十九届四中全会提出，要建设人民满意的服务型政府。传统行政治理模式沉浸于科层制体制内部的政治需求和政治目标，却忽视了与公众之间的情感联结，而后者恰恰与人民对于政府的满意程度密切相关。若要在数字时代建成服务型政府，就必须借助数字技术提高政府关切政

---

① 例如，人们在交流时，如果在倾听到内容的同时也观察到了发言者的语气和语调以及面部表情和肢体行为，则会更加准确地帮助我们理解和判断出发言者说话的动机、意图以及相应的情感状态。参见饶元、吴连伟、王一鸣、冯聪：《基于语义分析的情感计算技术研究进展》，载《软件学报》2018 年第 8 期。

务服务对象情感、态度和立场的能力。情感计算能够帮助治理主体精确剖析治理对象的情感状态，判断情感极性、收集倾向数据，从而使治理者能够根据不同的情感反馈及时、全面地获悉治理举措的产生的社会效果和影响，并在合理、合法的框架内适当调整治理措施。毫无疑问，这种具有针对性的、具体化的技术路径，能够极大限度地满足不同个体和群体的多元化需求，使作为独立个体的"人"（而不是抽象的"社会"）感受到"行政为民"的力度与温度，在个性化与凝聚力之间形成良性互动。

另一方面，情感计算推动了行政治理的内生发展，扩充了行政治理介质。传统行政治理模式主要关注治理对象的外在行为，且"数字行政治理"的话语体系也仅仅是对"外在行为"进行了一定的延展（至数字空间）。然而，情感计算更为直接地触及人们的内部心灵，它并不是简单地将主体的精神世界复现于数字空间，而更具有现实意义：当人们的情感状态可以被感知、被计算、被分析，行政治理的介质就从外在行动扩充到了精神领域，治理者就不能只关注治理行动的外部效益，还需注重治理行动在被治理者内心产生的内生效果。更为重要的是，此种精神或情感需求不能由治理者肆意假设或遐想，其实质内涵已然可以通过情感计算得以确证，而这在一定程度上也构成了对行政治理者职责的扩张以及对其行政权力的约束。

总而言之，以情感计算为代表的人工智能等新兴数字技术对我国的行政治理体系已经且必将持续产生深刻的影响。面对数字时代下的智慧化转型及其隐含的风险，治理者必须与时俱进，正确对待技术发展所带来的正面和负面影响，及时调整行政治理观念、革新行政治理方略、完善行政治理手段，如此方能在时代的浪潮中稳步推进国家治理体系和治理能力现代化进程。

三、情感计算在数字行政治理中的风险扩张

情感计算存在着较多的"高风险"应用，在数字行政治理过程中也不例外。对风险的准确界定是进行有效规制的前提，具体而言，情感计算在数字行政治理中的风险主要有下。

（一）情感计算中情感信息与生物信息的界定困难

《欧盟人工智能协调规则的提案》第 3 条明确，情感识别系统是一种人工智能，用于根据自然人的生物特征数据识别或推断自然人的情绪或意图。其中，"生物特征数据"属于"生物信息"的范畴，而"自然人的情绪和意图"则属于"情感信息"的范畴，只有对两者进行有效界定，才能厘清应重点收集和在输入端输入何种信息，继而进一步展开情感计算。然而，情感信息与生物信息具有相似性，情感信息在一定程度上依赖于甚至等同于部分生物信息，这就产生了情感信息与生物信息的界定难题。具体而言，生物信息

包括生物识别信息和生物反馈信息。生物识别信息能够直接、准确地体现个人的生物特征，根据我国《信息安全技术 个人信息安全规范》附录 B 所提到的到，"个人生物识别信息包括个人基因、指纹、声纹、掌纹、耳廓、面部识别特征等"。而生物反馈信息的收集与处理则是为了识别信息主体的情感状态，具有一定的主观性和难以辨别性。

现阶段情感计算的第一步是通过各类传感器实现对自然人各类生物信息的"感知"，感知阶段数据来源多样，包括声音、表情、肢体语言、姿势等各类生物数据。在"感知"的基础上实现对生物信息的"识别"，即解析出某一生物信息当中所蕴含的情感状态。人工智能通过不断的积累上述流程与深度学习，最终形成固定的情感识别算法模型。在后续运用过程当中，即可通过输入定向生物信息相应输出定向情感状态。通过上述技术路径可知，情感计算是意图通过生物信息来揭示情感信息。两者之间的种属关系导致某些生物信息是否是情感信息的载体或反应难以界定，由此产生了以下消极影响：一是为行政机关肆意扩大信息收集范围与滥用权力创造了条件；二是使在情感计算时到底在输入端输入何种信息处于一种模棱两可的境地。三是因对信息收集的不准确导致计算结果出现偏差，继而对行政决策的作出产生消极影响，提高错误决定的可能性。

（二）情感计算应用以操纵情感侵犯信息隐私

理性与情感是影响用户作出决策的两类因素。情感操纵是指网络平台在情感识别的基础上向用户投放相关信息，以利用、控制或影响用户情绪的方式指引其作出相关决策并获得相关利益（褚婧一，2023）。情感操纵的前提是情感信息的获取，情感操纵的实现依赖于对感情信息的计算。无论是情感信息的获取、还是情感信息的计算都具有侵犯隐私权的较大风险，具体表现有下。

首先，情感信息的本质特点使其可能侵犯隐私权。情感作为人的一种内心感受，并不愿意为外人所察觉或知悉，自然人在社会生活中甚至会有意识地对个人情绪进行伪装。根据《中华人民共和国民法典》第 1032 条第 2 款规定："隐私是自然人的私人生活安宁和不愿为他人知晓的私密空间、私密活动、私密信息。"那么，当自然人的某一种情感是不愿意被他人所察觉或知悉的，应肯定该种情感具有一定的秘密性和敏感性，属于"隐私"的一种。在数字行政治理过程中，对自然人所流露出来的情感信息进行大范围收集，具有对隐私权构成侵犯的较高概率。

其次，通过对情感信息的归纳计算更易达到侵犯隐私的程度。虽然直接显露在脸上的表情是一种"公共泄露"（public leaks），并无法达到私密的程度；但当行政机关通过对表情的标记、识别与分析并据此作出判断时则极可能达到上述程度。如前述阿尔法鹰眼通过视频动态分析精神生理参数来监测危险人物，即通过摄像头采集的人体面部视频流，分析头部和颈部微小肌肉振动的频率和振幅，计算出个人压力、侵略性和焦虑度等参数，甄别有自体原发性焦虑紧张状态的潜在可疑危险人员以辅助安检人工排查①。诸如对个人压力、焦虑度等的揭示则具有了明显的深入性与侵入性，便流露出了"隐私"的意涵，尤其是当对情感算法进行不当使用或者滥用时，更不可避免地会引发对隐私权造成侵犯的质疑。

再次，个人对何种情感信息将会被收集失去控制力。隐私之所以重要，在于其关乎一个完整、独立、自觉的"人"而非一个固定、透明随时被预测的人（李延舜，2022）。也就是，其需要对信息具有控制的能力，既能控制自己的何种信息能够被披露，又能控制自己的何种信息不被披露。诚如美国著名隐私权学者索罗韦伊曾提出的，隐私保护制度"应当是个人能够自主选择何种信息可以被收集与使用的制度，在这一制度下，个人对其隐私信息的使用享有充分而自由的选择权"（索洛韦伊，2014）信息情感操纵却使该控制力失灵，并主要表现在两个方面：一是无力控制何种情感信息被以数据的形式呈现；二是无力决定何种信息能够脱离个人控制而进入公共领域。据此，情感操纵在数字行政治理过程中引发了极大的隐私权危机。

最后，为准确进行情感计算大量收集的信息也加剧了侵害隐私权的风险。人类的情感既是与生俱来的，有可能受后天环境的影响。根据纽约研究所的研究，情景、社会和文化因素都会对情感表达产生重要影响。那么，遗漏某一信息都可能对最后结果的准确性产生消极影响。因此，在进行情感计算之前，需要大范围、大数量地采集关于情景、环境与背景等方面的信息。无疑，当收集的信息越多，可能揭露与展示个人隐私的深度与范围越大。可以说，这个过程会进一步加剧侵犯个人信息与隐私的风险。

（三）情感计算应用以机器情感对抗情感自主性

不少人因算法的自主发展而产生机器人将会超越并替代人类的担忧，但从人的秉性出发，此种担忧有过度之嫌。具体而言，人的秉性包括智性、心性与灵性。人工智能的概念涵盖了逻辑推理、可计算性、规则性、功利性和经验，总体来说是智性的体现。但算法能否发展出来心性和灵性则是一个可想但不可及的问题（於兴中，2022）。实际上，情感计算便试图以机器情感来对抗人的心性与灵性，或情感的自主性。

情感计算在司法实践中有多种表现形式，具有代表性的有文本情感计算、语言情感计算以及面部表情情感计算等。具体而言，首先，文本情感计算包括文本信息采集、情感特征提取以及情感信息分类三个部分，具体实现

---

① 参见《生物识别 3.0 时代，阿尔法鹰眼想用"情感计算"布局智慧安全》，搜狐，https：//www.sohu.com/a/137016839_114778。

路径为"文本信息采集模块通过文本抓取工具获得情感评论文本，并传递到下一个情感特征提取模块，然后对文本中自然语言文本转化成为计算机能够识别和处理的形式，并通过情感信息分类模块得到计算结果"。（张瑞，2017）其次，语言情感计算则是指通过对语音信号的测量、分解、分析、合成等方法来进行情感方面的计算，从而使计算机具备一定程度的情感能力。如，在医疗系统中探索适用的情感聊天机器人便是一种典型的语言情感计算，其本质是一种包含信号分析和自动语言识别、语义分析和对话策略、响应生成和语音合成组建的自主系统，可以使用情感计算技术与病人进行交互，以检测情感，确定并模拟情感答案（Braun et al. , 2021）。最后，面部表情情感计算与语言情感计算的运行机理基本相似，只是将所收集分析的对象变成了人脸表情模态，通过对面部表情的分析来辨别其蕴含的情绪。面部表情识别已成为当下十分普及的情感应用模式。如，浙江某学校便探索适用了全国首个智慧课堂行为管理系统，"通过摄像头捕捉同学们的面部表情和动作，可以对课堂上学生的行为、表情等进行统计分析，并对异常行为及时反馈"（纪驭亚，2018）。

通过对以上不同情感计算类型运行机理的剖析，可以发现其核心技术逻辑在于"通过情感测量和建模的过程，从定量的方面将情感客观化"（朱敏，2023）。要想将此技术落地，需要满足以下三个前提：一是一个人的内在情感需要能够通过外在表现予以展示；二是上述内在情感的外在表达需要在提取上具有普遍性；三是这种挖掘需要足够的可靠能够支撑作出决策。遗憾的是，情感本身的主观性、自主性更强，一个生理信息与某一情感之间并不具有唯一性的联系，可能会承载多重感情。整体而言，心理生理数据非常复杂，难以证明其与情绪之间的因果关系（Ward and Marsden, 2004）。而且，不同的文化传统与社会背景，个人的成长环境和社会经历，甚至在仅有细微差别或相同的情况之下，都可能对人的感情产生影响。况且，现有技术尚不成熟，并无法准确地对多样化、各有差异的情感进行准确标记。故而，意图用机器算法来对抗主观性、自主性的情感难逃为时过早之嫌。

（四）情感计算应用易导致算法公权力过度扩张

情感计算在给行政治理带来便利的同时，也伴随着一系列公权力不断扩张的风险。具体而言，权力的扩张主要来源于以下三个方面：

其一，算法黑箱滋生权力滥用风险。美国大法官路易斯·布兰代斯（Louis Brandeis）曾言"阳光是最好的消毒剂"。即，透明原则是促使权力规范运用的一项重要原则。透明原则也是我国行政管理领域的一项重要原则，规制依据公开、行政信息公开、听证制度以及行政决策公开等都是重要体现。前文已述，情感计算的范式是在采集数据的基础上借助算法模型准确识别出信息当中所蕴含的情感。鉴于算法的技术性和专业性，除了少数研发人员外，外部人员很难对算法的运行有充分了解和掌握。即使现下对"算法黑箱"危害性的认识不断深化，并尝试通过对解释权等权利路径的探索予以规制，但当算法在进行深度学习之后，研发人员对算法模型可能也做不出有效说明，更遑论据此作出决定的行政机关了。也就是，数字行政治理权力是在一个密闭、不透明的环境中运行的。权力是否合法运行、依规运行、谦抑运行等都处于"看不透、所不明"的状态之中。况且，"一切拥有权力的人都容易滥用权力"，尤其还是在缺乏有效制约的情况下。那么，当算法模型是在此种秘密状态下运行时，"算法黑箱"的存在将容易使公法权力产生过度扩张的危险。

其二，情感计算的监控效力诱发权力膨胀。"情感计算应用的重要假设是可以推断内心的真实情感，并应当以此为基础作出决策。"（王禄生，2021）当通过情感计算能够识别每个人的情绪时，实则是将人放置在秘密且全方位的监控之中。尤其是当通过一个人的细微生理行为如语言行为、面部表情等便可分析出此人的内心感受、想法与偏好，便犹如使人处于一个单向透明的"圆形监狱"之中，永远处于监视者的目光之下。无疑，此种严重的不对等便是权力极大扩张的直接体现，将会使人陷入极度恐惧的境地之中。在数字行政治理当中，这种监控效果虽然会给行政机关作出决策提供便利，使行政机关能够及时地发现有关人员的非法行为或不法举动等，从而更高效便捷地进行社会治理，但此种不透明性、不对等性却也意味着数字行政治理中权力正在被大规模无限制地使用，处于一种膨胀、异化甚至是非法治化的趋势之中。

其三，情感计算易使算法监管的政府失灵。在数字行政治理过程中，情感计算的恰当运用需要有准确的情感信息以及科学的算法模型予以支撑。相应地，为了实现对算法的有效规制，政府治理算法至少应包含以下内容："掌握技术公司生成的关于算法运行目标的记录、审查技术公司生成的关于算法运行目标的记录、审查技术公司披露的与算法计算相关的信息、监管算法运行的各流程，并对整个算法过程中产生的问题进行问责、要求技术公司及时纠偏等。"（谭九生、范晓韵，2020）然而，一方面，诚如上文所言，情感信息是十分主观、多样的内容，生理信号与情感信息之间的连接并不具有必然性、唯一性与普适性。基于情感信息的此些特征，监管政府在监管时也无法有效及时地发现问题与其"病灶"。另一方面，算法"黑箱"的存在使得算法缺陷与漏洞通常也难以被发现，而且监管政府作为"外行人"在面对算法模型这个专业问题时更是束手无策的。可以说，这造成了政府对情感计算应用的监管失灵，算法在一定程度上成为行政决策的"实际做出者"，行政权力因为情感计算技术的介入而不受控制，继而对政府的公信力产生消极影响。

总体来说，关于情感计算的研究步伐尚与其快速发展的现状并不匹配，诸如其在行政治理中的运行逻辑、正当程序、配套措施等基础性的理论问题都还有待进一步探析和研究。唯有此，才能以理论研究支撑、规范和指引技术发展，减少技术应用带来的消极影响，最大化实现情感计算对行政治理的有益之处。

四、数字行政治理中情感计算风险的规制路径

情感计算是通过情感计算技术对人类情感状态的感知、识别、模拟和影响（王禄生，2021）。我们既要承认情感计算日益嵌入数字行政治理带来的便利，也要对情感计算的风险进行规制。

（一）为信息权益保护赋予情感数据规制手段

通过情感计算技术原理可知，机器无法真正体验人的情感，它只是通过主体发出的情感信号推测主体的真实情感，情感计算发挥实际效能的关键在于接收主体发出的情感数据并据此对个人情感和行为进行分析。由于数据是情感计算的基础，在数字行政治理中控制情感计算的风险，首当其冲的是基于情感数据的规制。

第一，行政机关使用情感数据应当符合现行法律要求。基于技术赋权和数据赋权的逻辑，情感计算助力数字行政治理实际上扩大了行政机关的权力。基于公权力——私权利的传统理论，公权力的无序扩张必然带来私权利保护的难题，为此应当保护和加强行政相对人的权利保障（张婧飞、姚如许，2022）。我国以《中华人民共和国个人信息保护法》为基础，建立了个人信息处理的合法性条件，情感数据如果符合个人信息保护法中对个人信息的界定，也即具备身份识别功能，则行政机关使用情感数据必然受到上述法律的调整。例如，人脸情绪数据是人脸情绪识别算法特有的一类数据，这类数据的法律地位和相关主体的权利义务安排将直接规制对人脸情绪数据的收集、存储、使用、加工、传输、公开、删除等（包康赟，2022）。

第二，行政机关应当建立情感数据使用的内部合法性审查机制。在行政治理中运用情感计算技术应当建立内部的合法性审查机制，确保数字行政符合行政法治原理。该审查机制应当由专门机构负责，其目的是进行动态的情感数据使用合法性控制，具体职权包括：其一，对情感计算算法设计者和使用者进行合法性评估；其二，定期发布评估报告披露对情感数据的使用状况；其三，对违反法律标准的情感数据使用行为进行纠正；其四，对造成严重后果的受理机关进行问责。该专门机构还可以建立电子监察管理系统，对数字行政治理中的情感数据的使用进行全过程监督，实现异常数据使用、可能侵害相对人权益进行错误预警（查云飞，2021）。

第三，行政机关应当完善情感数据保护措施，具体包括：其一，情感数

据的存储和传输应采取加密和安全传输协议，防止未经授权的访问和篡改。其二，情感数据的访问权限应限制在有必要的人员范围内，避免非授权人员的访问和使用。其三，在情感数据的处理过程中，应采取匿名化和去标识化的方法，以保护个人的隐私，降低个人信息被识别和追踪的风险。

（二）为情感计算逻辑嵌入人机情感协同的规训维度

人机情感协同是克服情感计算风险的必经之路，因为一方面，人工情感技术的发展面临着生理信号的采集和通用性问题以及情感信息捕获技术的标记问题等（之江实验室等，2022）[①]，由于情感计算的情感数据来源不足且质量欠缺、情感算法设计得不完善、情感计算的应用效果有待提升等因素，情感计算在行政治理中存在人机脱节的障碍（石磊，2022）。另一方面，就目前的情感计算发展水平而言，其还处于相对的"弱智能"阶段，在行政治理中扮演的是辅助性、工具性的角色，必须走向人机协同。人机协同的本质是以人为本，由人、专家和智能机器三个子系统构成（钱学森等，1990）。为情感计算嵌入人机情感协同应从这三方面入手。

第一，提高情感计算算法的透明度和可解释性是人机情感协同的前提。实现人机协同以人能够理解算法为前提，为此应当提高情感计算算法透明度和可解释性。行政机关应当加强对情感计算算法研发和使用过程的监管，建立算法审查制度，要求情感计算算法提供者审查防止算法偏见，提高情感计算的可信度和可接受性。情感计算系统应当提供清晰的解释和逻辑推理，使得决策过程可以被人理解和评估。透明度和可解释性的要求可以通过技术手段来实现，通过公开算法原理、数据来源和训练过程等信息使公众能够了解情感计算的运行机制和结果生成过程。

第二，行政机关应当推动建立多方参与的情感计算人机交互体系。该人机交互体系主要包括技术开发者、应用提供商、政府监管机构、学术界、用户等各个相关方。各方应当共同参与制定情感计算的标准和规范，并在技术研发、应用设计和监管执法等方面进行密切合作。其一，情感计算技术开发者应当遵循法律和伦理准则，在情感计算算法和模型的设计与优化过程中注重用户隐私和权益的保护。其二，情感计算应用提供商应当将用户隐私和信息安全放在首位，确保情感数据的安全存储和使用。提供明确的隐私政策和用户协议，让用户了解他们的情感数据将如何被使用，并给予用户选择和控制的权利。其三，行政机关负责明确情感计算的权责关系和监管要求，与人工智能技术企业、专家学者和公众进行广泛合作，共同研究和探讨情感计算的规则和标准，确保情感计算的逻辑以人为本。

---

① 参见之江实验室、Deloitte、上海科学技术出版社、中国科学院文献情报中心、IET：《情感计算白皮书（2022 年）》。

其四，学术界应当加强情感计算的研究和探索，积极参与制定情感计算的标准和规范，为情感计算的发展提供科学依据和指导。其五，用户应当主动了解情感数据收集和使用过程，并且选择是否参与情感计算应用，以及决定数据是否共享给第三方等。

第三，推动建立有效的情感数据采集和使用机制。情感计算依赖于大量的情感数据进行训练和决策。政府和相关机构应制定明确的情感数据采集政策，并严格限制情感数据的收集和使用范围。加强对情感数据的隐私保护，确保个人身份和敏感信息不被泄露和滥用。

（三）为数字行政治理设置应用情感计算的标准与限度

规制数字行政治理中的情感计算风险不仅要采取多种技术措施，关键是要在规范上明确情感计算的标准，确定情感计算在行政治理中应用的限度。

第一，行政机关应当通过行政立法和政策制定为情感计算设立标准。目前关于情感计算的应用还未建立起专门的规制体系，我国以《中华人民共和国个人信息保护法》《中华人民共和国数据安全法》《中华人民共和国网络安全法》为代表，对智能技术的应用采用的是以数据为基础的规制模式（包康赟，2022）。这种规制模式缺乏对新兴技术的针对性，行政立法和政策制定具有一定的灵活性，可以弥补此种不足。行政立法和政策应当明确情感计算的定义、范围和使用条件，限制情感计算的滥用和潜在风险，强调保护个人隐私和信息安全的重要性，规定情感计算数据的收集、存储、使用和共享的规则，以确保公众利益和个人权益的平衡。政府部门可以制定指导性文件和指南，明确数字行政治理中情感计算应用的原则和指导方针，提供具体的操作指引和参考。这些指导性文件可以涵盖情感计算的数据源选择、情感计算模型的合理性和准确性要求等方面。

第二，行政机关应当明确情感计算的透明度和可解释性标准。算法黑箱是横亘在情感计算风险规制中的一道难题，算法黑箱的存在将导致算法监管的政府失灵（谭九生、范晓韵，2020）。在为数字行政治理设置情感计算的标准与限度时，必须突出破除算法黑箱，以便有效减少情感计算的风险和滥用。为此，行政机关应当制定政策要求：其一，情感计算的适用者应当提供清晰明确的情感计算过程，包括情感数据的收集、情感计算模型的构建和训练、情感计算结果的生成等。其二，情感计算使用者应当使用可解释的情感计算模型，使用户和利益相关者能够理解情感计算结果的生成过程和依据。其三，情感计算使用者应当确保数据主体能够参与决策和管理自己的情感数据，这可以通过隐私设置、数据共享选项和用户参与机制来实现。其四，情感计算使用者应当公开向用户和公众说明情感数据的收集目的、使用范围和共享方式。值得注意的是，算法透明也存在一个度，但是总体而言，面向行政机关要比面向个人和社会的透明程度高得多（姜野，2020）。

第三，行政机关应当明确情感计算应用的目的和限度。行政机关和情感计算使用者应当明确情感计算的使用目的，明确情感计算的边界和限度。其一，明确情感计算的数据收集和使用范围，确保仅收集和使用与符合行政法治的特定目的相关的数据，并遵守相关的隐私保护法律和政策。其二，行政机关应当明确情感计算应用的目的是为政府决策提供参考和改善公共服务。情感计算结果不应直接用于制定惩罚措施或歧视个人。其三，行政机关应避免利用情感计算结果对个体进行操控或影响。情感计算结果仅应作为决策支持工具和参考，而不应直接用于操纵个体的情感状态或行为。其四，行政机关应避免情感计算结果中的偏见和歧视，避免对特定群体的情感态度或情感表达进行错误分类或歧视性判断。

（四）为情感计算应用划清价值底线与伦理禁区

国务院发布的《新一代人工智能发展规划》提出要建立公开透明的人工智能监管体系，实行设计问责和应用监督并重的双层监管结构。对于数字行政治理而言，不论是设计问责还是应用监督都需要在规范上确立情感计算的价值底线与伦理禁区。

第一，确定价值底线和伦理禁区的原则。在划清价值底线和伦理禁区之前，应当确定一些基本原则以引导情感计算应用的发展和使用。其一，情感计算设计者和使用者应当尊重个人权利和隐私，不得侵犯个人的隐私权和信息安全。其二，情感计算设计者和使用者应该遵循公平和公正原则，应确保公平和公正的结果，不得歧视或偏袒特定个体或群体。其三，情感计算设计者和应用者应当遵循透明原则，使用户和相关利益相关者能够理解和评估情感计算的依据和可靠性。其四，情感计算设计者和使用者应该遵循公众参与和民主决策原则，确保决策的合理性和公众的意见得到充分考虑。

第二，加强情感计算的伦理评估和正当性审查。伦理评估和正当性审查针对情感计算是否符合上述原则在事前展开。其一，应当对情感计算的潜在影响进行评估，包括对个人隐私、自由意志和社会公平性的影响，确保其尊重个人隐私和遵循社会公平公正原则。其二，情感计算模型应当经过充分的训练和测试，模型的训练数据应当具有多样性，并代表不同人群的情感表达，确保其遵循透明原则。其三，建立反馈机制，让用户和相关利益相关者可以提供对情感计算应用的意见和建议，促进情感计算的持续改进和优化，确保情感计算遵循公众参与和民主决策原则。

第三，建立情感计算应用监督机制。应用监督机制针对情感计算是否符合上述原则在事中和事后展开。其一，成立伦理委员会。行政机关和情感计算使用者可以成立专门的伦理委员会，负责对情感计算项目进行伦理监督。该委员会应由跨学科的专家组成，包括伦理学、计算机科学、法律和社会科学等领域的专家，以确保监督的全面性和客观性。其二，加强行政监督和执法。加强对情感计算应用的监督和执法力度，确保情感计算的合规合法，专门设立有效的投诉和举报机制，处理涉及情感计算滥用和违规行为的投诉和举报。公众和相关利益相关者可以通过正式渠道向其他行政机关或独立第三方机构报告涉嫌违规或不当使用情感计算的行为。相关机构应及时处理举报，对涉嫌违规的情感计算应用进行调查和处理。其三，定期审查和评估。这可以通过定期的审核、现场检查和独立评估来实现对情感计算的监督。其四，开展特定教育和培训。通过举办研讨会、培训课程、媒体宣传等形式进行，帮助公众更好地理解情感计算的概念、原理和应用（贾开，2019；曹建峰、方龄曼，2019）。

（五）为情感计算迭代增设合理性与正当性要求

在建立情感计算在行政治理引用的伦理要求之后，问题的关键转化为了如何使情感计算的应用符合伦理要求，一方面如上文所说应当采用综合的保障机制进行外部控制，另一方面也可以将道德要求融入情感计算的算法迭代之中，使算法向善法转变（田海平，2017）。问题是人类的道德要求是蕴含了价值判断的自然语言，难以完全转化为代码从而使得智能机器可以理解，然而仍然可以通过加强情感计算算法自身对道德要求的深度学习和机器训练，保证情感计算在应用过程中像人一样进行价值判断，这是靠近科技向善这一终极理想的可能路径。

第一，情感计算算法迭代应当通过数据收集和学习提高道德判断能力。算法迭代是一种通过多次改进和优化的过程，提高算法的能力。情感计算算法可以使用大量的数据来训练和学习，从而理解人类道德的基本原则和规则。情感计算算法在应用时必须遵守所有的社会规范，不能违背基本的伦理原则。因此这些数据包括伦理准则、法律法规、社会标准等，以帮助情感计算算法形成对于道德判断的基本框架。由于道德判断涉及众多复杂的情境和价值观，情感计算算法的训练数据必须具有多样性和代表性。因此，情感计算算法所使用的数据应该来自不同的文化、社会群体和背景，以避免偏见和歧视。同时，应该注重平衡各种观点和利益，以保证算法的道德判断能力的全面性和公正性。最终通过不断迭代和更新，逐渐提高情感计算算法对不同情境下的道德问题的理解和处理能力。此外，在迭代情感计算算法时，还需要建立监管和合规机制，对违规行为进行纠正和惩罚。

第二，情感计算算法迭代应当通过伦理模型和规则更新提高道德判断能力。伦理模型是一种用于指导道德决策的框架，可以基于人类伦理学理论和道德准则进行构建。通过不断迭代和改进这些模型，情感计算算法可以更好地理解和应用伦理原则。为了能够提供明确的道德规则，人类应当尽可能走出道德模糊地带（田海平，2017）。随着社会和道德观念的演变或者道德规则的明确化，算法可以及时更新其规则和准则，以适应不断变化的道德要求。目前有研究基于罗尔斯的"公平的机会平等"理论，引入"歧视指数"的概念，提出设计公平算法的方法，并证明其开发的"公平"算法没有表现出结构化的歧视行为（姜野，2020）。情感计算算法迭代应当通过伦理模型和规则的不断更新来提高道德判断的能力。

第三，情感计算算法迭代应当利用人类专家的反馈来改进道德判断能力。情感计算算法可以参与人类之间的伦理对话，并且从中学习和吸取不同观点和观点的优点。这种对话和辩论可以帮助算法发展出更加全面和多样化的道德判断能力，并且理解并尊重不同的道德观念和文化背景。算法可以与人类专家进行交互，接受他们的评估和指导。专家的反馈可以帮助算法纠正错误判断和偏见，并且提供更全面和深入的道德分析。通过与专家的合作，算法可以逐步改进并提高道德判断的准确性和可靠性。

五、结　　语

科技的进步促进了人们技术应用能力的提升，但同时科学技术的应用也可能带来以往所不能预见的一些问题。情感计算本质上是人工智能算法的一种，相比于以客观行为数据为资料而进行运算的智能算法，情感计算在技术上试图通过一系列数据信息以观测、分析甚至影响人们的情感。这对于建设服务型政府，讲求情理法并重的现代化中国具有重要意义。可以推断，情感计算技术未来必将广泛应用于数字政府的各项服务当中，但在此过程中还需要规避该技术运用的诸多风险，一是防范技术本身带来对相对人权益造成损害之风险，二是防范造成技术运用者的权力扩张风险。总而言之，将"人始终是目的而非手段"以及"将权力关进制度的笼子里"是一切人工智能技术与政府治理相结合应当遵循的基本原则。

参 考 文 献

［1］包康赟：《人脸情绪识别算法的风险与规制》，载《北方法学》2022 年第 1 期。

［2］曹建峰、方龄曼：《欧盟人工智能伦理与治理的路径及启示》，载《人工智能》2019 年第 4 期。

［3］查云飞：《行政裁量自动化的学理基础与功能定位》，载《行政法学研究》2021 年第 3 期。

［4］褚婧一：《情感计算的信息隐私法律风险及其应对》，载《交大法学》2023 年第 3 期。

［5］丹尼尔·J. 索洛韦伊：《隐私权与权力：计算机数据库与信息性隐私权隐喻》，载张民安：《信息性隐私权研究：信息性隐私权的产生、发展、适用范围和争议》，中山大学出版社 2014 年版。

［6］付心仪、薛程、李希、张玥泽、蔡天阳：《基于姿态的情感计算综述》，载《计算机

辅助设计与图形学学报》2020 年第 7 期。

[7] 龚善要：《教育场景中情感计算的应用风险及其法律规制》，载《复旦教育论坛》2022 年第 6 期。

[8] 何明升：《高质量社会发展：概念、禀赋和智慧化转型》，载《学术交流》2022 年第 9 期。

[9] 纪驭亚：《智慧课堂行为管理系统上线　教室"慧眼"锁定你》，载《浙江日报》2018 年 5 月 17 日第 9 版。

[10] 贾开：《人工智能与算法治理研究》，载《中国行政管理》2019 年第 1 期。

[11] 姜野：《算法的法律规制研究》，吉林大学 2020 年博士学位论文。

[12] 李延舜：《个人信息保护中的第三方当事人规则之反思》，载《法商研究》2022 年第 4 期。

[13] 马平川：《平台数据权力的运行逻辑及法律规制》，载《法律科学（西北政法大学学报）》2023 年第 2 期。

[14] 钱学森、于景元、戴汝为：《一个科学新领域——开放的复杂巨系统及其方法论》，载《自然杂志》1990 年第 1 期。

[15] 权学良、曾志刚、蒋建华、张亚倩、吕宝粮、伍冬睿：《基于生理信号的情感计算研究综述》，载《自动化学报》2021 年第 8 期。

[16] 饶元、吴连伟、王一鸣、冯聪：《基于语义分析的情感计算技术研究进展》，载《软件学报》2018 年第 8 期。

[17] 石磊：《智能司法裁判的人机协同机制探索》，载《行政与法》2022 年第 4 期。

[18] 帅奕男：《智慧社会的司法范式转型》，知识产权出版社 2021 年版。

[19] 谭九生、范晓韵：《算法"黑箱"的成因、风险及其治理》，载《湖南科技大学学报（社会科学版）》2020 年第 6 期。

[20] 田海平：《让"算法"遵循"善法"》，载《光明日报》2017 年 9 月 4 日第 15 版。

[21] 王峰：《人工智能的情感计算如何可能》，载《探索与争鸣》2019 年第 6 期。

[22] 王锋：《公共行政的情感之维——基于同情的理解》，载《天津行政学院学报》2022 年第 5 期。

[23] 王丽萍：《国家治理中的情感治理：价值、逻辑与实践》，载《山东社会科学》2021 年第 9 期。

[24] 王禄生：《情感计算的应用困境及其法律规制》，载《东方法学》2021 年第 4 期。

[25] 王张华、颜佳华：《人工智能驱动政府治理变革：技术逻辑、价值准则和目标指向》，载《天津行政学院学报》2020 年第 6 期。

[26] 徐明强：《中国科层制的情感属性：源流、定位与比较》，载《政治学研究》2022 年第 5 期。

[27] 於兴中：《数字素养：从算法社会到网络 3.0》，上海人民出版社 2022 年版。

[28] 岳远雷、徐着雨：《医疗情感计算应用的多维困境及其法治实现》，载《医学与哲学》2022 年第 19 期。

[29] 张婧飞、姚如许：《自动化行政视角下算法权力的异化风险及规制》，载《大连大学学报》2022 年第 6 期。

[30] 张瑞：《文本情感计算研究综述》，载《管理观察》2017 年第 13 期。

[31] 张新宝、葛鑫：《人脸识别法律规制的利益衡量与制度构建》，载《湖湘法学评论》

2021 年第 1 期。

[32] 中国政法大学法治政府研究院：《中国法治政府评估报告（2021—2022）》，社会科学文献出版社 2023 年版。

[33] 朱敏：《情感计算展现强大应用潜力》，载《社会科学报》2023 年 1 月 19 日第 4 版。

[34] Braun, J. V., Archer, M. S., Reichberg, G. M. and Sorondo, M. S., 2021: *Robotics, AI, and Humanity*, Cham: Springer.

[35] D'Mello, S. K. and Kory, J., 2015: A Review and Meta-Analysis of Multimodal Affect Detection Systems, *ACM Computing Surveys*, Vol. 47, No. 3.

[36] Picard, R. W., 1997: *Affective Computing*, Cambridge: The MIT Press.

[37] Ward, R. D. and Marsden, P. H., 2004: Affective Computing: Problems, Reactions and Intentions, *Interacting with Computers*, Vol. 16, No. 4.

The Expansion and Regulation of Affective Computing Risks in Digital Administrative Governance

Tianshu Gao

Abstract: The application of affective computing technology is helpful to assist government to improve its service capabilities and promote the ability improvement and system optimization of digital administrative governance. Based on the emphasis of national governance on emotional governance, digital administrative governance must also focus on the significance of emotional computing to administrative governance. However, due to the inherent characteristics of the technology itself and the possibility of its misuse, there are also various risks associated with affective computing in digital administrative governance. Based on the operation logic of clearly affective computer technology, it is necessary to summarize, analyze or predict its risk point in digital administrative governance, and avoid its possible risks through legal means from the two levels of technology itself and technology application under the principle of administrative rule of law. In terms of affective computing technology itself, it is necessary to embed discipline dimensions of human-machine affective collaboration into the logic of affective computing and establish requirements for rationality and legitimacy in the iterative development of affective computing. In terms of its applicationof technology, it is necessary to establish regulatory measures of affective data for the protection of information rights and interests, set standards and limits for the application of affective computing in digital administrative governance, and define the value bottom line and ethical exclusion zone for the application of affective computing.

Keywords：Digital Government　Administrative Rule of Law　Affective Computing　Citizen Privacy Power Expansion

JEL Classification：H83　C63　D91

《产业经济评论》投稿体例

　　《产业经济评论》是由山东大学经济学院、山东大学产业经济研究所主办，由经济科学出版社出版的开放性产业经济专业学术文集。它以推进中国产业经济科学领域的学术研究、进一步推动中国产业经济理论的发展，加强产业经济领域中海内外学者之间的学术交流与合作为宗旨。《产业经济评论》为中文社会科学引文索引（CSSCI）来源集刊、中国人文社会科学（AMI）核心学术集刊、国家哲学社会科学学术期刊数据库收录集刊、国家哲学社会科学文献中心收录集刊。

　　《产业经济评论》是一个中国经济理论与实践研究者的理论、思想交流平台，倡导规范、严谨的研究方法，鼓励理论和经验研究相结合的研究路线。《产业经济评论》欢迎原创性的理论、经验和评论性研究论文，特别欢迎有关中国产业经济问题的基础理论研究和比较研究论文。

　　《产业经济评论》设"综述"、"论文"和"书评"三个栏目。其中："综述"发表关于产业经济领域最新学术动态的综述性文章，目的是帮助国内学者及时掌握国际前沿研究动态；"论文"发表原创性的产业经济理论、经验实证研究文章；"书评"发表有关产业经济理论新书、新作的介绍和评论。

　　《产业经济评论》真诚欢迎大家投稿，以下是有关投稿体例说明。

　　1. 稿件发送电子邮件至：rie@ sdu. edu. cn。

　　2. 文章首页应包括：

　　（1）中文文章标题；（2）200 字左右的中文摘要；（3）3 ~ 5 个关键词；（4）作者姓名、署名单位、详细通信地址、邮编、联系电话和 E-mail 地址。

　　3. 文章的正文标题、表格、图形、公式须分别连续编号，脚注每页单独编号。大标题居中，编号用一、二、三；小标题左齐，编号用（一）、（二）、（三）；其他用阿拉伯数字。

　　4. 正文中文献引用格式：

　　单人作者：

　　"Stigler（1951）……""……（Stigler，1951）""杨小凯（2003）……""……（杨小凯，2003）"。

　　双人作者：

　　"Baumol and Willig（1981）……""……（Baumol and Willig，1981）"

"武力、温锐（2006）⋯⋯""⋯⋯（武力、温锐，2006）"。

　　三人以上作者：

"Baumol et al. (1977)⋯⋯""⋯⋯（Baumol et al.，1977）"。

"于立等（2002）⋯⋯""⋯⋯（于立等，2002）"。

　　文献引用不需要另加脚注，所引文献列在文末参考文献中即可。请确认包括脚注在内的每一个引用均有对应的参考文献。

　　5. 文章末页应包括：参考文献目录，按作者姓名的汉语拼音或英文字母顺序排列，中文在前，word 自动编号；英文文章标题；与中文摘要和关键词对应的英文摘要和英文关键；2～4 个 JEL（*Journal of Economic Literature*）分类号。

　　参考文献均为实引，格式如下，请注意英文书名和期刊名为斜体，中文文献中使用全角标点符号，英文文献中使用半角标点符号：

[1] 武力、温锐：《1949 年以来中国工业化的"轻重"之辨》，载《经济研究》2006 年第 9 期。

[2] 杨小凯：《经济学——新兴古典与新古典框架》，社会科学文献出版社 2003 年版。

[3] 于立、于左、陈艳利：《企业集团的性质、边界与规制难题》，载《产业经济评论》2002 年第 2 期。

[4] Baumol，W. J. and Willig，R. D.，1981：Fixed Costs，Sunk Costs，Entry Barriers，and Sustainability of Monopoly，*The Quarterly Journal of Economics*，Vol. 96，No. 3.

[5] Baumol，W. J.，Bailey，E. E.，and Willig，R. D.，1977：Weak Invisible Hand Theorems on the Sustainability of Multiproduct Natural Monopoly，*The American Economic Review*，Vol. 67，No. 3.

[6] Stigler，G. J.，1951：The Division of Labor is Limited by the Extent of the Market，*Journal of Political Economy*，Vol. 59，No. 3.

[7] Williamson，O. E.，1975：*Markets and Hierarchies*，New York：Free Press.

　　6. 稿件不做严格的字数限制，《综述》《论文》栏目的文章宜在 8000 字以上，欢迎长稿。

　　7. 投稿以中文为主，海外学者可用英文投稿，但须是未发表的稿件。稿件如果录用，由本刊负责翻译成中文，由作者审查定稿。文章在本刊发表后，作者可以继续在中国以外以英文发表。

　　8. 在收到您的稿件时，即认定您的稿件已专投《产业经济评论》并授权刊出。《产业经济评论》已被《中国学术期刊网络出版总库》及 CNKI 系列数据库收录，如果作者不同意文章被收录，请在投稿时说明。

　　《产业经济评论》的成长与提高离不开各位同仁的鼎力支持，我们诚挚地邀请海内外经济学界的同仁踊跃投稿，并感谢您惠赐佳作。我们的愿望是：经过各位同仁的共同努力，中国产业经济研究能够结出更丰硕的果实！

　　让我们共同迎接产业经济理论繁荣发展的世纪！